Berliner Kriminalgeschichte

Wolfgang Schüler

Berliner KRIMINAL-GESCHICHTE

L&H VERLAG

Bernauer Straße 8a
10115 Berlin
Telefon +49. 30. 34709515

info@lh-verlag.com
www.lh-verlag.com

Autor Wolfgang Schüler
Redaktion Thies Schröder und Ralph Petermann, L&H Verlag Berlin
Herstellung Mareike Hutsky, L&H Verlag Berlin
Satz typegerecht, Berlin
Druck und Bindung Westermann Druck Zwickau GmbH

Bibliografische Information der Deutschen Bibliothek
Die Deutsche Bibliothek verzeichnet diese Publikation in der Deutschen Nationalbibliografie. Detaillierte bibliografische Daten sind im Internet über http://dnb.ddb.de abrufbar.

ISBN 978-3-939629-36-8

Erste Auflage 2016

Inhaltsverzeichnis

Für die Kriminalisten der SoKo »Mordost«
Claudia Puhlfürst
Ethel Scheffler
Anett Steiner
Sylke Tannhäuser
Ralf Alex Fichtner

Die in diesem Buch auftretenden Personen werden mit ihren tatsächlichen Namen benannt. Nur in wenigen Ausnahmefällen mussten aus rechtlichen Gründen die Nachnamen anonymisiert oder ganz und gar verändert werden.

1

1356–1878

Die Ursprünge

Die Kuren, die Semben und die Pruzzen

Die Geschichte erscheint häufig als großer, breiter, gemächlicher Fluss der Jahrhunderte. Doch tatsächlich ist Geschichte mitunter ein reißender Strom, manchmal ein stilles Gewässer, und bisweilen ein Mäander, in einem weit verzweigten Delta mündend. Deshalb geht es in der Geschichtsbetrachtung kaum ohne Sprünge und Rückblicke ab.

Das älteste heute bekannte Gesetzbuch, der Codex Hammurabi, stammt aus dem altbabylonisch-amurritischen Reich. Es wurde von König Hammurabi (1728–1686 v. Chr.) verfasst und besteht aus 282 in einen über zwei Meter hohen Dioritblock eingemeißelten Paragraphen. Die Anzahl der Gesetzesvorschriften auf dem Gebiet des Strafrechts deutet darauf hin, dass die damalige Kriminalität erheblich gewesen sein muss. Der »Codex Hammurabi« ist das erste bekannte Gesetzbuch, welches die Todesstrafe vorsah.

Auch die Bibel schildert Verbrechen und deren Bekämpfung. Das Alte und das Neue Testament sind eine Sammlung religiöser Schriften, die zwischen dem 10. Jahrhundert v. Chr. und dem 2. Jahrhundert n. Chr. entstanden sind. Erstmals wird von einem Justizmord berichtet: Von der Kreuzigung Jesu Christi. Der römische Prokurator Pontius Pilatus, welcher von 26 bis 36 n. Chr. Statthalter des römischen Kaisers Tiberius in der Provinz Judäa war, verurteilte Jesus von Nazareth gegen geltendes Recht zum Tode, um dem von den Priestern aufgewiegelten Volk einen Gefallen zu tun.

Nach der Überlieferung hatte Romulus am 21. April 753 v. Chr. die Stadt Rom gründet, die später zur Hauptstadt des größten Sklavenhalterreichs der Antike erblühte und diesem Reich seinen Namen gab. Unter Kaiser Augustus (27 v. Chr.–14 n. Chr.) lebten in Rom eine Million Einwohner. Die römische Polizeimannschaft rekrutierte sich damals aus siebentausend sogenannten Vigilien. Die Stadt bestand aus 14 Bezirken, in denen je ein Polizeiamt, ähnlich einem Polizeiabschnitt unserer Tage, die Aufsicht führte. Auch die

Formvorschriften, nach denen die militärisch organisierten Vigilien ihre Ermittlungsarbeit aufnahmen, ähnelten heutigen Verhaltensmaßregeln. Bei Körperverletzungen wurde zum Beispiel die Vorlage eines ärztlichen Attestes über Art und Schwere der Wunden gefordert. Weiterhin mussten spezielle Formulare ausgefüllt werden. Bei Morduntersuchungen enthielten sie den Namen des Getöteten, den Zeitpunkt der Tat, den Tatort, die verwendete Mordwaffe, die Anzahl und Lage der Wunden, die Art des Überfalls, sowie – wenn möglich – die Namen des Täters und seiner Helfer.

Ein für die Menschheitsgeschichte gültiges Gesetz besagt, dass jede hochentwickelte Gesellschaftsform irgendwann an inneren Widersprüchen oder äußeren Feinden zu Grunde gehen muss. So erging es den Assyrern, den Pharaonen und später auch den Römern. Deren Niedergang begann Ende des vierten Jahrhunderts. Im Jahr 410 n. Chr. fielen die Westgoten in Rom ein, 455 folgten ihnen die Vandalen. Das Weströmische Reich zerfiel. Jahrhunderte des kulturellen, wissenschaftlichen und gesellschaftlichen Niedergangs begannen.

Das Ende Roms hatte weitreichende Konsequenzen für die römischen Provinzen auf dem Gebiet des heutigen Deutschlands. Die herrschenden Ordnungen lösten sich auf. Chaos machte sich breit. Ständige Kriege führten zur Völkerwanderung. Erst Karl der Große (747–814), König der Franken, schuf mit der Einvernahme aller germanischen Stämme rechts des Rheins in sein Reich die Grundlage für das Entstehen des deutschen Feudalstaates.

Das Heilige Römische Reich

Im 10. Jahrhundert bildete sich unter der Dynastie der Ottonen das »Sacrum Romanum Imperium«, das »Heilige Römische Reich« heraus. Am 2. Februar 962 n. Chr. wurde Otto I. (912–973) in Rom zum Kaiser gekrönt. Dieses Ereignis wird als der Beginn staatlicher Tradition in Deutschland angesehen.

An der Ostseeküste lebte seit vorchristlicher Zeit ein Volk indogermanischer Herkunft, das die Guttonen, Gutten oder Gudden genannt wurde. Dessen Stämme hießen die Kuren, die Semben und die Pruzzen, also die Preußen. Letzteres bedeutete die Klugen und die Wissenden. Sie siedelten im Samland und an der Küste des Kurischen Haffs bis weit ins Binnenland hinein. Die Pruzzen bzw. Preußen galten als mutige, kampferfahrene und grausame Krieger. Speziell ihr Totenkult war außergewöhnlich. Verstorbene Heerführer wurden gemeinsam mit ihren Pferden, Ehefrauen, Dienern, Waffen, Kleidern und Kostbarkeiten begraben oder verbrannt.

Im Jahr 1226 fiel der »Orden der Ritter des Hospitals St. Marien des Deutschen Hauses« bei den Preußen ein. Der Deutsche Orden war einer der drei großen, während der Kreuzzüge entstandenen geistlichen Ritterorden. Die Kämpfe endeten 53 Jahre später mit der völligen Unterwerfung des letzten Preußenstamms, dem der Sudauer. Die heidnischen Götter verschwanden. Preußen wurde komplett christianisiert.

In jener Zeit gab es noch kein geschriebenes Recht, sondern nur Gewohnheitsrecht, das von Ort zu Ort, von Stamm zu Stamm, von Landstrich zu Landstrich völlig unterschiedlich war. Der Rechtsgelehrte Eike von Repgow (um 1180 bis nach 1235) schrieb ihm bekanntes Gewohnheitsrecht auf und verfasste zwischen 1220 und 1235 den »Sachsenspiegel«. Dieses erste auf Deutsch verfasste Gesetzeswerk enthielt zwei Teile: Erstens das Landrecht mit verschiedenen Abschnitten wie Erb-, Ehe- und Nachbarschaftsrecht sowie Strafrecht, und zweitens das Lehnrecht, einer Art von Verfassungsrecht. Der »Sachsenspiegel« wurde zur Grundlage für die Rechtsanwendung, die Rechtsvereinheitlichung und die Rechtsfortschreibung in Deutschland bis in die Neuzeit hinein. In seinem Strafrechtsteil war der »Sachsenspiegel« damit auch das erste Werk, das sich – nach dem Untergang des römischen Rechts – mit der Sühne von Verbrechen beschäftigte.

Im 15. Jahrhundert erhielt das »Heilige Römische Reich« dann den Zusatz »Deutscher Nation«. Doch es wurde nie zu einem starken Zentralstaat, sondern blieb immer ein loses Gebilde mit sich ständig ändernden Grenzen. Die Menschen lebten in Armut und in ständiger Sorge vor Kriegen und Hungersnöten. Die durchschnittliche Lebenserwartung betrug 37 Jahre. Die Patrizier im alten Rom hatten in ihren Villen mit fließendem warmen und kalten Wasser, Fußbodenheizungen und eigenen Hallenbädern einen wesentlich höheren Lebensstandard gehabt als der deutsche Hochadel 1.000 Jahre später in seinen kalten und zugigen Burgen.

Das Land kam nicht zur Ruhe. Die Kriege und Kämpfe zogen sich durch die Jahrhunderte. Im zweiten Frieden von Thorn am 19. Oktober 1446 trat der Deutsche Orden die westliche Hälfte Preußens an Polen ab und behielt die östliche Hälfte als Lehen. 1525 wurde daraus ein weltliches Herzogtum, das sich 1618 mit dem Kurfürstentum Brandenburg vereinigte.

Nach dem Ende des Dreißigjährigen Krieges, der von 1618 bis 1648 dauerte, war Deutschland zu weiten Teilen verwüstet und die Bevölkerungszahl auf ein Viertel gesunken. Das Deutsche Reich bestand de facto nicht mehr, auch wenn es de jure noch 150 Jahre länger erhalten blieb. Auf dem Gebiet des Staatsrechts jedenfalls war mit dem Ende des Dreißigjährigen Krieges der Weg frei gemacht für eine neue nationale Entwicklung.

In der weiteren Folge wurde am 18. Januar 1701 das Herzogtum Preußen zum Königreich erhoben. Der Kurfürst Friedrich III. hieß fortan König Friedrich I. Er wollte der Welt zeigen, dass der preußische Staat auch geistige Interessen pflegte und ließ 1699 in Berlin die Akademie der Künste und 1700 die Akademie der Wissenschaften gründen.

Kaiser Franz II. (1768–1835) löste schließlich am 6. August 1806 das »Heilige Römische Reich Deutscher Nation« auf, indem er die deutsche Kaiserkrone und das Reichsregiment niederlegte.

Die Geburtsstunde der Stadt Berlin

Der heutige Berliner Raum war bereits 60.000 Jahre v. Chr. besiedelt, wie sich aus Funden von Feuersteinen und Knochen schließen lässt. Im vierten Jahrtausend v. Chr. wurden die Jäger und Sammler sesshaft. Sie betrieben Ackerbau und Viehzucht, wohnten in Häusern und verfügten bereits über einige handwerkliche Fähigkeiten. Im sechsten Jahrhundert v. Chr. ließen sich Germanen an der Spree nieder. Sie wurden tausend Jahre später von den Slawen verdrängt und wanderten in Richtung des Oberrheins aus.

Albrecht I. von Brandenburg (um 1100–1170), genannt Albrecht der Bär, wiederum vertrieb die Slawen im 12. Jahrhundert und gründete 1157 die Mark Brandenburg. An einer Furt über die Spree zwischen dem Teltow und dem Barnim entstanden unter seinem Schutz dauerhafte Siedlungen.

In den Jahren 1232 und 1240 erhielten zwei davon das Stadtrecht: Die Gemeinde Cölln auf einer Spreeinsel und die Gemeinde Berlin, eine ehemalige slawische Kastellanei, auf dem rechten Spreeufer. Der Namen Berlin bedeutete ursprünglich Wehr, Damm oder auch Sumpf. Cölln (Kollen) bezeichnete im Wendischen einen sich aus dem Wasser erhebenden Hügel.

Die erste Vereinigung von Cölln und Berlin zu einer gemeinsamen Stadt fand im Jahr 1307 statt, als beide Orte ein gemeinsames Rathaus erhielten. Der Zusammenschluss wurde aber im Laufe der darauffolgenden Zeit noch mehrfach wieder aufgehoben, erneut vollzogen und wieder aufgehoben.

1448 kam es in Berlin zu einem Aufstand der Bevölkerung, als Kurfürst Friedrich II. (1413–1471) die Selbständigkeit der Stadt aufhob und viele bis dahin bestehende Privilegien und Rechte der Bürger für ungültig erklärte. Die Revolte wurde niedergeschlagen. Sie ging als der »Berliner Unwille« in die Geschichtsbücher ein.

Am Ende des Dreißigjährigen Krieges im Jahr 1648 hatte nicht nur Brandenburg den Großteil seiner Bevölkerung verloren und war finanziell völlig ausgeblutet – auch in Berlin vegetierten kaum noch mehr als 8.000 Einwohner dahin. Lediglich 727 Häuser waren halbwegs bewohnbar, die Vorstädte fast komplett zerstört. Es fehlte am Lebensnotwendigsten. Erst ganz allmählich normalisierte sich das Leben wieder. Friedrich Wilhelm von Brandenburg (1620–1688), der Große Kurfürst, machte es zu seiner Aufgaben, für den Aufschwung der Stadt zu sorgen. Er sorgte für die Pflasterung und Beleuchtung der wichtigsten Straßen. Dann wurden Maßregeln für die Bebauung der Ruinen und Brachflächen getroffen, alle kurfürstlichen Gebäude wiederhergestellt und der Lustgarten angelegt, ein Park im holländischen Stil mit Lusthaus und Orangerie. Die Bauarbeiten zogen Handwerker an, die Felder wurden wieder bestellt, und die Kaufkraft nahm langsam zu. Eine weitere wichtige Entscheidung des Kurfürsten bestand darin, den Amtssitz des Hofes aus Königsberg, wohin er wegen des Krieges 1638 verlegt worden war, nach Berlin zu holen. Die Stadt wurde zur Residenz der Hohenzollern.

Bereits im Jahr 1517 stiftete der Kurfürst Joachim I. (1484–1535) Berlin einen Gerichtshof unter der ausdrücklichen Anweisung, dass an ihm ausschließlich nach römischem Recht und nicht länger nach dem Gewohnheitsrecht, dem Sachsenspiegel oder dem Richtsteig (zwei mittelalterliche Rechtsbücher), geurteilt werden durfte. Als Hofgericht übte der Gerichtshof im Namen des Kurfürsten von Brandenburg in den Räumen (Kammern) seiner Residenz dessen Gerichtsgewalt aus. Es war die höchste Instanz, gegen dessen Urteile keine Berufung mehr möglich war, auch nicht vor dem »Kaiserlichen Reichskammergericht«. Aus dem Kurfürstlichen Gerichtshof wurde später das »Königliche Kammergericht«. Der Begriff »Kammergericht« hat sich bis in die heutigen Tage erhalten. In Berlin wird damit die Berufungsinstanz vom Landgericht bezeichnet, die in den anderen Bundesländern »Oberlandesgericht« heißt.

In den Jahren 1562 bis 1598 gab es in Frankreich acht religiös geprägte Bürgerkriege, bei denen die protestantische Minderheit, die sogenannten Hugenotten, von den Katholiken verfolgt und – wie in der Bartholomäusnacht am 24. August 1572 – zu Tausenden ermordet wurde. Als unter König Louis XIV. (1638–1715) in Frankreich die nächste Welle der Hugenottenverfolgung begann, hatte das eine Massenflucht zur Folge.

Kurfürst Friedrich Wilhelm erkannte das als große Chance. Mit dem »Potsdamer Edikt« vom 29. Oktober 1685 versprach er den vertriebenen Protestanten freie und sichere Niederlassung sowie Privilegien wie Steuerfreiheit und eine eigene Gerichtsbarkeit. Rund 20.000 Franzosen folgten dem Ruf und siedelten sich in der Mark Brandenburg an. 6.000 von ihnen ließen sich in Berlin nieder. In den Jahren 1689 und 1697 folgten in zwei weiteren Wellen zahlreiche Pfälzer und Schweizer nach. Viele dieser Exilanten waren begabte und fleißige Handwerker. Sie stellten um 1700 zwanzig Prozent der Einwohnerschaft, brachten der Stadt Wohlstand und prägten sie kulturell. Zahlreiche französische Begriffe fanden Eingang in die deutsche Alltagssprache, wie z. B. »Paillette«, »Trottoir« oder »Salon«.

König Friedrich I. (1657–1713) tat dann den nächsten wichtigen Schritt. Unter seiner Herrschaft wurden 1709 die bis dahin getrennten und von besonderen Magistraten verwalteten Stadtteile Berlin, Cölln, Friedrichswerder, Friedrichstadt, Dorotheenstadt zu einem Ganzen vereinigt, das ab dem 1. Januar 1710 den Titel »Königliche Haupt- und Residenzstadt Berlin« trug.

Gegen herrschende Verhältnisse

Das finstere, wissenschafts- und fortschrittsfeindliche Mittelalter war vorüber. Die Gesellschaft begann aufzublühen. Aber der wachsende Wohlstand war nicht gleichmäßig verteilt. Straftäter, die allen Klassen und Schichten entstammten, verstießen gegen die herrschenden Verhältnisse, indem sie in spontanen anarchischen Revolten eine individuelle Lösung für ihre Probleme suchten und ihre Lage durch Diebstahl, Raub oder Mord verbessern wollten. Sie erkannten nicht, dass der isolierte Protest eines Einzelnen in Form von kriminellen Handlungen niemals Erfolg haben kann, weil er die tatsächliche Wurzel des Übels verfehlt und auf Dauer zu Deklassierung und sozialer Entfremdung führt. Ohnehin blieben dem separaten Desperado, der stets nur sein persönliches Schicksal sah, die tiefer liegenden, gesellschaftlich bedingten Ursachen für sein Fehlverhalten verborgen. Die Gesellschaft wiederum reagierte mit Strafen und Gesetzen.

Strafen und Gesetze

Im Jahr 1710 nahm das Berliner Stadtgericht seine Arbeit auf. Das erste bedeutende Berliner Polizeigesetz wurde 1713 verabschiedet. Es nannte sich die »Instruction vor die Policey-Meistern derer Königlichen Residentzien in Berlin«. 1747 bekam Berlin eine neue Verfassung. Sie sah vor, dass der Stadtpräsident nicht nur dem Rat vorstand, sondern auch die Polizei leitete. Im Zuge dessen erhielt die Berliner Gerichts- und Polizeibehörde 1750 am Jerusalemplatz (der im Volksmund als »Schinkenplatz« bezeichnet wurde) ein innerstädtisches Gefängnis, die sogenannte »Hausvogtei«. (Ein Hausvogt war ein niederer Aufsichtsbeamter für öffentliche Gebäude). Es handelte sich um ein weitläufiges Gebäude, mit zwei Hinterhöfen, einem Gebetssaal, einer Polizeistation und einer Wohnung für den Hofrichter.

Im 19. Jahrhundert wurde die Hausvogtei ein Gefängnis für politische Gegner der Mächtigen. In einem alten Studentenlied aus jener Zeit heißt es: »Wer die Wahrheit kennt und sagt sie frei, der kommt nach Berlin auf die Hausvogtei«.

Das Gefängnis war bis zum Jahr 1881 in Betrieb. Ende des 19. Jahrhunderts wurde das Gebäude abgerissen. Nur der Name des Ortes erinnert noch daran, denn der Jerusalemplatz trägt seit dem Jahr 1789 den Namen Hausvogteiplatz.

Preußische Zivilprozessordnung

König Friedrich II., genannt Friedrich der Große (1712–1786), erließ am 14. April 1708 eine Kabinettsorder, die eine Reform des bisher gültigen Rechts vorsah. Der preußische Großkanzler und Justizreformer Johann Heinrich Casimir Graf von Carmer (1720–1801) entwarf daraufhin die »Corpus Juris Fridericianum«, die »Preußische Zivilprozessordnung«, die am 26. April 1781 verkündet, später um die Strafprozessordnung erweitert und am 1. Juni 1794 vom »Allgemeinen Landrecht für die preußischen Staaten« abgelöst wurde.

Dieses Gesetz sah eine zweigleisige Polizeiarbeit vor. Es wurde zwischen einer Gefahrenabwehr, die durch die Sicherheitspolizei zu erfolgen hatte, und der sogenannten Wohlfahrtspolizei unterschieden, die dafür sorgen sollte, dass den Bürgern persönliche Entfaltungsmöglichkeiten offen standen. Im Paragraphen 10 vom 2. Teil waren im 17. Titel die Aufgaben der Polizei wie folgt beschrieben: »Die nöthigen Anstalten zur Erhaltung der öffentlichen Ruhe, Sicherheit und Ordnung, und zur Abwendung der dem Publico, oder einzelnen Mitgliedern desselben, bevorstehenden Gefahren zu treffen, ist das Amt der Polizey.«

1795 erfolgte dann passend dazu die Errichtung einer vom Magistrat getrennten Polizeibehörde. Im Jahr 1800 wurde die Immediats-Criminal-Commission am Preußischen Kammergericht gegründet und 1804 eine Kriminaldeputation am Berliner Stadtgericht eingerichtet. Eine Kabinettsorder vom 25. März 1809 verfügte die Gründung eines Königlichen Polizeipräsidiums. Zum ersten Polizeipräsidenten wurde Karl Justus von Gruner (1777–1820) ernannt. Er hatte maßgeblichen Anteil am Zustandekommen der Polizeiverordnung vom 3. Dezember 1809. Karl Justus von Gruner ließ zahlreiche polizeiliche Befugnisse und Privilegien, die es seit Hunderten von Jahren gab, ersatzlos streichen. Beispielsweise war es Polizeibeamten von da an untersagt, Geschenke von Bürgern anzunehmen. Am 12. Februar 1811 wurde von Gruner als Geheimer

Staatsrat zum Chef der höheren Polizei in Preußen berufen. An ihn erinnert heute noch die Grunerstraße in Berlin-Mitte.

Hauptstadt des Deutschen Reichs

Nachdem Napoleon Bonaparte (1769–1821) in einer Volksabstimmung die Kaiserwürde angetragen worden war, krönte er sich am 02. Dezember 1804 selbst zum französischen Kaiser. Es kam zu Konflikten mit den Nachbarländern. Aus zahlreichen Schlachten ging Napoleon siegreich hervor. So wurden am 14. Oktober 1806 in der Schlacht bei Jena und Auerstedt die preußischen Truppen vernichtend geschlagen. Anschließend rückten die französischen Armeen auf Berlin vor. Vom 24. Oktober 1806 bis zum 1. Dezember 1808 befand sich die Stadt unter französischer Besatzung.

Der »Code Civil«, das französische Gesetzbuch zum Zivilrecht, wurde eingeführt und auch das Justiz- und Polizeiwesen umfassend reformiert. Der »Code Civil« galt in einigen Teilen Deutschlands noch bis zum Jahr 1900 fort und wurde erst durch das Bürgerliche Gesetzbuch abgelöst.

Nach dem Abzug der französischen Truppen erfolgte in Berlin erneut eine grundlegende Umstrukturierung der Administration. Eine modernisierte Städteordnung vom April 1809 führte zu einer völligen Veränderung der Verwaltung. Unter anderem wurde im Verlauf der Stein-Hardenbergschen Reformen, die bürgerliche Veränderungen in Preußen vorantrieben, der erste Berliner Polizeipräsident ernannt. Am 12. Februar 1811 erließ König Friedrich Wilhelm III. (1797–1840) eine Kabinettsorder. Auf ihrer Grundlage entstand eine uniformierte Kriminalabteilung. Die Beamten sollten Straftaten aufklären und die Ergebnisse den Gerichten vorlegen. Da sich ihre Ermittlungen lediglich auf Recherchen der Gendarmen stützten, vollbrachten sie keine großen Wunder.

Ebenfalls im Jahr 1811 wurde in Paris unter der Leitung des ehemaligen Sträflings Eugène Francois Vidocq (1775–1857) eine spezielle Polizeiabteilung unter dem Namen »Sureté« (Sicherheit) gegründet, die durch ihre großen Erfolge bei der Verbrechensbekämpfung zum Vorbild für Kriminalpolizeien in der gesamten Welt wurde.

Der Kriminalkommissar

Als König Friedrich Wilhelm III., der über die steigende Kriminalitätsrate in Berlin beunruhigt war, von den wachsenden Erfolgen der »Sureté« erfuhr, ließ er 1822 eine besondere Kriminalabteilung gründen. Die Mitglieder wurden Kriminalkommissare genannt und waren befugt, eigene Ermittlungen anzustellen. Sie durften in jeder angemessenen bürgerlichen Kleidung zum Dienst erscheinen, um auf diese Weise besser ihre Identität verschleiern zu können. Als Legitimation diente ihnen eine geprägte Metallmarke, die auf der einen Seite der preußische Adler, auf der anderen Seite die Inschrift »Polizei von Berlin« zierte.

Eine Kabinettsorder vom 16. Mai 1830 schuf die gesetzliche Basis für dieses spezielle Dezernat mit eigenen Beamten, die sich der verbrechensverhütenden und verbrechensverfolgenden Tätigkeit sowie der Polizeiaufsicht über Vorbestrafte widmete. In der Unterwelt rankte sich bald ein geheimnisvoller Mythos um die drei Kommissare und ihren Kriminalpolizeiinspektor als leitenden Beamten. Die Praxis hingegen sah anders aus. Die Zahl der angezeigten Diebstähle stieg von rund 3.000 im Jahr 1832 auf über 4.000 im Jahr 1847 an. Da konnten die tüchtigen drei Kommissare nicht viel ausrichten.

In der Märzrevolution vom 18. bis 20. März 1848 kam es in Berlin zu Straßenschlachten und Barrikadenkämpfen zwischen Aufständischen und dem Militär. Die Revolution wurde blutig niedergeschlagen. Es gab mehrere hundert Tote und über tausend Verletzte auf beiden Seiten. Um zukünftige Aufstände bereits im Keime ersticken zu können, wurde Berlin in 36 Polizeireviere unterteilt.

Zudem wurde eine neue Polizeitruppe gegründet, die den Namen »Schutzmannschaft« erhielt.

Der Schutzmann

Mit einem Erlass vom 7. Juni 1852 erhielt jedes Polizeirevier einen solchen Schutzmann als Helfer im Außendienst zugeteilt. Im gleichen Jahr erschienen von da an regelmäßig zweimal wöchentlich die »Mitteilungen des Königlichen Polizei-Präsidiums zu Berlin zur Beförderung der Sicherheitspflege«, die Steckbriefe und die Namen verurteilter Verbrecher enthielten.

Mit einem Erlass vom 27. Dezember 1854 wurde der Personalbestand der Berliner Kriminalpolizei wesentlich aufgestockt. Ein Abteilungsdirigent, zwei Hilfsdezernenten, ein Sekretär, zwei Kriminalinspektoren, ein Leicheninspektor, zwölf Kriminalkommissare und fünfzig Kriminalschutzleute gingen von da an auf Verbrecherjagd.

Die Affäre Dr. Stieber

Der preußische Polizeibeamte Dr. jur. Wilhelm Stieber (1818–1882) hatte 1843 im Polizeipräsidium seinen Dienst angetreten. Er bildete sich zu einem gewandten Kriminalbeamten aus und war bei den Verbrechern gefürchtet. 1850 wurde er zum Leiter der Sicherheitspolizei ernannt und stieg die Karriereleiter bis zum Geheimen Regierungsrat auf. Im Jahr 1860 veröffentlichte er das erste kriminalpolizeiliche Lehrbuch in deutscher Sprache. Es trug den Titel »Practisches Lehrbuch der Criminal-Polizei«.

Doch noch im gleichen Jahre wurde Dr. jur. Wilhelm Stieber wegen Überschreitung seiner Amtsbefugnisse vom Dienst suspendiert und vor Gericht gestellt. Die Vorwürfe lauteten auf Folter, Misshandlung und Verfälschung von Beweisergebnissen. Der Leiter der Sicherheitspolizei beteuerte seine Unschuld. Außerdem hatte er einflussreiche Fürsprecher, unter anderem Otto Fürst von Bismarck (1815–1898), damaliger preußischer Gesandter in St. Petersburg. Die Anklage gegen den Leiter der Sicherheitspolizei wurde fallengelassen, Dr. Stieber aber blieb auf Dauer beurlaubt. 1862 kam Bismarck aus Russland zurück und wurde zum Preußischen Ministerpräsidenten berufen. Vier Jahre später war seiner Meinung nach genug Gras über die Affäre Dr. Stieber gewachsen. Er holte den Zwangspensionär zurück in den Polizeidienst und machte ihn zum Chef der Feldpolizei.

Dr. jur. Wilhelm Stieber starb am 29. Januar 1882. Zeit seines Lebens hatte er unter den – seiner Meinung nach ungerechtfertigten – Vorwürfen gegen ihn gelitten. Post mortem erschien 1883 ein von ihm verfasstes Buch unter dem Titel »Denkwürdigkeiten des Geheimrats S.«. Doch es war zu viel Zeit vergangen. Kaum jemand interessierte sich noch dafür.

Deutsches Kaiserreich

Im Verlauf des Deutsch-Französischen Krieges 1870 bis 1871 wurde schließlich ein Bundesstaat in Form des deutschen Kaiserreichs geschaffen. Der König von Preußen ließ sich zum Kaiser ausrufen und fungierte als Staatsoberhaupt. Er hatte den Oberbefehl über Heer und Flotte inne, berief den Reichskanzler, den Bundesrat und den Reichstag.

Berlin als Hauptstadt des Deutschen Reichs entwickelte sich aus einem verschlafenen Provinznest zu einer Weltstadt. Innerhalb von nur dreißig Jahren wuchs die Bevölkerung von 824.580 Einwohnern (1871) auf 1.884.848 Bürger (1900) an.

Täglich kamen rund einhundert Menschen nach Berlin, suchten Arbeit und eine Wohnung. Doch nicht allen gelang es, in den Fabriken und in den Mietskasernen unterzukommen. Über die Straßen zogen unzählige obdachlose Familien und Tausende Stadtstreicher.

Wilhelm I. von Preussen vor der Kaiserkrönung, Versailles 1871

Die Zahl der amtlich registrierten Almosenempfänger wuchs ins Unermessliche. Die große Armut und die rasche Bevölkerungsentwicklung bewirkten eine ungeheure Kriminalitätsexplosion.

Dies führte dazu, dass 1872 eine strikte Trennung der Polizei in die Schutzpolizei einerseits und die Kriminalpolizei andererseits erfolgte. 1877 unterteilte der preußische Innenminister die Stadt in sechs Kriminalbezirke, in denen Beamte in eigener Regie die auf ihrem Territorium verübten Untaten verfolgen mussten.

Preußen in Frankfurt am Main

Nachdem König Wilhelm I. (1797–1888) Bismarck zum Ministerpräsidenten berufen hatte, erhielt der Staatsmann einen klaren Auftrag: Er sollte dafür sorgen, dass aus dem preußischen König ein deutscher Kaiser werden würde.

Bismarck wusste, dass dies bedeutete, der Kleinstaaterei ein Ende zu setzen. Da der Ministerpräsident als militärischer Oberbefehlshaber in der Wahl seiner Mittel völlig freie Hand hatte, ließ er drei militärische Konflikte anzetteln. Die Anlässe waren beliebig gewesen und hatten mit dem eigentlichen Grund nichts zu tun gehabt. An Vorwänden herrschte kein Mangel. Tatsächlich drehte sich alles nur darum, die deutsche Einigung durchzusetzen. Die drei Feldzüge gingen als der »Dänisch-Deutsche Krieg von 1864«, der »Deutsch-Österreichische Krieg von 1866« und der »Deutsch-Französische Krieg von 1870/71« in die Geschichte ein. Alle drei Kriege wurden von Preußen und seinen jeweiligen Verbündeten gewonnen. Im deutsch-österreichischen Krieg annektierte Preußen u. a. Schleswig-Holstein, das Königreich Hannover, das Herzogtum Nassau, das Kurfürstentum Hessen sowie die freie Stadt Frankfurt am Main. Der Stadt wurden sechs Millionen Gulden Kriegssteuer auferlegt und der Senat, die Bürgerversammlung sowie der gesamte Regierungsapparat einschließlich der Polizei abberufen. Durch ein königliches Patent vom 18. Oktober 1866 erhielt die feindliche Übernahme Gesetzeskraft. Frankfurt am Main wurde zu einem Teil des preußischen Staates. Ein knappes Jahr später, am 01.10.1867, war der Umbau der Verwaltung abgeschlossen. Unter anderem nahm das Königlich-Preußische Polizeipräsidium an diesem Tag seine Arbeit auf.

Die Frankfurter Bürgerschaft hasste die fremde Besatzungsmacht. Das war ein guter Nährboden für Anarchisten, welche auch zu Bombenanschlägen und vielfacher Gewalt bereit waren. Der Staat wiederum reagierte mit brutaler Gewalt. Dabei tat sich besonders der Leiter der Frankfurter Kriminalpolizei und der Politischen Polizei hervor. Er hieß Dr. jur. Carl Ludwig Rumpff. Er war nach einem Reitunfall aus dem Armeedienst ausgeschieden und hatte im Heidelberg Jura studiert sowie seinen Doktor gemacht. 1857 war er zu Frankfurter Polizei gegangen und erlebte dort eine rasche Karriere. Seit 1867 trug er den Titel »Königlicher Polizeirat«. In mehreren Prozessen gegen Anarchisten trat er als Sachverständiger auf, plädierte für hohe Strafen und kannte kein Mitleid. Im Jahr 1881 gelang es ihm, den Polizeispitzel Anton Hargesheimer in die anarchistische Gruppe »Karlsruher Arbeitervereinigung (KAV)« einzuschleusen. Das hatte keine große Mühe bereitet, denn die KAV war lediglich ein loser Zusammenschluss von Wirrköpfen gewesen, die weder klare politische Ziele hatten, noch wussten, wie überhaupt Veränderungen von unten durchgesetzt werden konnten. Anton Hargesheimer brachte den Debattierklub auf Vordermann. Er brandmarkte Dr. jur. Carl Ludwig Rumpff als den Erzfeind, der so schnell wie möglich zur Strecke gebracht werden müsse. Der Polizeispitzel stattete die Anarchisten mit den nötigen Utensilien aus, um eine Bombe zu bauen, und lieferte ihnen detaillierte Pläne, wann und wo die Höllenmaschine platziert werden könnte. Schließlich wurde ein Datum festgelegt. Das Attentat sollte am 30. Oktober 1882 um fünf Uhr abends im Stadtpark »Palmengarten« am Musikpavillon ausgeführt werden, weil der Königliche Polizeirat dort jeden Tag auf die Minute genau eine Zigarre rauchte, während er seinem altersschwachen Mops ein wenig Auslauf gönnte.

Als die Terroristen den Zünder scharf machen wollten, griff die Polizei zu. Der harte Kern der »Karlsruher Arbeitervereinigung« wurde auf der Stelle verhaftet. Doch Dr. Rumpff ließ nicht locker. Er ließ auch Dutzende Mitläufer und Sympathisanten festnehmen. Am Ende wurde 44 Personen vor Gericht gestellt. Der Vorsitzende Richter Dr. jur. Albert Schneising ignorierte die offenkundigen Beweise und begann in die Tiefe zu gehen. Durch eine geschickte Vernehmungstaktik fand er bald heraus, dass das Attentat in Wirklichkeit von einem Agent Provokateur, also einem Aufwiegler in Staatsdiensten, inszeniert worden war und die KAV ohne Anton Hergesheimer ein besseres Kaffeekränzchen geblieben wäre. Der Prozess endete mit mehreren Freisprüchen. 28 Verurteilte kamen mit milden Freiheitsstrafen davon. Nur vier Anarchisten mussten für lange Jahre in den Kerker einrücken.

Dr. Rumpff kam danach tatsächlich auf die Abschussliste. Die führenden deutschen Anarchisten Johann Most und Friedrich August Reinsdorf forderten in mehreren Propagandaschriften seinen raschen Tod.

Der Fall Julius Lieske

Am Abend des 13. Januar 1885 verließ Dr. jur. Carl Ludwig Rumpff gegen sieben Uhr das Frankfurter Polizeipräsidium im Zentrum der Stadt. Er rief entgegen seiner sonstigen Gewohnheiten keine Droschke, sondern ging zu Fuß zu seinem Wohnhaus in der Straße Sachsenlager 5, um bei einem erfrischenden Spaziergang in der eisigen Winterluft einen kniffligen Fall in Gedanken besser rekapitulieren zu können. Das war das Todesurteil für den 62-jährigen Witwer. Als er vor der Haustür ankam, wartete dort bereits sein Mörder auf ihn. Wäre Dr. Rumpff mit einer Kutsche gekommen, hätte der Meuchler vermutlich von seinem Vorhaben Abstand genommen. So aber rammte er dem verhassten Feind ein Stilett in die Brust. Der Königliche Polizeirat brach röchelnd zusammen. Eine Minuten später fand das Dienstmädchen Bertha Kramm den Sterbenden. Jede Hilfe kam zu spät.

Die Polizei löste eine Großfahndung aus. Keine Minute lang herrschte auch nur der geringste Zweifel darüber, dass es sich um einen politisch motivierten Mord gehandelt hatte. Der Täter musste mit größter Wahrscheinlichkeit in der anarchistischen Szene gesucht werden.

Sechs Tage später kontrollierten in Berlin die Gendarmen Alexander Schramm und Bertold Klüfter in der Spandauer Straße die Papiere eines ihnen verdächtig erscheinenden Subjekts von Anfang Zwanzig. Der junge Mann wies sich als der Schreinergeselle Johann Christian Nau aus. Seine linke Hand war verbunden. Alexander Schramm fragte nach: »Was hat Er sich für eine Verletzung zugezogen? Was tut Er hier in unserer Stadt?«

Daraufhin zog der Delinquent einen Revolver aus der Tasche und feuerte aus nächster Nähe zweimal auf den Gendarmen, der wie durch ein Wunder unverletzt blieb. Sein Kollege reagierte sofort. Er versetzte dem Schützen einen harten Fausthieb gegen die linke Schläfe. Der Mann brach daraufhin bewusstlos zusammen.

Bereits bei der ersten Vernehmung stellte sich heraus, dass die Papiere gefälscht waren. Der Bursche war auch kein Schreinergeselle. In Wahrheit hieß er Julius Adolf Lieske, war Schustergeselle und stammte aus Zossen. In seinem Bündel fanden sich anarchistische Schriften.

Kriminalkommissar Walter Zimmermann rätselte nicht lange. Für ihn war klar, dass es sich beim Julius Adolf Lieske nur um einen politischen Verbrecher auf der Flucht handeln konnte. Anderenfalls hätte es keinen vernünftigen Grund gegeben, auf einen Gendarmen zu schießen.

Walter Zimmermann stellte deshalb seinem Gegenüber die Gretchenfrage: »War Er vor kurzem in der Stadt Frankfurt am Main unterwegs?«

Julius Adolf Lieske verneinte.

Der Kriminalkommissar ließ von seinen Amtskollegen in Frankfurt am Main Nachforschungen anstellen. Sehr bald stellte sich heraus, dass der Schustergeselle am 28. Dezember 1884 bei der Frankfurter Witwe Clara Buda in der Alten Mainzergasse 7 eine Schlafstelle gemietet hatte. Allabendlich saß er in der Wirtschaft von Ludwig Leßmann im Grüneburgweg 15 bei einem Glas Bier, um regelmäßig kurz vor sieben Uhr die Schankstube mit unbekanntem Ziel zu verlassen. Der Grüneburgweg liegt aber nur wenige Schritte von der Straße Sachsenlager entfernt. Ludwig Leßmann sagte aus, dass sich der Gast auffällig schweigsam verhalten habe, so als ob ihn ein schweres Leid bedrücken würde. Nur zu einem einzigen anderen Kostgänger habe er Kontakt aufgenommen, und zwar zu dem Schriftsetzer Gottfried Hüber. Dieser sei schon mehrmals mit dem Gesetz in Konflikt gekommen gewesen und habe einen Rochus auf den Polizeirat Rumpff gehabt.

Als die Frankfurter Polizei schließlich noch den Arzt Dr. med. Anton Senkbeil aus Bilkenbach ausfindig machen konnte, der dem Lieske am 14. Januar 1885 eine frische Handverletzung verbunden hatte, war die Sache klar. Offensichtlich hatte sich der Täter bei dem Mordanschlag mit dem Stilett selbst verletzt.

Obwohl der Schustergeselle vehement seine Unschuld beteuerte, wurde er vor dem Schwurgericht angeklagt. Es handelte sich um einen reinen Indizienprozess. Klare Beweise gab es nicht.

Das Urteil wurde am 15. August 1885 verkündet. Es lautete auf Tod durch das Fallbeil. In seinen letzten Worten sagte Julius Adolf Lieske: »Wehe Euch! Eure Bluturteile werden Euch überleben, und Eure Namen werden am Schandpfahl prangen! Und Sie, Herr Staatsanwalt! Ich bin auch der letzte, den Sie zum Tode verurteilen.«

Staatsanwalt Wilhelm Frehsee war sehr abergläubisch. Als sich nach der Hinrichtung am 17. November 1885 die Hinweise verdichteten, dass der eigentliche Mörder der Anarchist August Pechmann gewesen war, Lieske das Opfer lediglich festgehalten und sich dabei die Schnittwunde an der linken Hand zugezogen hatte, verfiel der Staatsanwalt dem Wahnsinn. Er wurde in die Städtische Irrenanstalt eingeliefert und starb dort einige Monate später an ein Bett gefesselt.

Vier Attentate auf Wilhelm Friedrich Ludwig von Preußen

1. Mordanschlag

Wilhelm Friedrich Ludwig von Preußen, der spätere Kaiser Wilhelm I. (1797–1888), hatte sich während der Revolution von 1848 den Schimpfnamen »Kartätschenprinz« eingehandelt, weil er als Kommandeur des Gardekorps den Aufstand mit Kanonen niederschießen lassen wollte.

Am 7. Oktober 1858 musste er als Regent an die Spitze der preußischen Regierung treten, weil sein Bruder, König Friedrich Wilhelm IV. (1795–1861), schwer erkrankt war. Am 14. Juli 1861 verübte der Student Oskar Becker in Baden-Baden ein Attentat auf ihn, indem er ein Terzerol auf den potentiellen Thronfolger abfeuerte. Er wollte damit verhindern, dass der Kartätschenprinz nach dem Tod von Friedrich Wilhelm IV. am 2. Januar 1861 dessen Erbe antreten könnte. Wilhelm Friedrich Ludwig von Preußen hatte

Glück. Er wurde nur leicht am Hals verletzt. Oskar Becker hatte nicht verhindern können, dass der Regent am 18. Oktober 1861 unter dem Namen Wilhelm I. zum König von Preußen und schließlich am 18. Januar 1871 zum Kaiser gekrönt wurde.

2. Mordanschlag

Am Sonnabend den 11. Mai 1878, rollte gegen halb vier Uhr eine offene Kalesche die Straße Unter den Linden entlang. In ihr saß der Kaiser. Er kehrte nebst seiner Tochter Luise von einer Spazierfahrt zurück, die sie zum Berliner Tiergarten geführt hatte.

An den Straßenrändern hatten sich Schaulustige versammelt. Unter ihnen befand sich der Klempnergeselle Max Hödel aus Leipzig. Er sagte zu einem Passanten: »Heute muss noch ein Dickkopf platzen.« Dann trat er hinter einem Fuhrwerk hervor, streckte den rechten Arm weit aus und schoss aus drei bis vier Schritt Entfernung. Der Kutscher hörte den Knall und hielt die Pferde an. Als Hödel sah, dass er nicht getroffen hatte, rannte er um die kaiserliche Kutsche herum, hielt inne, feuerte er noch einmal, verfehlte wiederum. Die Tochter des Kaisers, Großherzogin Luise von Baden (1838–1923), die ihren Vater begleitet hatte, beugte sich mit ihrem Köper über ihn, um ihn vor weiteren Schüssen zu schützen. Hödel lief nun davon in Richtung Promenadenweg. Er wurde von mehreren Personen verfolgt. Er kroch unter den Eisenstangen eines Geländers hindurch und gab zwei Schüsse auf seine Verfolger ab. Wiederum wurde niemand verletzt. Doch im nächsten Moment sprang ein Zuschauer herbei, packte ihn am Genick und hielt ihn fest. Der Leibjäger des Kaisers sprang vom Sitz des kaiserlichen Wagens und nahm ihn fest. Das sich sofort ansammelnde Volk hätte ihn am liebsten gleich auf der Stelle gelyncht. Bevor es dazu kommen konnte, wurde der Attentäter von der Polizei abgeführt. Aber er kam nicht ohne einige Faustschläge und Fußtritte davon.

Der Kaiser erhob sich in seinem Wagen von Sitz und fragte: »Gelten diese Schüsse mir?« Seine Tochter Luise erlitt fast einen Nervenzusammenbruch.

Später trat der Kaiser auf den Balkon vom kaiserlichen Palais und zeigte sich dem versammelten Volk. Hochrufe erklangen. Die umliegenden Häuser waren mit Fahnen und Blumen geschmückt. Gegen acht Uhr am Abend zeigte sich der Kaiser nochmals in der Öffentlichkeit, indem er eine Vorstellung im Operhaus besuchte. Diese hatte bereits begonnen, wurde aber sofort unterbrochen. Die Anwesenden brachten ein Hoch auf den Kaiser aus und sangen: »Heil dir im Siegerkranz.«

Hödel hatte den Revolver, einen Lütticher Lefaucheux mit sechs gezogenen Läufen, einen Tag zuvor für sechs Mark beim Waffenhändler Hippolit Mehles in der Friedrichstraße gekauft. Ein Sachverständigengutachten besagte, dass der Revolver Schrott war. Selbst ein guter Schütze hätte mit ihm nicht treffen können. Trotzdem handelte es sich um eine tödliche Waffe. Eine Schießprobe ergab, dass eine aus dem Revolver abgefeuerte Kugel noch auf 15 Schritt Entfernung ein 2,5 Zentimeter starkes Brett durchbohrte.

Am 10. Juli 1878 wurde Hödel am Preußischen Staats-Gerichtshof wegen Hochverrats angeklagt. Der Ober-Staatsanwalt verlas die Anklageschrift: »Anklage wider den Klempnergesellen Emil Heinrich Max Hödel, genannt Lehmann, auch Traber, am 27. Mai 1857 in Leipzig geboren, evangelisch, im Jahr 1870 durch Bescheid des Königlichen Polizeiamtes zu Leipzig wegen Taschendiebstahls mit zehn Streichen bestraft, gegenwärtig in Untersuchungshaft wegen Hochverrats.« Der Klempnergeselle bestritt, dass er die Absicht gehabt habe, den Kaiser zu erschießen. In Wahrheit habe er Selbstmord begehen wollen. Doch die Beweislage gegen ihn war erdrückend. Schließlich verkündete der Vorsitzende Richter, der Kammergerichts-Vizepräsident Dr. Emil von Mühler, unter Berufung auf § 80 des Strafgesetzbuchs das Todesurteil. Es wurde am Morgen des 16. August 1878 im Hof des Zuchthauses Moabit in der Lehrter Straße von dem Scharfrichter Julius Krautz vollstreckt.

Schon allein das Prozedere war grausam. Hödel wurde mit freiem Oberkörper auf den Richtblock geschnallt, so dass er den

Kopf nicht bewegen konnte und sein Hals frei lag. Dann öffnete der Scharfrichter ein Futteral und nahm das Richtbeil heraus.

Als der französische König Ludwig XVI. am 16. Oktober in Paris auf dem heutige Place de la Concorde öffentlich mit der Guillotine hingerichtet wurde, verfehlte sein abgetrennter Kopf um Haaresbreite den Auffangkorb, weil er zuerst nur den geflochtenen Rand traf, dann aber doch noch hineinpurzelte. Ein Straßenjunge kommentierte den Vorfall mit den Worten: »Da hat der König aber noch mal Glück gehabt.«

Auch Max Hödel war dieses »Glück« beschieden.

3. Attentat

Am 2. Juni 1878 schoss Dr. phil. Karl Eduard Nobiling mit einem Schrotgewehr aus dem Haus Unter den Linden 18, als der Kaiser erneut im offenen Wagen vorbeifuhr. Der Kaiser wurde von rund dreißig Schrotkugeln am Kopf und an den Armen getroffen. Er überlebte nur dank seiner Pickelhaube, die einen Teil der Geschosse abgefangen hatte. Theodor Fontane (1819–1889) reimte daraufhin:

»Das war nicht nobel, Nobiling!/ Du nahmst die Sache zu gering./ Man schießt mit ein paar Körnern Schrot/ Nicht einen deutschen Kaiser tot!/ Du warst kein Held, du warst ein Schelm,/ Der Held, das war des Kaisers Helm,/ Der stellte sich vor den Doppellauf/ Und fing die dreißig Körner auf.«

4. Attentat

Am 28. September 1883 wurde in Anwesenheit des Kaisers das Niederwalddenkmal bei Rüdesheim am Rhein eingeweiht, das eine 12,5 Meter hohe Germania mit Schwert und Lorbeerkranz darstellt und die Gründung des Deutschen Kaiserreichs nach dem Sieg über Frankreich symbolisiert. Eine Gruppe von Anarchisten hatte unter dorthin führenden Eisenbahngleisen eine Bombe platziert. Sie sollte in dem Moment explodieren, wenn der Sonderzug mit dem Salonwagen die Stelle passierte. Wegen des feuchten Wetters erlosch jedoch die Zündschnur und das Dynamit ging nicht hoch. Die drei

Täter – August Reinsdorf, Emil Küchler und Franz Rupsch – wurden später gefasst, verurteilt und bis auf den letzteren mit dem Fallbeil geköpft.

Wilhelm I. hatte damit insgesamt drei Attentate und einen Versuch überlebt. Das war allerdings kein Rekord. Zar Alexander II. von Russland (1818–1881) brachte es immerhin auf acht ernsthafte Anschläge gegen seine Person und starb erst nach dem neunten Mordkomplott. Der Spitzenreiter in dieser Liste ist jedoch Adolf Hitler. 18 Attentatsversuche und zwei durchgeführte Bombenanschläge sind belegt, die gleichwohl allesamt scheiterten.

2

1878–1918

Die Anfänge moderner Polizeiarbeit

Präsidialverfügung von 1885

Über 70 Jahre nach der Gründung der »Sureté« in Paris stellte die Berliner Kriminalpolizei noch immer keine ernsthafte Bedrohung für das Berufsganoventum dar. Die Beamten arbeiteten schwerfällig, ihre Ausbildung ließ zu wünschen übrig. Allmählich setzte sich die Erkenntnis durch, dass Spezialisten unter den Spitzbuben nur wirksam von Fachleuten unter den Kriminalbeamten bekämpft werden konnten. Eine Präsidialverfügung vom 26. Februar 1885 brachte einen umfassenden Strukturwandel mit sich, der für die nächsten hundert Jahre seine Gültigkeit behalten sollte. Kernstück war die Aufspaltung der Berliner Kriminalabteilung in die Kriminalpolizei, die Sittenpolizei (Kontrolle der Prostitution) und die Sicherheitspolizei (verantwortlich für Verfrachtung von Gefangenen). Die Kriminalpolizei untergliederte sich von da in drei Inspektionen. Die erste leitete acht Bezirkskommissariate und 74 Polizeireviere an und befasste sich mit den Gelegenheitstätern. Die zweite widmete sich den Gewohnheitsverbrechern und gliederte sich in Dezernate für Gewalttaten, Einbruch, Dieberei, Hasardspiele und verbotene sexuelle Praktiken. Die dritte Inspektion übernahm Aufgaben, die technische oder juristische Fachkenntnisse erforderten.

Die drei Inspektionen bewährten sich sofort in der Praxis. Nach und nach kamen Untergruppen hinzu, die wiederum aus verschiedenen Abteilungen bestanden. Beispielsweise verfolgte die Untergruppe B I der zweiten Inspektion ausschließlich gewerbsmäßigen Diebstahl. Zu ihr gehörten zehn Abteilungen, in denen jeweils ein Kommissar mit seinen Leuten auf ganz bestimmte Delikte – vom Taschen- bis zum Wäschediebstahl – spezialisiert war.

Bei einem komplizierten Mordfall im Jahr 1885 wurde erstmals eine Ermittlergruppe zusammengestellt, die das Vorbild für die spätere Mordkommission wurde.

Das Polizeipräsidium, das durch die Kabinettsorder vom 25. März 1809 gegründet worden war, residierte behelfsmäßig am

Molkenmarkt in einem Komplex von alten Bauwerken mit schmalen Höfen, düsteren Gängen und niedrigen Zimmern.

Molkenmarkt

Im Jahr 1298 wurde der »Molendam«, der Mühlendamm, erstmals urkundlich erwähnt, der zwischen den Städten Cölln und Berlin die Spree staute, um Wassermühlen anzutreiben. Auf der Spreeinsel ließ Kurfürst Friedrich II. (1421–1471) im Jahr 1442 ein Schloss als ständige Residenz der Kurfürsten bauen. Während des »Berliner Unwillens« im Jahr 1448 öffneten die erzürnten Bürger die Schleusentore und fluteten die Schlossbaustelle.

Die Mühlendammbrücke verband (und verbindet noch immer) die Spreeinsel mit dem Molkenmarkt. Er war einer der ältesten Berliner Marktplätze. Auf ihm wurde bereits zu Zeiten von Albrecht dem Bär gehandelt. Lange Zeit trug er den Namen »Der Olde Markt«. Im 17. Jahrhundert erhielt er schließlich den Namen »Molkenmarkt«, weil dort auf Geheiß von Katharina von Küstrin (1549–1602), der Gemahlin des Kurfürsten Joachim Friedrich von Brandenburg (1546–1608), die Mühlenhofmeierei Milch, Käse und andere Milchprodukte verkaufte.

Am Rande vom Molkenmarkt hatte früher das Berliner Rathaus gestanden. Es war im 16. Jahrhundert abgerissen worden. An seiner Stelle wurde 1510 der sogenannte Mühlenhof, ein großes, mit Arkaden versehenes Gebäude, errichtet. Der Mühlenhof war auch der Sitz der Gerichtsbarkeit. Der vorsitzende Richter trug den Titel »Amtshauptmann«. Ihm oblag insbesondere die Aufsicht über die allgemeine Hygiene, deren Regeln in einer am 3. Mai 1707 verabschiedeten »Gassen-Ordnung« standen: »Zur Ausgießung der Nachtstühle werden solche Örter hiedurch angewiesen, wo man sonst füglich ans Wasser kommen kann. Insbesondere aber soll, bey Vermeidung schwerer Bestrafung, sich niemand unterstehen, dergleichen gegen das Schloß und Königlichen Garten wie auch in den Canal in der Schleuse ins Wasser zu tragen und auszugießen.«

Ende des 19. Jahrhunderts wurde im allgemeinen Berliner Sprachgebrauch mit dem Begriff »Molkenmarkt« nicht der Platz an sich bezeichnet, sondern der Häuserkomplex, in dem das Polizeipräsidium residierte. Ein für das »Schorer Familienblatt« tätiger Journalist namens Oskar Klaußmann besuchte im Dezember 1884 die Diensträume der Kriminalpolizei am Molkenmarkt: »Betreten wir an dem frühzeitig hereinbrechenden Winterabend durch das dunkle Portal, das sich neben der Haupttreppe des Gebäudes am Molkenmarkt befindet, den Hof, der direkt zur Stadtvogtei führt, und steigen die engen Treppen durch die gaserleuchteten Korridore hinaus bis dahin, wo eine Tafel mit der Aufschrift »Kriminalabteilung« uns belehrt, dass wir am Ziel der Wanderung angekommen sind. In dem Vorzimmer zur VI. Abteilung, wo es sonst des Tages über von Angeklagten, Zeugen, Beschädigten usw. wimmelt, die die Hilfe der Polizei in Anspruch nehmen, befinden sich jetzt nur vier Kriminalschutzleute in Zivil. In dem Zimmer dahinter, einem engen Gemach, brennen zischend eine Anzahl von Gasflammen, und sitzt der Kommissarius vom Dienst.«

Das zentrale Telegrafenamt der Polizei stand mit sämtlichen Revieren der Stadt und der Feuerwehr in Verbindung. Eine pneumatische Klingel im Kommissariat signalisierte jeweils durch die Anzahl der Glockenschläge den Inhalt der angekommenen Depeschen. Einmal Läuten bedeutete eine Routinenachricht, zweimal Läuten eine aufgefundene Leiche und dreimal Läuten zeigte ein Kapitalverbrechen an. Ein Schutzmann musste zum Telegrafenamt hinüber laufen und die eingegangenen Depeschen abholen. Der Kommissar unterschied nach der Lage der Dinge, was zu unternehmen war.

Im Schutz der Dunkelheit machten sich die Gefangenentransportwagen, die wegen ihrer Farbe »Grüne Minnas« genannt wurden, auf den Weg zu den Polizeirevieren der Stadt, um verhaftete Personen einzusammeln und sie in den zentralen Polizeigewahrsam zu bringen. Das waren große Räume mit vergitterten Fenstern, in denen lediglich rückenlose Bänke standen. Dort mussten die Arretierten, nach Geschlechtern getrennt, in unbequemer Haltung bis zum nächsten Morgen ausharren, ehe sie entweder der Kriminalpolizei zur Vernehmung zugeführt oder dem diensthabenden Amtsrichter der Abteilung 101/2 zur sofortigen Verurteilung überstellt wurden. Die gefährlichen Verbrecher oder renitente Trunkenbolde wurden in die Isolierzellen mit schweren eisernen Beschlägen und Doppelriegeln an den Türen gesteckt. Oskar Klaußmann beschrieb sie folgendermaßen: »Diese Kerker sind in Bezug auf Möblement nicht allzu reichlich bedacht. Sie enthalten nämlich nichts als die vier kahlen Wände, den Fußboden und die Decke.«

Leichenschauhaus

Ebenfalls im Jahr 1885 wurde in Berlin ein Leichenschauhaus nach Vorbild der Pariser Morgue eingerichtet. Es diente vor allem dazu, unbekannte Tote zu identifizieren, war deshalb der Öffentlichkeit zugänglich und zählte zu den beliebtesten Berliner Ausflugszielen, seitdem es keine öffentlichen Hinrichtungen mehr gab. Die Besucher hatten Zutritt zu einem Korridor, der von einer Glaswand begrenzt wurde. Dahinter befanden sich 14 von einander getrennte Kühlbehälter, in denen bis zu 14 Tote gleichzeitig zur Schau gestellt werden konnten. Zuvor wurden die Leichen 24 Stunden lang in Gefrierzellen, die zur Hälfte mit Sägespänen gefüllt waren, bei minus zehn bis minus 15 Grad Celsius tief gefroren.

Darüber hinaus gab es im Leichenschauhaus noch eine gerichtliche Abteilung mit Leichenwaschraum, einen Obduktionssaal, ein chemisches Laboratorium und eine Werkstatt zur Anfertigung von Präparaten.

Das neue Polizeipräsidium am Alex

In den Jahren 1886 bis 1889 wurde am Alexanderplatz an der Stelle, wo sich zuvor eine Irrenanstalt sowie das »Ochsenkopf« genannte Arbeitshaus für Landstreicher befunden hatten, ein neues Königliches Polizeipräsidium in der traditionellen Berliner Backsteinarchitektur errichtet. Die geschah unter der Leitung des bedeutenden Architekten, Leiters der Berliner Hochbauverwaltung und Baustadtrats Hermann Blankenstein (1829–1910), zu dessen Lebenswerk 120 Gemeinde- und Realschulen, diverse Heilstätten wie das Irrenhaus Herzberge, die Markthallen am Alexanderplatz und mehrere Kirchen gehören. Nach der Fertigstellung war das Polizeipräsidium mit einer bebauten Grundfläche von rund 10.600 Quadratmetern für lange Zeit das zweitgrößte Gebäude der Stadt nach dem Berliner Stadtschloss. Die Baukosten beliefen sich auf 5,5 Millionen Reichsmark. Die Front in der Alexanderstraße war 196 Meter lang. Das Polizeipräsidium umschloss acht offene Höfe und eine glasüberdachte Kuppelhalle im Zentrum. Außer den vielfältigsten Büroräumen beherbergte es mehrere Dienstwohnungen, Stallungen, Wachlokale für die berittene Schutzmannschaft und eine Reithalle. Dazu gehörte auch ein Komplex von Arrestzellen mit einer Unterbringungskapazität für mehr als 300 Männer und knapp 100 Frauen.

Bald nach seiner Fertigstellung wurde das Polizeipräsidium wegen seiner Backsteinfassade von den Berlinern als »Rote Burg« bezeichnet. Seine Inbetriebnahme war ein bedeutender Schritt hin zu einer modernen Kriminalpolizei. Das lag nicht nur an den wesentlich verbesserten Arbeitsbedingungen. Die Kriminalpolizei begann, ihre innere Organisationsstruktur der des Gaunertums anzupassen. Die Beamten nutzten nun wissenschaftliche Methoden bei der Arbeit. Sie legten verschiedenste Karteien an und zogen in Einzelfällen Spezialisten anderer Fachrichtungen zu Rate. Der Polizeipräsident wurde mit der Führung sämtlicher Polizeibereiche beauftragt. Es war damit auch für die Regierungsabteilung, die Gewerbe- und

Bauabteilung, die Sittenpolizei, das Passbüro, das Gesindeamt, die Abteilung für Übertretungen und die »Preußische Zensurbehörde« verantwortlich. Diese Aufgabenverteilung wurde zum Standard für die Polizeiarbeit in Preußen.

1896 fasste die Kriminalpolizei ihre technischen Hilfsmittel wie Fotosammlungen, Verbrecherkarteien, Spitznamen- und Merkmalsverzeichnisse zum Erkennungsdienst zusammen, der am 1. Oktober 1899 ein separates fotografisches Atelier erhielt. Nach und nach, als Ergebnis der ersten Polizeikonferenz der deutschen Bundesstaaten von 1897, zu der elf Landeregierungen Vertreter entsandten, entwickelte sich daraus die Reichszentrale für Personenidentifizierung und Erkennungsdienst. Sie führte ein Gesamtregister aller Verbrecher, unterstützte auf Wunsch die Bundesstaaten und kooperierte auch mit anderen Ländern. Durch einen königlichen Erlass vom 18. Januar 1899 wurde das Amt der Bezirkspolizeikommissare eingeführt. Sie dienten als Hilfsorgane in Angelegenheit der Landespolizei und hatten den Rang von Polizeiinspektoren.

Alle diese Maßnahmen führten dazu, dass die Polizei schlagkräftiger wurde und effizienter arbeiten konnte. Im Jahr 1900 wurden in Berlin nahezu 57.000 Straftäter verurteilt. Über die tatsächliche Kriminalitätsbelastung sagt diese Statistik aber nichts aus.

Das Berliner Ganoventum entwickelte sich hauptsächlich in zwei Richtungen. Eine große Gruppe von Gaunern betätigte sich als Taschendiebe, Betrüger und Bauernfänger. Eine zweite Fraktion beging mit nach heutigen Maßstäben kaum vorstellbarer Intensität Wohnungseinbrüche. Die sogenannten Schränker waren hochspezialisierte Fachleute. Ihre Tätigkeit wurde durchaus auch bewundert.

Im Unterschied zum Gangsterunwesen in den Großstädten anderer Länder fehlte jedoch die schwere Gewaltkriminalität wie Raub und Mord fast völlig. Dafür gab es zwei Gründe:

Zum einen setzten die Untersuchungsorgane ihren gesamten Ehrgeiz dahinein, Schwerstverbrecher schnellstens zu stellen. Bei der begrenzten Anzahl von Schlupfwinkeln in Berlin – bedingt durch das Fehlen weiträumiger Slums und traditioneller Verbrecherviertel –

gelang das auch. Zum anderen verhinderte das relativ festgefügte preußische Staatsgebilde die Herausbildung von Gangstersyndikaten wie in den USA. Zwar wurden auch in Deutschland Richter, Staatsanwälte und hohe Polizeibeamte bestochen, unbequeme Personen und Widersacher beseitigt, aber das war die Ausnahme. Ohnehin war die Gesellschaft in das Prekariat, das Bürgertum und den Adel unterteilt, was im preußischen Dreiklassenwahlrecht zum Ausdruck kam. In Sprichwörtern wie »Schuster, bleib bei deinen Leisten« fand die Dreiteilung der Gesellschaft ihren Ausdruck.

Ohne Ausweis, mit Waffen

Die alltägliche Polizeiarbeit wurde dadurch erschwert, dass es im 19. Jahrhundert noch keine amtlichen Ausweise gab. Im »Gesetz über das Passwesen« aus dem Jahr 1867 hieß es in § 1: »Bundesangehörige bedürfen zum Ausgange aus dem Bundesgebiete, zur Rückkehr in dasselbe, sowie zum Aufenthalte und zu Reisen innerhalb desselben keines Reisepapiers.« In § 3 war lediglich nebulös verfügt worden: »Bundesangehörige wie Ausländer bleiben jedoch verpflichtet, sich auf amtliches Erfordern über ihre Person genügend auszuweisen.«

Aus diesem Grund konnten Personen relativ einfach ihre Identität wechseln. (Erst die Nationalsozialisten führten 1938 sogenannte Kennkarten ein, die von Juden zwingend mitgeführt werden mussten, und erhoben am 10. September 1939 mit der »Verordnung über den Pass- und Sichtvermerkszwang sowie über den Ausweiszwang« den Besitz eines Personalausweises zur Pflicht.)

Ein weiteres Problem bestand darin, dass im 19. Jahrhundert Schuss-, Hieb- und Stichwaffen frei verkäuflich waren. Sie konnten sogar über Versandhandel-Kataloge bezogen werden, von denen die ersten im Jahr 1886 erschienen. Eine Schrotflinte kostete zwischen 34,00 bis 105,00 Mark, ein Mauser-Karabiner 8,50 Mark bis 21,00 Mark, eine Browning-Pistole 40,00 Mark und ein Revolver

6,25 Mark. Lediglich Minderjährigen war das Tragen von Waffen untersagt. Darüber hinaus gab es das Verbot, bewaffnet bei Volksversammlungen zu erscheinen.

Criminalpsychologie

Einige Jahre vor der Jahrhundertwende erschienen zwei wichtige Bücher. Sie trugen die Titel »Handbuch für den Untersuchungsrichter als System der Kriminalistik« und »Criminalpsychologie«. Ihr Verfasser war der Professor Hans Gross (1847–1915), ein bekannter Strafrechtler und Begründer der Kriminologie sowie der Kriminalistik in Deutschland.

Die Kriminologie befasste sich mit den Vorgängen der Verbrechensbekämpfung, -begehung sowie Verhütung. Sie war ein Bestandteil der Kriminalistik. Das Wesen der Kriminalistik versuchte Professor Gross in folgender Weise zu bestimmen: Während sich das Strafrecht mit den Delikten und ihrer Ahndung beschäftige und das Strafprozessrecht die Regeln dafür darlege, sei es die Aufgabe der Kriminalistik, zu erforschen und darzulegen, wie die Verbrechen begangen werden, welche Motive wirkten und was für Zwecke verfolgt würden. So sage das Strafgesetz zum Beispiel, was eine Brandstiftung sei und welches Strafmaß den Täter erwarte. Über die Begehungsweise, die verwendeten Hilfsmittel und schließlich über den Täter selbst könne jedoch nur die Kriminalistik Auskunft geben.

Professor Gross forderte von jedem Kriminalisten genaues Wissen über Praktiken und Sprache der Verbrecher, Kenntnisse über das Wahrnehmen, Abbilden und Nachformen von Fußabdrücken sowie Erfahrungen beim Aufsuchen, Beschreiben und Aufbewahren von Blutspuren. Jeder Kriminalist müsse die Besonderheiten einzelner Delikte, zum Beispiel der Betrügerei beim Pferdehandel (also die Praktiken der Rosstäuscher), beim Falschspiel und beim Antiquitätenverkauf kennen und außerdem die Kunst des Dechiffrierens beherrschen.

In seiner »Criminalpsychologie« untersuchte Professor Gross die Psyche des Untersuchungsrichters und die des Vernommenen. Er wies darauf hin, dass die Aussage eines Zeugen, eines Sachverständigen und eines Beschuldigten keinesfalls gleich bewertet werden dürfe, und dass es bei den verschiedenen Typen von Tätern große Unterschiede gebe. Ein seine Handlung bereuender Gelegenheitsdieb leugnet schlechter als ein Zuhälter, ein gemütskalter Gewohnheitsverbrecher redet über seine Taten anders als ein geltungsbedürftiger Hochstapler. Die beste Lüge ist ganz dicht bei der Wahrheit angesiedelt, und die phantasievollsten Schwindelmärchen sind am leichtesten zu durchschauen. Dazu kommen Momente wie Sympathie und Antipathie, Angst und Aufregung, fehlendes Erinnerungsvermögen oder eine falsche Sicht auf die Ereignisse, die allesamt berücksichtigt werden müssen.

Die Anlage- und Milieutheorie vom »geborenen Verbrecher«, die Ende des 19. Jahrhunderts in Mode gekommen war und nach der Straftäter bereits anhand ihrer Physiognomie erkannt werden könnten, lehnte Professor Gross als krasse Irrlehre ab. Er forderte, an den Universitäten Lehrstühle für strafrechtliche Hilfswissenschaften zu errichten und stellte den Sachbeweis – die Überführung durch Indizien – in den Vordergrund von Strafverfahren.

Professor Franz von Liszt (1851–1919) hatte an der Friedrich-Wilhelm-Universität eine Professur für Straf- und Völkerrecht inne. Er versuchte Professor Hans Gross ebenfalls nach Berlin berufen zu lassen. Der Plan scheiterte an fehlenden Finanzmitteln. Stattdessen wurde Professor Gross als Leiter des Kriminalistischen Instituts an der Universität Graz bestellt.

Professor Franz von Liszt entwickelte die Ideen seines Kollegen weiter. So propagierte er beispielsweise, die Strafverfolgung nach Tätertypen zu differenzieren. Danach sollten Gelegenheitstäter als Denkzettel eine Bewährungsstrafe; Mehrfachtäter mit einer günstigen Sozialprognose von Maßnahmen der Resozialisierung begleitete Freiheitsstrafen und unverbesserliche Berufsverbrecher lebenslange Haftstrafen erhalten.

6. Januar 1912: »**Ein Schutzmann verschwunden.** Seit acht Tagen ist der 40 Jahre alte Schutzmann Eckart aus der Fredericiastraße 6 zu Charlottenburg spurlos verschwunden. – Vor dem Schloss wurde in der letzten Nacht der 31 Jahre alte Schutzmann Sommer von einer Pferdedroschke überfahren. Der Beamte erlitt linksseitige Rippenquetschungen und fand auf der Unfallstation am Spittelmarkt erste Hilfe.«

*

»**Verbrecherjagd im Automobil.** Zum zweiten Mal innerhalb acht Tagen wurde in der letzten Nacht der Zigarrenhändler Carl Blieske aus der Mommsenstraße 39, Ecke Dahlmannstraße zu Charlottenburg von Einbrechern heimgesucht. Das erste Mal räumten sie den ganzen Laden aus, ohne gestört zu werden. In der letzten Nacht wurden sie aber von einem Schutzmann beobachtet. Sie ließen alles im Stich und suchten ihr Heil in der Flucht. Der Beamte warf sich in eine zufällig vorbeifahrende Automobildroschke und nahm die Verfolgung auf. Nach kurzer Jagd konnte einer der Diebe ergriffen und verhaftet werden. – Eine zweite Verbrecherjagd gab es in der letzten Nach in Köpenick. Dort wurden drei Männer dabei überrascht, als sie Fernsprechleitungen durchschnitten, um den Draht zu stehlen. Sie wurden verfolgt und gaben mehrere Schüsse ab, die von den Schutzleuten erwidert wurden. Von den Beamten wurde aber niemand verletzt. Ob von den Dieben jemand verwundet worden ist, steht noch nicht fest, da die Männer im Dunkel der Nacht entkamen.«

*

»**Der Tod im Autoomnibus.** In einem Automobilomnibus der Linie 11 wurde heute morgen eine etwas 60 Jahre alte Frau, deren Personalien noch unbekannt sind, vom Tode ereilt. Die Frau war, wie die Ermittlungen ergaben, in der Waldstraße in Moabit beim Besteigen des Automobilomnibusses zu Boden geworfen und an der Stirn erheblich verletzt worden. Die Leiche wurde zunächst nach der Unfallstation in der Kommandantenstraße und von dort nach dem Schauhaus gebracht. In den Taschen fand man etwa 120 Mark bares Geld, aber keine Ausweispapiere vor.«

*

15. März 1912: »**Verbot des Rollschuhlaufens.** Das königliche Polizeipräsidium teilt mit: Das Rollschuhlaufen auf der Straße *In den Zelten* und auf der *Charlottenburger Chaussee* wird bis auf weiteres verboten. Die Exekutivbeamten sind angewiesen, den Verkehr von Rollschuhläufern auf den genannten Straßen in verkehrspolizeilichem Interesse nicht mehr zu dulden.«

*

11. April 1912: »**Ein Riesenlager unsittlicher Bücher**, Bilder, Aktstudien und zu deren Herstellung benutzter Platten wurde durch die Zentralpolizeistelle zur Bekämpfung unzüchtiger Bilder und Schriften bei einem alten Herrn im Westen Berlins beschlagnahmt. Seit längerer Zeit tauchten bei kleinen Zeitungs- und Buchhändlern, die Nick Carter-, Sherlock Holmes-, Nat Pinkerton- und andere Detektivromane vertreiben, unsittliche Bilder und Schriften auf, welche die Polizei immer wieder beschlagnahmte. Einige der Bilder und Aktstudien sind vielleicht an sich nicht unzüchtig, doch werden sie dadurch anstößig, dass sie der heranreifenden Jugend für geringes Geld zugänglich gemacht wurden.«

*

»200 weiße Ratten aus der Charité gestohlen. Ein seltener Diebstahl ist in der königlichen Charité verübt worden. In den Kellereien eines der Bauwerke sind zahlreiche Ställe für Versuchstiere untergebracht. In einer der letzten Nächte wurden nun 200 Ratten von unbekannten Tätern entwendet.«

*

»Der Generalagent Buffalo Bills verschwunden. Seit mehreren Tagen hält sich der Generalagent Buffalo Bills, Kapitän Russel, in Berlin auf, um die Vorbereitung für eine Schaustellung, die in nächster Zeit in Berlin stattfinden sollte, zu treffen. Russel war in einem Hotel Unter den Linden abgestiegen. Seit dem zweiten Osterfeiertag ist Russel aus dem Hotel verschwunden. Er erbat sich von dem Direktor des Hotels ein kleineres Darlehen und verließ das Hotel. Man nimmt an, dass dem Agenten ein Unglück zugestoßen ist.«

*

»Verhaftung des Gattinnenmörders Assmann. Der Steinmetz Alfred Assmann, der in seiner Wohnung in der Mariannenstraße seine Frau durch einen Revolverschuß am Hinterkopf verletzte, ist heute morgen in Lichterfelde bei Hegermühle durch einen Gendarmen verhaftet worden. Auf Grund der Mitteilungen seiner Töchter, die ihren Vater beschuldigen, sich an ihnen vergangen zu haben, wird auch Anklage wegen Blutschande gegen ihn erhoben.«

*

14. Juni 1912: **»Rückkehr eines fälschlich Totgesagten.** In Groß-Lichterfelde hat sich jetzt ein eigenartiger Vorfall abgespielt. Dort war vor einiger Zeit der Arbeiter Kühn nach Unterschlagungen von mehreren hundert Mark bei einer Baugesellschaft spurlos verschwunden. Einige Tage darauf wurde aus dem Teltowkanal die Leiche eines Mannes gelandet, dessen Personenbeschreibung auf Kühn stimmte. Auch die

Frau des Verschwundenen glaubte in dem Toten ihren Mann wiederzuerkennen, so dass der Beerdigung der Leiche nichts mehr im Wege stand. Jetzt hat sich herausgestellt, dass Kühn gar nicht tot ist. Er erschien gestern wieder in seiner Wohnung, und seine Frau war nicht wenig erstaunt, den schon tot geglaubten Mann wiederzusehen. Er dürfte sich jetzt wegen der Unterschlagung vor Gericht zu verantworten haben. Wer der unter falschem Namen begrabene Mann ist, steht noch nicht fest.«

*

2. Juli 1912: »**Das Geständnis des Muttermörders.** Der 18 Jahre alte Malergehilfe Joseph Dewald, der in der Nacht zu gestern seine in Brätz bei Schwiebus wohnende 56 Jahre alte Mutter erschlug und ihr 1900 Mark raubte, flüchtete zuerst nach Schwiebus und von dort nach Berlin, wo er bei dem Schwager seiner Braut in der Landsberger Allee Unterschlupf fand. Hier wurde er gestern Abend von der Kriminalpolizei verhaftet. Er wurde nach dem 51. Polizeirevier und später nach dem Polizeipräsidium gebracht, wo er ein umfassendes Geständnis ablegte. Nach seiner Angabe hat er von der Mutter Geld verlangt. Weil die Mutter ihm das Geld nicht geben wollte, schlug er mit einem Fleischerbeil auf seine alte Mutter ein.«

*

18. August 1912: »**Exzesse einer Wahnsinnigen.** Eine Schreckensszene spielte sich gestern in Treptow ab. Bei den Eheleuten Schulz in der Graetzstraße 26 war gestern die 23 Jahre alte Schwester der Frau Schulz, ein Fräulein Lina Bucholz aus Charlottenburg, zu Besuch. Das Mädchen zeigte früher schon Anzeichen von Geisteskrankheit und war auch schon in einer Anstalt. Als es sich gestern mit der vier Jahre alten Tochter des Eheleute Schulz allein in der Wohnung aufhielt, bekam es

plötzlich einen Tobsuchtsanfall. Zuerst schlug die Wahnsinnige mit einem schweren Gegenstand auf das kleine Kind ein, bis es fast leblos am Boden liegen blieb. Dann zertrümmerte sie die ganze Wohnungseinrichtung.«

*

4. September 1912: »**Selbstmord im Nordexpreß Berlin – Paris**. Ein rätselhafter Selbstmord wurde gestern im Nordexpreß Berlin – Paris begangen. Als der Zug gestern Nachmittag um 4 Uhr auf dem Nordbahnhof in Paris einlief, entdeckte man im Schlafwagen eine schöne Frau im Alter von etwa 30 Jahren, die sich auf der Reise anscheinend vergiftet hatte. Ihr ganzes Bett war mit Blumen bedeckt. Sie trug eine blauseidene Robe und eine rotseidene Bluse mit weißem Spitzenkragen. Als man sie fand, gab sie noch schwache Lebenszeichen von sich, starb aber, ohne das Bewusstsein wiederlangt zu haben, im Krankenhaus. Man fand im Abteil ein Blatt Papier mit den Worten: »Laßt mich in Frieden fahren bis Paris.« Man hat bis jetzt nicht den geringsten Anhaltspunkt, wer die Dame sein könnte.«

*

»**Eine weise Frau verhaftet.** Durch die Neuköllner Kriminalpolizei wurde gestern eine »weise Frau« in der Person einer 37 Jahre alten Witwe A. aus der Ziethenstraße verhaftet. Die Witwe lebte schon längere Zeit davon, gegen Entgelt unerlaubte Eingriffe zu machen. Sie legte ein volles Geständnis ab. Die Frauen und Mädchen, die mit der Witwe in Verbindung standen, haben ein Strafverfahren zu erwarten.«

*

»**Attentat auf den Kleinbahnzug Spandau-Bötzow**. Auf den Kleinbahnzug, der den Verkehr zwischen Spandau und Bötzow vermittelt, ist gestern Abend gegen 10 Uhr von verbrecherischer Hand ein Attentat verübt worden. Als sich der

Zug in voller Fahrt in der Nähe des Spandauer Schlachthofes befand, kam die Lokomotive des Zuges plötzlich zur Entgleisung. Der Lokomotivführer und der Heizer versuchten sich im letzten Moment durch Abspringen zu retten, wurden aber dabei schwer verletzt. Wie die Untersuchung der Unfallstelle ergab, ist die Entgleisung auf die Tätigkeit eines Verbrechers zurückzuführen. Eine Weiche war aufgebrochen worden.«

*

19. Oktober 1912: »**Automobilunfall**. An der Ecke der Bismarck- und der Grolmannstraße in Charlottenburg fand in der verflossenen Nacht ein Zusammenstoß zwischen einem Privatautomobil des Fürsten Henckel von Donnersmarck und einem Straßenbahnwagen statt. Der Chauffeur wollte unmittelbar vor einem Straßenbahnwagen der Linie 54 das Gleis passieren und fuhr dabei gegen die Seitenwand des Straßenbahnwagens. Bei dem Zusammenstoß wurden die Scheiben des Automobils zersplittert und der Insasse, Dr. Graf Friedrich v. Brockdorff, der Generalbevollmächtigte des Fürsten Donnersmarck, erlitt eine tiefe Schnittwunde an der Stirn.«

*

»**Mannesleiche**. Aus der Spree wurde gestern Abend eine zerstückelte Mannesleiche gelandet. Allem Anschein rühren die Verstümmelungen von Dampferschrauben her. Diese haben auch die Kleidung bis auf einen Strumpf und einen Schuh zerfetzt und abgerissen. Von den Körperteilen fehlen der Hinterkopf, der rechte Unterarm und das linke Bein. Der Tote ist etwa 30 bis 35 Jahre alt und ungefähr 1,70 Meter groß. Die Leiche wurde nach dem Schauhause gebracht.«

*

27. November 1912: »**Der Schutz vor dem Bauschwindel**. Der im Jahre 1878 gegründete Schutzverein der Berliner Bauinteressenten und der Verband zum Schutze des deutschen Grundbesitzes und Realkredits haben zur Bekämpfung der Missstände im Groß-Berliner Baugewerbe eine Schutzgemeinschaft beschlossen.«

*

3. Dezember 1912: »**Kindesentführung**. Die Entführung einer Neunjährigen beschäftigt zurzeit die Berliner Kriminalpolizei. Vor einigen Tagen wurde die neunjährige Tochter Pelegya eines Schneidermeisters in einem Kinomatographentheater in der Invalidenstraße von einem Mann angesprochen und mit Schokolade beschenkt. Der Unbekannte entführte das Kind nach Frohnau, verging sich dort im Walde an dem Mädchen und begab sich dann mit dem weinenden Kinde auf den Weg zum nächsten Bahnhof. Unterwegs begegnete dem Mann und dem Kinde ein reitender Gendarm. Als der Entführer den Beamten sah, ließ er das Kind auf der Straße stehen und flüchtete in den Wald.«

I. Weltkrieg

Der I. Weltkrieg begann am 28. Juli 1914. An diesem Tag erklärte Österreich-Ungarn dem Königreich Serbien den Krieg. Als Anlass war die Ermordung des österreichisch-ungarischen Thronfolgers Franz Ferdinand und dessen Gattin durch den bosnischen Serben Gavrilo Princip am 28. Juni 1914 in Sarajevo genommen worden. Am 30. Juli 1914 trat Russland auf der Seite Serbiens und am 01. August 1914 das Deutsche Reich auf der Seite Österreich-Ungarns dem Krieg bei. Am Ende befanden sich 25 Staaten und deren Kolonien mit etwa drei Viertel der Weltbevölkerung im Krieg.

Die meisten kriegführenden Parteien waren zu Beginn des I. Weltkriegs davon ausgegangen, dass die Kampfhandlungen nach wenigen Wochen beendet sein würden. Soldaten beeilten sich, an die Front zu kommen, weil sie befürchteten, die Schlachten könnten ohne sie geschlagen werden. Doch es war nicht an dem. Der Krieg fraß sich fest. Infolge der gegenseitigen Blockadepolitik kam es schon nach wenigen Wochen zu schweren Versorgungsmängeln im Deutschen Reich, die von Jahr zu Jahr immer mehr zunahmen. Die Folgen: hohe Preissteigerungen und ein immer größer werdender Schwarzmarkt. Auch ein im Mai 1916 gegründetes »Kriegsernährungsamt« konnte keine Abhilfe schaffen. Die Lebensmittel wurden stark rationiert, oder waren gar nicht mehr zu beschaffen.

Kohlrübenwinter

In Berlin wurden am 12. März 1916 Butterkarten eingeführt. Die Wochenration betrug für Erwachsen 125 Gramm, für Kinder die Hälfte. Eichelkaffee ersetzte Bohnenkaffee, Brombeerblätter schwarzen Tee und dem Brotteig wurde Kartoffel- und Holzmehl beigemischt. Der Erinnerung an den »Kohlrübenwinter« hat sich über Generationen erhalten. In Kriegskochbüchern oder auf Flugblättern wurden Kohlrübenrezepte propagiert: »Ein Gebäck kann man herstellen, indem man die Kohlrübe roh zerreibt und das Gemisch mit Mehl und Zutaten zu einem Teig verarbeitet.«

In der zweiten Jahreshälfte 1917 brach die Nahrungsgüterversorgung völlig zusammen. Viele Menschen starben an Unterernährung oder verhungerten. Insgesamt kostete der I. Weltkrieg schätzungsweise einer Million deutscher Zivilisten das Leben.

Die Folgen des Krieges für die Kriminalitätsentwicklung waren verheerend. Auf Grund der immer schlechter werdenden Versorgungslage kam es immer häufiger zu Streiks, die mit brutaler Gewalt niedergeschlagen wurden. Das führte zu einer Radikalisierung der Bevölkerung.

13,25 Millionen Männer wurden zum Militärdienst eingezogen. Zwei Millionen Soldaten starben, weitere zwei Millionen kamen schwer verwundet oder als Krüppel von der Front zurück.

Die Frauen der Soldaten mussten ihre Familien allein ernähren, aber die Bedingungen wurden von Kriegsjahr zu Kriegsjahr schwieriger. Das führte zu einen starken Anstieg im Bereich der Frauen- und Jugendkriminalität, da außer Diebstahl kaum eine andere Möglichkeit zum Überleben bestand. In den letzten Kriegsjahren beschäftigten sich die Gerichte in drei Viertel aller Fälle mit Eigentumsdelikten. Doch das war nur die Spitze des Eisbergs. Da viele Polizisten eingezogen worden waren, konnten auch die Strafverfolgungsbehörden lediglich mit halber Kraft arbeiten. Viele Verbrechen, die unter normalen Umständen verfolgt worden wären, blieben unentdeckt und damit unbestraft. Einfache Delikte wie Diebstähle wurden kaum noch verfolgt. Das »Feld- und Forstpolizeigesetz« vom 1. April 1880, das die Entwendung von Feldfrüchten unter Strafe stellte, war zu Makulatur geworden. Das führte zu einem Anwachsen der Fälle von Selbstjustiz. Bauern schossen ertappte Plünderer erbarmungslos mit Schrotflinten nieder oder rammten ihnen Mistforken in den Leib. Das wiederum führte zu einer Radikalisierung der Diebe.

In Berlin gab es zum Ende des I. Weltkriegs mehrere Stadtviertel wie die Straßen um den Stettiner und um den Schlesischen Bahnhof, die quasi zu rechtsfreien Räumen geworden waren, weil die Polizei auf den Straßen kaum noch präsent war. Nach Einbruch der Dunkelheit wagten sich viele Menschen nicht mehr hinaus vor die Türen.

Der Staat reagierte hilflos oder mit absurden Aktionen. So erhielt beispielsweise das Reichstagsgebäude am 28. Juli 1916 die Inschrift »Dem deutschen Volke« und es fand eine breit angelegte »Verdeutschung entbehrlicher Fremdwörter« statt. Aus »Adieu« wurde »Auf Wiedersehen«, aus »Rendezvous« »Verabredung«, aus »Boutique« »Modegeschäft« und aus »chic« »flott«. In Berlin nannte sich das »Café Windsor« in »Kaffee Winzer« um und das »Picadilly

Café« wurde zum »Kaffeehaus Vaterland«. Das »Hotel Bristol« ließ den Städtenamen weg und firmierte nur noch als »Hotel«.

Zwei Polizeipräsidenten

Während des I. Weltkriegs gab es in Berlin zwei Polizeipräsidenten: Traugott Achaz von Jagow (1865–1941) in der Zeit zwischen 1909 und 1916 sowie Heinrich von Oppen in der Zeit von 1916 bis 1918.

Traugott Achaz von Jagow hatte sich in Potsdam als konservativer und kaisertreuer Oberregierungsrat hervorgetan und war am 27. Oktober 1909 zum Königlichen Polizeipräsidenten von Berlin ernannt worden. Er kümmerte sich um eine moderne Entwicklung und Ausstattung der Polizei, führte in einem Teil der Friedrichstraße die weltweit erste Einbahnstraße ein und ging mit unbarmherziger Härte gegen linke Demonstranten vor. Ein Ausspruch von ihm wurde zum geflügelten Wort: »Die Straße gehört dem Verkehr. Ich warne Neugierige.« Zu einer Beschwerde ausländischer Journalisten, die während der sogenannten Moabiter Krawalle am 24. September 1910 von Polizeibeamten niedergeknüppelt wurden, sagte er: »Sie haben sich ordnungswidrig in eine Menschenmenge begeben, die sich zusammengerottet hatte.«

Nachdem mehrfach Schutzmänner im Dienst verletzt worden waren, gab der Polizeipräsident am 5. August 1911 die dienstliche Anweisung, dass jeder Polizeibeamte bestraft werde, der bei einem ernstzunehmenden Vorfall zu spät oder gar nicht zum Säbel oder zur Pistole greife. Darüber hinaus erließ Traugott Achaz von Jagow ein »Hutverbot«. Es untersagte Frauen, in Theaterlogen Hüte zu tragen. Der Verband Berliner Bühnenleiter reichte dagegen Klage ein. Am 9. Mai 1912 wurde das Hutverbot vom Berliner Oberverwaltungsgericht als gesetzwidrig aufgehoben.

Mit Beginn des Jahres 1915 kam es zu ständig neuen Reglementierungen, um der Mangelwirtschaft zu begegnen. Beispielsweise wurde ab dem 11. Januar 1915 in Berlin der Verkauf von Wolldecken verboten, später der Verkauf von Mehl nur noch unterhalb der Woche erlaubt und in den Berliner Gaststätten durften keine Menüs mehr angeboten werden. Am 7. September 1915 erließ der Polizeipräsident eine Verordnung, die den Alkoholausschank in den Berliner Wirtshäusern zwischen 9 Uhr abends und 9 Uhr morgens unter Strafe stellte.

Nach dem Krieg war Traugott Achaz von Jagow wesentlich an der Organisation des vom 13. bis 17. März 1920 dauernden Kapp-Putsches beteiligt, einen gegen die Weimarer Republik gerichteten konterrevolutionären Umsturzversuch. In der »Regierung der Ordnung, der Freiheit und der Tat« bekleidete von Jagow fünf Tage lang den Posten des Innenministers. 1921 wurde er wegen Beihilfe zum Hochverrat zu fünf Jahren Festungshaft verurteilt. Die Berliner Jagowstraße trägt dennoch bis heute seinen Namen.

Heinrich von Oppen (1869–1925) war Königlich Preußischer Leutnant und Polizeipräsident in Breslau, dem heutigen Wrocław. Am 28. Mai 1916 wurde er zum Nachfolger von Traugott Achaz von Jagow ernannt. Der neue Polizeipräsident stand vor der schweren Aufgabe, Ruhe und Ordnung in einem zerfallenden Staat noch so weit wie möglich aufrecht zu erhalten. Das war keine leichte Aufgabe. Es gab Fälle von Hungertyphus, und eine Pockenepidemie war ausgebrochen. Wegen des Kohlemangels wurden die Berliner Schulen im Winter geschlossen. Am 14. Juni 1917 teilte das Kriegsernährungsministerium mit, dass die gesamten Kartoffelvorräte im Kaiserreich aufgebraucht waren. Mehrere Berliner Restaurants wurden geschlossen, weil sie Wucherpreise verlangt hatten. Die Berliner Hotels erhielten die Anweisung, nur noch alle sieben Tage die Bettwäsche zu wechseln. Es mehrten sich Fälle von Spekulanten, die mit Hamsterkäufen gigantische Vermögen angehäuft hatten. Am 4. Juli 1917 wurde beispielsweise die Geschäftsfrau Martha Kupfer vom Berliner Schwurgericht wegen schwerer Urkundenfälschung zu einer Haftstrafe von zwei Jahren, fünf Monaten und drei Tagen verurteilt, weil sie durch Betrügereien 6,7 Millionen Mark ergaunert hatte. Auf den Berliner Märkten kam es zu Unruhen der hungernden Bevölkerung, die von der Polizei niedergeschlagen wurden.

Revolution in Berlin

Nach dem Kieler Matrosenaufstand am 3. November 1918 hatten drei Tage später Arbeiter- und Soldatenräte in Hamburg die Macht übernommen. Am 9. November 1918 erreichte die Revolution Berlin. In den Betrieben streikten die Arbeiter. Bewaffnete Aufständische zogen durch die Stadt. Rote Fahnen wurden gehisst. Reichskanzler Max von Baden gab die Abdankung des deutschen Kaisers bekannt. Am Alexanderplatz kam es mittags gegen 1 Uhr zu einer großen Demonstration. Tausende Soldaten mit roten Armbinden umstellten das Polizeipräsidium. Auf die Fenster wurden einige Schüsse abgegeben. Vier Vertreter der sozialdemokratischen Partei begaben sich in das Gebäude und verlangten vom Polizeipräsidenten die Übergabe der Schlüssel.

Um 2 Uhr 35 reichte Heinrich von Oppen sein Abschiedsgesuch ein und trat von seinem Amt zurück. Sein Nachfolger wurde der Journalist Robert Emil Eichhorn (1863–1925), Mitglied der Unabhängigen Sozialdemokratischen Partei Deutschlands. Seine erste Amtshandlung bestand darin, 650 Gefangene, die sich im Polizeigewahrsam befanden, frei zu lassen.

3

1918–1933

Weimarer Republik – Eine Verbrechenswelle setzt ein

Land im Umbruch

Der I. Weltkrieg hatte, wie jeder militärische Konflikt, bei dem das Töten fremder Menschen zur höchsten Tugend erhoben wurde, eine extreme Verrohung der Sitten mit sich gebracht. Außerdem herrschten Mangel, Hunger und Krankheiten. Bis auf einige wenige Kriegsgewinnler waren weite Teile der Bevölkerung verarmt. In vielen Familien fehlten die Männer. Die meisten Überlebenden litten unter posttraumatischen Belastungsstörungen, die zur damaligen Zeit weder diagnostiziert noch behandelt wurden. Etliche ehemalige Soldaten sahen deshalb überhaupt kein Problem darin, anstatt ihnen völlig unbekannter Fremder nunmehr Verwandte und Bekannte umzubringen, die sie nicht leiden konnten oder die ihnen Ärger bereiteten. Auf den Straßen bettelten Kriegsinvaliden um Almosen.

Das Land befand sich im Umbruch. Die alten Werte galten nichts mehr. Das Unterste wurde zum Obersten gekehrt. Allerdings existierte noch eine intakte Infrastruktur. Anders als im II. Weltkrieg waren die deutschen Städte nicht in Schutt und Asche versunken.

Im Zuge der Novemberrevolution hatte am 9. November 1918 der Reichskanzler Prinz Max von Baden (1867–1929) den Vorsitzenden der Sozialdemokratischen Partei Friedrich Ebert (1871–1912) zum neuen Reichskanzler berufen. Am 10. November 1918 bildete sich in Berlin ein »Rat der Volksbeauftragten«. Ihm gehörten je drei Mitglieder der beiden sozialdemokratischen Parteien an (1916 hatte sich die »Unabhängige Sozialdemokratische Partei« [USPD] von der ursprünglichen SPD abgespalten, die sich von da an eine zeitlang »Mehrheitssozialdemokratischen Partei« [MSPD] nannte). Der Rat stand unter dem Vorsitz von Friedrich Ebert.

Sehr bald kam es zu einem ernsten Zerwürfnis zwischen den beiden unterschiedlichen Gruppen, die der Novemberrevolution maßgeblich zum Sieg verholfen hatten. Die einen wollten eine Restauration des alten Regimes, die anderen eine Räterepublik.

Schließlich traten die Mitglieder der USPD unter Protest gegen den revisionistischen Kurs der MSPD aus dem »Rat der Volksbeauftragten« aus.

Das war ein schwerer Fehler gewesen. Nur solange zwei Fraktionen miteinander reden, ist eine Verständigung möglich. Kurz darauf nämlich, am 4. Januar 1919, ließ Ebert ohne jeden äußeren Anlass und in klarer Überschreitung seiner Befugnisse den Berliner Polizeipräsidenten Emil Eichhorn absetzen. Zu seinem Nachfolger wurde der MSPD-Minister ohne Geschäftsbereich Eugen Ernst (1864–1954) ernannt. Diese offene Willkür führte zunächst zu Massendemonstrationen, dann zu einem Generalstreik und schließlich zum sogenannten Spartakusaufstand, der vom 5. bis 12. Januar 1919 dauerte. Am Ende wurde die Massenerhebung blutig niedergeschlagen und dabei Hunderte Aufständische erschossen.

Der Fall Rosa Luxemburg und Karl Liebknecht

Rosa Luxemburg (1871–1919) stammte ursprünglich aus dem Königreich Polen. 1893 hatte sie dort zu den Mitbegründern der sozialdemokratischen Bewegung gehört. Im Jahr 1898 war sie nach Deutschland gekommen. Sie arbeitete vor allem publizistisch und entwickelte sich zu einer führenden Vertreterin der deutschen Linken und des proletarischen Internationalismus.

Von 1911 bis 1919 wohnte sie in Steglitz in der Lindenstraße 2 (heute Biberacher Weg). Am 27. März 1917 schrieb sie an den Arzt Hans Diefenbach (1884–1917): »Wenn ich an einem lauen Frühlingstag einfach in meinem Südende auf den Straßen schlendre, – ich glaube, dort kennt mich schon jedermann an meinem verträumten Herumstrolchen, – beide Hände in den Täschchen des Jäckchens, ohne Ziel, nur um zu gaffen und das Leben einzusaugen … Wahrscheinlich sehe ich mit meinem glückstrahlenden Gesicht und den Händen in den Taschen etwas sonderbar aus. Aber was geht es mich an! Gibt es denn ein höheres Glück, als solches zielloses Herumstehen auf der Straße in der Frühlingssonne, die Hände in den Taschen und ein Sträußchen für 10 Pf. im Knopfloch?«

Rosa Luxemburg veröffentlichte zahlreiche Artikel und wissenschaftliche Arbeiten. Als entschiedene Kriegsgegnerin wurde sie mehrfach aus politischen Gründen eingekerkert. Im August 1914 gründete sie die »Gruppe Internationale«, aus der 1916 die »Spartakusgruppe« hervorging. Diese wiederum benannte sich später in »Spartakusbund« um und wurde schließlich zur Kommunistischen Partei Deutschlands. Ab dem November 1918 gab Rosa Luxemburg gemeinsam mit Karl Liebknecht die Zeitung »Die Rote Fahne« heraus und zog damit endgültig den Hass der konterrevolutionären Kräfte auf sich. Ihr Name und der Name von Karl Liebknecht wurden auf eine Todesliste der »Antibolschewistischen Liga« gesetzt. Das war eine rechtsradikale Organisation, die der fortschrittsfeindliche Journalist Eduard Stadtler (1886–1945) Ende 1918 gegründet hatte. Die Liga wurde von Großindustriellen finanziert, brachte Hetzschriften in Umlauf und organisierte »Freikorps« genannte paramilitärische Verbände, die aus ehemaligen kaiserlichen Offizieren und Mannschaften bestanden. Ihren Sold erhielten die bewaffneten Banden von der Großindustrie.

Der Marxist Karl Liebknecht (1871–1919) war der Sohn von Wilhelm Liebknecht (1826–1900), dem Mitbegründer und Führer der deutschen Sozialdemokraten. Karl Liebknecht trat 1900 der SPD bei, wurde Mitglied des preußischen Abgeordnetenhauses und Reichstagsabgeordneter. In seiner Schrift »Militarismus und Antimilitarismus« aus dem Jahr 1907 analysierte er die Ursachen und Folgen ungebremster Expansionspolitik. Am 2. Dezember 1914 stimmt er im Reichstag als einziger SPD-Abgeordneter gegen die Kriegskredite. Wegen sogenannten Kriegsverrats wurde er zu vier Jahren Zuchthaus verurteilt, von denen er 24 Monate absitzen musste und erst freikam, als sich das Ende der Kampfhandlungen und damit der Untergang der Monarchie abzeichneten.

Freikorps-Stoßtrupp am Bülowplatz, Berlin 1919

Pressemeldung – Berliner Tageblatt

16. Januar 1919: »**Liebknecht bei einem Fluchtversuch erschossen, Rosa Luxemburg von der Menge gelyncht**. Am gestrigen Mittwochabend hatten sich Liebknecht und Frau Luxemburg in eines ihrer Schlupfwinkel in dem Hause Mannheimer Straße 43 begeben, wo sie, wie schon öfter, in der Familie des Wilmersdorfer Arbeiterrates Marcusson Unterkunft fanden. Es war offenbar eine Zusammenkunft der Spartacus-Führer dort geplant, denn Kriminalbeamte, welche die Hauptmitglieder der kommunistischen Partei überwachten, hatten ein Gespräch aufgefangen, in welchem es hieß: Treffpunkt heute Abend Marcusson. Das ganze Haus wurde von Kriminalbeamten und Sicherheitssoldaten umstellt. Kurz nach 8 Uhr drangen die Beamten in die Wohnung des Marcusson ein und nahmen ihn, seine Frau sowie Liebknecht und Rosa Luxemburg gefangen. Gegen 9 Uhr wurde Liebknecht in einem Kraftwa-

gen nach dem Stabsquartier der Gardekavallerieschützendivision am Kurfürstendamm, in das Eden-Hotel, gebracht, wo er sofort verhört wurde … Der diensthabende Offizier teilte ihm mit, dass er nach dem Untersuchungsgefängnis Moabit gebracht werden würde. Zu diesem Zwecke ließ man einen stark bewachten, offenen Militärkraftwagen an die Seitenpforte des Hotels bringen … Die Menge hatte jedoch den Vorgang beobachtet und im nächsten Augenblick war der Verhaftete von einem schreienden Menschenhaufen umgeben … Irgend jemand versetzte dem Gefangenen mit einem Stock einen so schweren Schlag über den Kopf, dass er eine stark blutende Wunde davontrug. Die hinzueilende Mannschaft brachte Liebknecht nun in das Auto, das dann schnellstens davonfuhr … Auf der Charlottenburger Chaussee, etwa in der Höhe des neuen Sees, erlitt der Kraftwagen eine Panne … Liebknecht erklärte, dass er gehen könne und stieg aus dem Kraftwagen aus. Etwa 50 Meter ging er neben seinen Begleitern her. Als der Trupp in die Nähe der Bäume kam, stieß Liebknecht im schützenden Dunkel den Transportführer beiseite und entfloh. Die Wachmannschaften riefen ihm ein dreimaliges »Halt!« nach und gaben dann, als er nicht stehen blieb, mehrere Schüsse ab. Von zwei Kugeln durchbohrt, sank Liebknecht zu Boden … Die Leiche wurde nach dem Schauhause gebracht … Das Selbstbewusstsein Liebknechts steigerte sich in diesen kritischen Tagen zum Größenwahn. Er sah sich schon als Oberhaupt der kommunistischen deutschen Republik und erließ in dieser Eigenschaft seine Befehle. Es war ein kurzer Traum. Nachdem sich die Regierung aufgerafft und den spartakistischen Aufstand blutig niedergeschlagen hatte, war das Ende nicht mehr zweifelhaft.

Eine Stunde nach der Einlieferung Liebknechts in das Eden-Hotel wurde auch Rosa Luxemburg unter starker Bedeckung vom Nikolsburger Platz zum Divisionsstab gebracht … In dem Augenblick, als Frau Luxemburg die Straße betrat, drang die Menge auf sie ein. Der Transportführer stellte sich mit ausgebreiteten Armen vor die Gefangene, um sie vor Misshandlungen zu schützen. Er wurde jedoch beiseite gerissen und Frau Luxemburg erhielt mehrere Schläge über den Kopf, so dass sie bewusstlos zu Boden sank. Die hinzukommenden Verstärkungen konnten schließlich die Menge zurückdrängen und man schaffte die Verletzte in ein Auto, das eilig davonfuhr. Am Kurfürstendamm, etwa in Höhe der Nürnberger Straße, sprang plötzlich ein unbekannter Mann auf das Trittbrett des Autos und feuerte einen Schuss auf die Verhaftete ab. Er verschwand im Dunkel, ohne dass er festgenommen werden konnte. Das Auto fuhr weiter, wurde jedoch an der Hitzigbrücke von einer riesigen Menschenmenge aufgehalten. Man stürmte auf die Soldaten ein und riss den Körper der bereits Verschiedenen aus dem Wagen heraus. Noch ehe sich die Soldaten frei machen konnten, waren unbekannte Personen mit dem Leichnam im Dunkel des Ufers verschwunden …

Rosa Luxemburg, die in so entsetzlicher Weise, durch eine in jedem Falle verdammenswerte Lynchjustiz, ums Leben gekommen ist, hätte, mit den anderen vor Gericht gestellt werden müssen und hätte, wegen Anstiftung der Revolte und verbrecherischer Taten, schwere Bestrafung verdient.«

Was wirklich passierte

Am östlichen Ende vom Kurfürstendamm stand im Jahr 1919 ein Hotel mit dem Namen »Eden«. In ihm hatte sich während des Spartakusaufstands ein besonders berüchtigtes Freikorps eingenistet, und zwar der Stab der Garde-Kavallerie-Schützen-Division, der vom Ersten Generalstabsoffiziers Hauptmann Waldemar Pabst (1880–1970) befehligt wurde. Die Division stand offiziell noch unter dem Kommando der Heeresleitung, aber sie handelte völlig auf eigene Faust. Am 15. Januar 1919 wurden gegen zehn Uhr abends mehrere Gefangene ins Eden-Hotel gebracht. Unter ihnen befanden sich Rosa Luxemburg und Karl Liebknecht. Sie wurden durch Waldemar Pabst persönlich verhört. Die Vernehmung diente lediglich einem einzigen Zweck, nämlich der zweifelsfreien Identifizierung der Gefangenen. Nachdem dies erfolgt war, ließ der Hauptmann die Gefangenen abführen. Laut und vernehmlich erteilte er den Befehl, sie nach Moabit zu bringen und in die Untersuchungshaftanstalt einzuliefern. Das geschah jedoch nur zum Schein. Tatsächlich hatte er schon weit vorher ein Mordkommando angefordert und die Männer instruiert, dass die beiden Kommunisten die Haftanstalt nicht lebend erreichen dürften.

Zunächst wurde Karl Liebknecht aus dem Hotel gebracht. Als er kurz vor elf Uhr in einen offenen Wagen gestoßen wurde, versetzte ihm der Jäger Otto Wilhelm Runge (1875–1945) mit dem Gewehrkolben einen harten Schlag gegen die Schläfe. Karl Liebknecht blutete stark, war aber noch bei Bewusstsein. Bei der Obduktion stellte sich später heraus, dass ihm durch den Kolbenhieb der Schädel zertrümmert worden war. Das Automobil fuhr in den Tiergarten. Dort hielt es an. Karl Liebknecht wurde herausgezerrt und von hinten durch den Kapitänleutnant Horst Pflugk-Harttung (1889–1967), Leutnant zur See Heinrich Stiege (1895–1968), Oberleutnant zur See Ulrich von Ritgen (1894–1969) sowie Leutnant Rudolf Liepmann (1894–1940) erschossen, die alle zur gleichen Zeit feuerten. Anschließend lieferten die Offiziere den Ermordeten in einer Rettungswache als unbekannten Toten ab. Von dort aus wurde er ins Leichenschauhaus gebracht. Dort wurde dann im Register unter der Nummer 162/19 seine Identität festgestellt: »Liebknecht, Karl, Rechtsanwalt, Dr., 13.8.71 Leipzig, 15.1. Kurfürstendamm, Rettungsstelle, erschossen.«

Rosa Luxemburg erging es ähnlich wie Karl Liebknecht. Sie wurde kurz vor Mitternacht aus dem Eden-Hotel auf die Straße geführt. Als sie aus der Drehtür herauskam, schlug auch ihr der Jäger Otto Runge zweimal mit dem Gewehrkolben gegen die Schädel. Rosa Luxemburg brach bewusstlos zusammen und verlor einen Schuh. Ein Posten steckte ihn sich ein und behielt ihn als Souvenir. Er wusste, dass die Gefangene den Schuh nicht mehr benötigen würde.

Oberleutnant Kurt Vogel (1889–1967) zerrte sie ins Auto. In der Budapester Straße beugte sich der Leutnant zur See Hermann Wilhelm Souchon (1894–1982) über sie und schoss ihr in die linke Schläfe. Am Landwehrkanal warf die Begleitmannschaft die Leiche dann ins Wasser. Sie wurde erst am 31. Mai 1919 gefunden und am 5. Juni 1919 identifiziert.

Die Folgen

Die Version der Ereignisse, die von Friedrich Grabowski (1886–1957), Presseoffizier der Garde-Kavallerie-Schützen-Division, in einem Kommuniqué verbreitet und bereitwillig vom *Tagesspiegel* aufgegriffen wurde, ließ sich nicht lange aufrecht erhalten. Es hatte zu viele Zeugen gegeben. Die Wahrheit wurde zuerst in der *Roten Fahne* unter der Überschrift »Der Mord an Liebknecht und Luxemburg. Die Tat und die Täter« veröffentlicht und anschließend auch in anderen Zeitungen bekannt gegeben. Dem Trauerzug bei der Beerdigung der beiden Ermordeten folgten über 100.000 Menschen.

Polizeipräsident Eugen Ernst hatte von Friedrich Ebert die Instruktion bekommen, sich zurückzuhalten und keine Ermittlungen durchführen zu lassen. Um den sich aufbauenden Druck etwas zu mindern und die Sache den Justizbehörden gänzlich aus den Händen zu nehmen, vereinbarte Friedrich Ebert in einer geheimen Unterredung am 16. Januar 1919, an der außer Hauptmann Waldemar Pabst noch weitere Verschwörer teilnahmen, dass das Militär das Verfahren an sich ziehen sollte. Das Kriegsgericht der Garde-Kavallerie-Schützen-Division wurde als zuständig erklärt. Dort mussten sich einige Tatbeteiligte pro forma verantworten.

Der Richter Paul Jorns (1871–1942) leistete ganze Arbeit, um die Wahrheit zu verschleiern. Die meisten Angeklagten wurden freigesprochen. Sogar Leutnant Liepmann, der zugegeben hatte, geschossen zu haben, konnte den Gerichtssaal als freier Mann verlassen. Am Ende blieben nur noch zwei Bauernopfer übrig.

Der Jäger Otto Wilhelm Runge musste wegen versuchten Totschlags für zwei Jahre und zwei Wochen ins Gefängnis. Er war im zivilen Leben Metalldreher und Schweißer gewesen. Außer ihm kam kein einziger der Verschwörer in Haft. Runge musste seine Strafe in voller Länge absitzen, obwohl ihm der Richter Paul Jorns in einer Verhandlungspause versprochen hatte, dass er spätestens nach vier Monaten wieder auf freiem Fuß sein würde.

Im Nationalsozialismus wurde der zweifache versuchte Totschläger rehabilitiert und bekam eine Haftentschädigung in Höhe von 6.000 Reichsmark zugesprochen. Aber er lebte in ständiger Angst. Deshalb änderte er seinen Namen in Wilhelm Radolf. Im Mai 1945 wurde er von der sowjetischen Geheimpolizei NKWD enttarnt und festgenommen. Er starb auf dem Transport nach Sibirien.

Oberleutnant Kurt Vogel wurde wegen Beiseiteschaffung eines Leichnams zu vier Monaten Gefängnis verurteilt. Er flüchtete jedoch mit Hilfe seiner Kameraden kurz vor Haftantritt in die Niederlande. Im der Zeit des Nationalsozialismus wurde er im vollen Umfang rehabilitiert und mit Geldzuwendungen geehrt. Er starb 1967 in Ruhe und in Frieden.

Kapitänleutnant Horst Pflugk-Harttung hatte das Todeskommando befehligt. Von 1920 an leitete er ein Agentennetz in Skandinavien, wurde mit Ausbruch des II. Weltkriegs reaktiviert und 1941 zum Kapitän zur See befördert. Er starb 1967 als wohlhabender Kaufmann in Hamburg und blieb bis zu seinem Tod unbehelligt. Sein Bruder hingegen, der Freikorpsführer Hauptmann Heinz Pflugk-Harttung, wurde nach dem Ende des Kapp-Putsches durch eine Autobombe getötet.

Leutnant zur See Heinrich Stiege arbeitete in den zwanziger und dreißiger Jahren als Kaufmann in Hamburg und wurde 1939 eingezogen. Das Ende des II. Weltkriegs erlebte er als Korvettenkapitän. Nach dem Krieg bekleidete er bis 1963 einen Direktorenposten bei einer bekannten Bank. Fünf Jahre später schlief der Pensionär friedlich ein.

Oberleutnant zur See Ulrich von Ritgen betätigte sich in den zwanziger Jahren als Geldfälscher und wanderte dann nach Afrika aus. 1946, nachdem er nach Deutschland zurückgekehrt war, spürten ihn die amerikanischen Militärbehörden auf und gaben der deutschen Polizei die Anweisung, ihn zu verhaften. Von Ritgen wurde wegen seiner Teilnahme an der Ermordung von Karl Liebknecht vor Gericht gestellt und verurteilt, jedoch in der Berufungsinstanz vom Oberlandesgericht Kassel freigesprochen. Von Ritgen starb 1969 als gut situierter Rentner.

Leutnant Rudolf Liepmann nahm am Kapp-Putsch teil, wurde dabei schwer verletzt und konnte sich von da nur noch an Krücken fortbewegen. Er studierte Jura und war von 1933 an als Referendar im Justizdienst tätig. 1936 wurde er entlassen, weil er Jude war. Er emigrierte nach Shanghai und kam dort vermutlich 1940 bei Unruhen ums Leben.

Leutnant zur See Hermann Wilhelm Souchon, der Mörder Rosa Luxemburgs, war 1920 nach Finnland geflohen. 1935 kehrte er nach Deutschland zurück. Er trat in die Luftwaffe ein und brachte es bis zum Oberst. 1969 brachte die ARD eine Dokumentation, in der erstmals öffentlich über die Täterschaft Souchons berichtet wurde. Der ehemalige Leutnant zur See und Oberst a. D. ging gerichtlich gegen die Reportage vor. Er klagte vor dem Landgericht Stuttgart auf Widerruf und zukünftige Unterlassung der Behauptung, er habe Rosa Luxemburg erschossen. Das Gericht hielt die vorliegenden Beweis für ausreichend. Souchon verlor und ging in Berufung. Am 20. Januar 1971 verbot das Oberlandesgericht Stuttgart dem Fernsehsender, die Aussage zum Mordkomplott noch länger zu verbreiten. Damit war das Verfahren abgeschlossen. Hermann Wilhelm Souchon starb unbehelligt 1982 in Bad Godesberg.

Der Erste Generalstabsoffizier Hauptmann Waldemar Pabst war maßgeblich daran beteiligt gewesen, im April 1919 die Garde-Kavallerie-Schützen-Division in das Garde-Kavallerie-Schützen-Korps mit drei Divisionen und rund 40.000 Mann umzuwandeln. Einen Monat später hatte das Korps maßgeblichen Anteil an der

Zerschlagung der Münchener Räterepublik. 1920 beteiligte sich Pabst am Kapp-Putsch und flüchtete nach dessen Scheitern ins Ausland. Von Österreich aus betätigte er sich als ein Wegbereiter des Nationalsozialismus in Deutschland und gründete u. a. eine »Gesellschaft zum Studium des Faschismus«. Im Dritten Reich arbeitete Waldemar Pabst vor allem als Waffenhändler. 1943 setzte er sich in die Schweiz ab. Dort betrieb er für die Deutsche Abwehr Wirtschaftsspionage und kooperierte gleichzeitig mit dem militärischen Geheimdienst der Amerikaner.

1955 kehrte Pabst nach Deutschland zurück. Er stand unter höchsten Schutz. In einem Interview mit der Zeitschrift *Der Spiegel* erklärte er 1962 ungestraft, dass es notwendig gewesen sei, Rosa Luxemburg und Karl Liebknecht ermorden zu lassen.

Waldemar Pabst starb 1970 friedlich und als wohlhabender Mann in Düsseldorf. In einem Schreiben, das nach seinem Tod gefunden wurde, stand: »Dass ich die Aktion ohne Zustimmung … gar nicht durchführen konnte – mit Ebert im Hintergrund – und auch meine Offiziere schützen musste, ist klar.«

Doch der eigentliche Drahtzieher war der Journalist Eduard Stadtler gewesen. Er hatte am 10. Januar 1919 in Berlin ein Treffen mit 50 hochrangigen Vertretern der Wirtschaft und der Banken organisiert. Dort hielt er einen Vortrag zum Thema »Der Bolschewismus als Weltgefahr« und gründete anschließend einen Antibolschewismusfond, in den jeder der Anwesenden jeweils fünf Millionen Reichsmark einzahlte. Mit diesem gewaltigen Kapital finanzierte Stadtler u. a. den Sold für die Freikorps, bis sie entweder in der Reichswehr aufgingen oder sich auflösten, oder aber sich paramilitärischen Verbänden wie dem *Stahlhelm* oder der *SA* anschlossen.

Insgesamt veröffentlichte der Journalist über 40 Bücher mit Titeln wie »Der Weltkrieg, Welttragödie und Weltbolschewismus«. Er trat in die NSDAP ein und arbeitete in Düsseldorf als Autor und als Verleger.

In der Kampfschrift »Als politischer Soldat« verkündete Eduard Stadtler 1936, dass er die Garde-Kavallerie-Schützen-Division im Januar 1919 mit Hilfe des Antibolschewismusfonds nicht nur finanziell ausgehalten, sondern den Hauptmann Waldemar Pabst auch ganz unverblümt zum Mord an Rosa Luxemburg und Karl Liebknecht aufgefordert habe.

Nach dem Kriegsende war dieser Umstand Anlass genug für die sowjetische Militäradministration, Eduard Stadtler zu verhaften. Der Journalist wurde im Speziallager Nummer 7 in Sachsenhausen ohne Gerichtsverfahren interniert, so wie weitere Tausende kleine bis mittlere Funktionsträger der NSDAP. Die Baracken waren überbelegt. Die Gefangenen mussten in hölzernen Doppelstockbetten ohne Decken und Matratzen schlafen. Sämtliche persönliche Gegenstände und selbst Bücher waren verboten. Eduard Stadtler starb am 5. Oktober 1945 an Unterernährung und Entkräftung. Er wurde in einem Massengrab verscharrt.

Massenarbeitslosigkeit und Inflation

Kurz nach dem I. Weltkrieg war der Posten eines Polizeipräsidenten in Berlin ein wenig erstrebenswerter Beruf. Kein Mensch wusste, wohin die Reise gehen würde. Massenstreiks wechselten sich mit Revolten und Putschversuchen ab. Was heute noch gut und richtig war, konnte morgen schon völlig falsch sein. Ein Polizeichef musste in dieser komplizierten Situation den schwierigen Spagat versuchen, nach rechts wegzuschauen und nach links erbarmungslos zuzuschlagen, wobei ständig die Fronten wechselten. Eugen Ernst war deshalb heilfroh, als er nach dem gescheiterten Kapp-Putsch am 17. März 1920 abberufen und ihm die Stelle des Polizeipräsidenten in Breslau angeboten wurde.

Im Amt folgte ihm sein Stellvertreter Wilhelm Richter (1881–1976) nach, der seit dem Jahr 1904 SPD-Mitglied war und ursprünglich Feinmechaniker gelernt hatte. Er stammte also aus der Arbeiterklasse, hatte keine Polizeiausbildung gehabt und war damit ein absoluter Außenseiter. Das machte ihn für eine besonders heikle Aufgabe geeignet: Die Säuberung der unteren und mittleren Leitungsebene von reaktionären Offizieren. Er kurbelte die Neuausrichtung der Berliner Polizei unter einem demokratischen Blickwinkel mit Treue zur Republik an und gab die Losung aus: »Die Bevölkerung soll die Polizei als ihren Freund empfinden.« Gleichzeitig rief Wilhelm Richter eine Politische Polizei als Abteilung I A der Kriminalpolizei ins Leben. Die Polizeistärke stieg insgesamt auf 15.000 Mann an und die Schutzpolizei wurde gegründet.

Am 14. Juli 1920 kam es zu einem ernsten Zwischenfall. An der Französischen Botschaft Unter den Linden war zum Nationalfeiertag die Trikolore gehisst worden. Ein Demonstrant riss sie unter den Augen der Polizei herunter und trampelte darauf herum. Der verantwortliche Hauptmann wurde später im Präsidium vom Oberregierungsrat Bernhard Weiß zur Rede gestellt. Der Hauptmann verteidigte sich mit den Worten: »Sie können von einem deutschen Offizier nicht verlangen, dass er die französische Fahne schützt.«

In den zwanziger Jahren ließen Massenarbeitslosigkeit und Inflation die Kriminalitätsrate weiter empor schnellen. Unerhörtem Reichtum auf der einen Seite stand gesteigerte Not gegenüber. Zwischen 1924 und 1929 stabilisierte sich zwar die Wirtschaft, aber der Grad der Ausbeutung wurde deshalb nicht geringer. Zwölf bis vierzehnstündige Arbeitszeiten bei Hungerlöhnen waren die Regel. Die Rationalisierung in den Fabriken setzte weitere Menschen auf die Straße und trieb sie regelrecht in die Kriminalität.

Selbst bei Einbrüchen konnten kaum noch Tatortbesichtigungen stattfinden, weil es – im Vergleich zu den Elementen der Unterwelt – zu wenig Kriminalbeamte gab. In Berlin sah es noch relativ günstig aus, dort bestand die Kriminalpolizei aus knapp 3.000 Beamten. Doch in anderen Städten gingen nicht soviel Männer auf Verbrecherjagd: in Hamburg rund 700, in Leipzig 200, in Dresden 211, in Düsseldorf 217 und in Frankfurt am Main 208.

Um wenigstens einen Teil der Kriminalitätsfolgen abwenden zu können, richtete das Berliner Polizeipräsidium eine amtliche Beratungsstelle gegen Einbruch und Diebstahl ein, in der die Bevölkerung kostenlose Ratschläge erhielt.

Privatdetektive

Zugleich hatten private Ermittler Hochkonjunktur. 1925 existierten in Deutschland 1300 Detektivinstitute mit 7600 Angestellten. Zeitungsartikel und theoretische Schriften empfahlen die Mitarbeit von Privatdetektiven bei der Bekämpfung der Verbrechenshochflut.

Die Polizei versuchte gegenzusteuern. 1925 nahm das Preußische Landeskriminalpolizeiamt seine Tätigkeit auf. Es unterstand dem Leiter der Kriminalpolizei. Die alten Polizeibezirke waren zwanzig Polizeiämtern gewichen, denen inzwischen 295 Polizeireviere unterstanden. Die Zahl der ursprünglich drei Inspektionen hatte sich auf elf erhöht und es gab insgesamt 53 Dezernate, davon allein zehn für die unterschiedlichen Arten von Diebstahl und Einbrüchen. Außerdem wurden neue wissenschaftliche Methoden eingeführt. Insbesondere der Kriminalrat Dr. jur. Hans Schneickert (1876–1944), der seit 1904 im Polizeidienst tätig war und ab 1914 den Erkennungsdienst der Polizei leitete, machte sich auf diesem Gebiet verdient. Er setzte sich auch für eine intensive Polizeiausbildung ein und veröffentlichte als Herausgeber und Autor eine »Kleine Kriminalistische Bücherei«, in der zahlreiche Sachgebiete von der Spurensicherung über den Schriftvergleich bis hin zur Daktyloskopie einfach und verständlich dargestellt wurden.

Neben offenkundigem Unsinn wie Versuchen mit der »Kriminaltelepathie« gab es auch viele technische Neuerungen, welche die Arbeit der Polizei erleichterten. Beispielsweise wurden am 13. März 1924 in Berlin die ersten 30 Polizeimelder aufgestellt. Das waren kleine Kästen, die mit den Polizeiwachen verbunden waren. Die Schutzpolizisten besaßen die Schlüssel dafür. In einer Notsituation konnten sie telefonisch Verstärkung herbeirufen.

Ringvereine

Eine besondere Erscheinung im Rahmen der Kriminalität bildeten die sogenannten Ringvereine. Sie besaßen ungeschriebene Satzungen, die für alle Mitglieder Gesetzeskraft besaßen. Die Ringvereine ließen sich auf eine Interessengemeinschaft zurückführen, die unter dem Namen »Verein zur Zufriedenheit« von einigen Bordellbesitzern in Halle/Saale im Jahr 1902 gegründet worden war. Bis 1933 entstanden in Berlin mehrere klubartige Verbindungen, die untereinander einen Ring bildeten. Sie waren offiziell als Sport-, Spar- und Gesangsvereine getarnt und trugen Namen wie »Immertreu«, »Libelle« und »Berliner Ring«. Ihre Mitglieder erkannten sich beispielsweise an speziellen Siegelringen. Die Ringvereine nahmen grundsätzlich keine Mitglieder auf, die einem bürgerlichen Beruf nachgingen. Nicht Vorbestrafte galten als kaum vertrauenswürdig und benötigten einen Bürgen. Die meisten Vereine besaßen eine aus Mitgliedsbeiträgen gefüllte Hilfskasse, aus der die Familien von Inhaftierten unterstützt sowie den aktuell unter Anklage stehenden Zuhältern, Prostituierten und Verbrechern Rechtsanwälte gestellt wurden.

Die Ringvereine organisierten Alibis, schüchterten Zeugen ein und betätigten sich als Hehler. Nach 1933 wurden die eingetragenen Vereine verboten und die ehemaligen Mitglieder mit großer Härte verfolgt.

Der Fall Franz und Erich Saß

Die Safeknacker nahmen in der Verbrecherwelt immer einen besonderen Platz ein. Ihre Zunft verlangte hohes handwerkliches Können, eine genaue Planung und brachte solch körperlich schwere Arbeit mit sich, dass die meisten Unterweltler voller Ehrfurcht zu diesen Meistern ihres Fachs aufsahen. Die zwanziger Jahre führten zur Blütezeit des Schränkergewerbes, und in diese Zeit fiel einer der größten Bankeinbrüche der deutschen Kriminalgeschichte.

Eine ganze Serie von missglückten Versuchen, größere und kleiner Tresore zu öffnen, bewirkte in Berlin, dass sich die Direktoren der Geldinstitute nächtelang schlaflos mit der bangen Frage auf den Lippen »Welche Bank wird die nächste sein?« in ihren Betten wälzten.

Den Reigen hatte ein Geldschrankeinbruch zwischen dem 26. und 28. März 1928 in einer Alt-Moabiter Großbankfiliale eröffnet. Die Ganoven drangen mit Nachschlüsseln in den Tresorraum, fanden sachkundig die schwache Stelle des Geldschranks heraus und schweißten viele Stunden lang. Kurz vor dem Ziel mussten sie aufgeben, weil ihnen der Sauerstoff ausging.

Die nächste Tat verhinderte der Bankbote Erich Martinek infolge seiner Schusseligkeit. Er vergaß, wichtige Briefe zur Post zu tragen, und kehrte deshalb völlig außerplanmäßig am Sonntag, den 4. Dezember 1927, noch einmal an seinen Arbeitsplatz in der Bank am Savignyplatz zurück. Im Kassenraum bemerkte er Fußstapfen auf dem frisch gebohnerten Parkett. Ohne weiter nachzuforschen, verständigte er die Polizei. Die Beamten fanden vor dem halbgeöffneten Safe sechs Sauerstoffflaschen, zwei Ölkanister und eine Flasche Spiritus.

Am 6. März 1928 hörte ein Wachmann der Reichsbahndirektion am Großadmiral-von-Koester-Ufer nachts merkwürdige Geräusche im Keller. Er griff zu Taschenlampe und Revolver und schlich die Treppen hinunter. Zwei schwarze Schatten huschten an ihm vorbei, noch ehe er auf sie zielen konnte. Im Kellergewölbe unter dem Tresorraum sah er die Bescherung: Die Einbrecher hatten in tagelanger Arbeit Dutzende Löcher nebeneinander in die fünfunddreißig Zentimeter starke Betondecke gebohrt, um sich eine Einstiegsöffnung zu schaffen. Bei Kontrollgängen konnte niemand die Löcher bemerken, weil sie von den Tätern sorgfältig mit Kitt zugeschmiert und mit Ölfarbe übermalt worden waren.

Einige Zeit später, am 25. März 1928, frästen zwei Unbekannte im Keller der Budapester Straße 10 eine Öffnung in die sechzig Zentimeter dicke Betonwand. Dahinter lag der Tresorraum der

Depositenkasse. Die beiden krochen durch das Loch und standen vor einem Eisengitter. Sie zündeten den Schneidbrenner an – da sprühten mehrere Funken in eine Kiste mit Scheckformularen und setzten sie in Brand. Eine dichte Qualmwolke zog durch das Loch im Keller und breitete sich im Treppenhaus der Budapester Straße 10 aus. Aufgeschreckte Mieter alarmierten die Feuerwehr. In dem folgenden Durcheinander konnten die Safeknacker entkommen – allerdings wieder ohne Beute.

Am 20. Mai 1928 verübten die unermüdlichen Schränker ihr nächstes Bubenstück. Sie wählten sich die Finanzkasse in Alt Moabit 145 aus – nur wenige hundert Meter vom Moabiter Gefängnis entfernt –, schleppten Sauerstoffflaschen im Gesamtgewicht von zwei Zentnern in den Tresorraum und verhängten die Fenster mit Decken. Die Schweißarbeiten nahmen einige Stunden in Anspruch. Als die Einbrecher die sechzig Zentimeter starke, aus Stahlplatten mit Betonfüllung bestehende Safetür durchtrennt hatten, zerschnitten sie versehentlich einen dünnen Draht an dem inneren Sperrgitter. Bei dem halbtauben Wachmann, der friedlich in seinem Kabuff vor sich hin döste, leuchtete ein Warnlämpchen auf. Der Wächter gehörte nicht zu den Mutigsten. Er öffnete vorsichtig die Eingangstür zur Finanzkasse, rief mit zittriger Stimme: »Einbrecher raus!« und schlurfte hastig davon.

Ein Tresor geht nicht auf

Längere Zeit herrschte Ruhe vor dem nächsten Sturm. Auch am 28. Januar 1929 passierte zunächst nichts Außergewöhnliches. Pünktlich um dreiviertel acht betraten der Vorsteher und der Kassierer der Disconto-Gesellschaft die Filiale in der Kleiststraße am Wittenbergplatz. Alles präsentierte sich in bester Ordnung. Der blankpolierte Panzerschrank aus einer hochwertigen Sicherheitsstahllegierung blitzte im Schein der Lampen. Die beiden Bankbeamten holten ihre Spezialschlüssel aus der Tasche, ließen sie einrasten, stellten die Zahlenkombination ein und drehten am schweren Schwungrad. Doch was war das? Die vierzig Zentner schwere Tresortür bewegte sich nicht einen Millimeter. Der Kassierer ruckelte an den Griffen, bis ihm der Schweiß von der Stirn tropfte, doch der Tresor blieb zu. »Da hat sich was verklemmt«, erklärte der Vorsteher. »Bei diesen komplizierten Dingern kann nur ein Fachmann helfen. Rufen Sie die Herstellerfirma an!«

Ingenieur Fritz Muldenstock kam sofort. »Ein Tresor ist wie eine schöne Frau. Mit roher Gewalt hat man keinen Erfolg, es kommt auf das Fingerspitzengefühl an«, belehrte er wichtigtuerisch die Bankbeamten. Er klopfte hierhin und dorthin, horchte mit dem Stethoskop und träufelte etwas Öl in die Schlüssellöcher.

»Jetzt springt er von ganz allein auf«, meinte der Ingenieur in Brustton der Überzeugung. Der Tresor blieb zu.

Am Abend rief der Vorstand der Disconto-Gesellschaft einen Krisenstab zusammen. Direktor Theodor Ammer eröffnete die Runde: »Meine Herren, wenn dieser Vorfall bekannt wird, ist unsere Gesellschaft ruiniert. Kein Mensch vertraut einer Bank sein Geld an, die ihren Tresor nicht mehr aufschließen kann. Deshalb muss absolutes Stillschweigen gewahrt werden. Kein Wort an die Presse, keine Information an die Polizei. Nun zu dem Problem an sich. Durch die Tür ist kein Hereinkommen, es bleibt nur der Weg durch die Seitenwand. Sie muss aufgestemmt werden. Wer dafür stimmt, den bitte ich um das Handzeichen!« Alle Arme gingen in die Höhe.

Einbruch bei der Disconto-Gesellschaft

Mehrere handfeste Männer machten sich an die Arbeit. Mit Presslufthämmern, Meißeln und Bohrern rückten sie der meterdicken Betonwand zu Leibe. Am 30. Januar um sechs Uhr morgens schafften sie den Durchbruch. Ein Lehrling kroch mit einer Taschenlampe hinein. Sekunden später vernahm man einen entsetzten

Aufgebrochene Safes in den Tresorräumen der Disconto-Gesellschaft, Berlin 1929

Aufschrei: »Alle einhundertsiebzig Einzelfächer sind aufgebrochen! Der Tresor ist von innen mit einer Eisenstange blockiert!«

Der Junge nahm die Stange weg, die Tür schwenkte auf. Schweigend blickten die Bankbeamten auf das Chaos im Inneren. Wie offene Konservenbüchsen mit verbeulten Deckeln präsentierten sich ihnen die ausgeräumten Safes. Vermögende Geschäftsleute hatten einmal in ihnen Wertpapiere, Goldbarren, Schmuck und Bargeld deponiert. Der entstandene Schaden ließ sich nur annähernd auf eine Million Goldmark schätzen. Bereits am nächsten Tag verkündeten Extrablätter in großen Lettern: »Der Bankraub des Jahrhunderts! Einbruch bei der Disconto-Gesellschaft!«

Kriminalsekretär Max Fabich, der beste Einbruchsspezialist des Berliner Polizeipräsidiums, leitete die Untersuchung. Sie ergab folgendes: Die Täter hatten vom Keller des Nachbarhauses aus einen Gang durch die Wand auf die Straße gestemmt, einen drei Meter langen Tunnel unter dem Bürgersteig gegraben, einen massiven

Lichtschacht und einen betonierten Entlüftungsstollen durchbrochen, den Ventilator des Tresors aus der Verankerung gerissen und waren durch das Loch in den Panzerschrank hineingeschlüpft. Zum Öffnen der Schließfächer verwendeten sie das Beste vom Besten – eine Sauerstoffschweißapparatur.

Kriminalsekretär Fabich fasste die ersten Ergebnisse zusammen: »Die Einbrecher sind mit einer nie gekannten Intensität vorgegangen, was sowohl die Zeit als auch die Mittel anbelangt. Sie benötigten mindestens vierzehn Tage für das Projekt, alle verwendeten Gerätschaften zusammen dürften etwa fünfzigtausend Reichsmark gekostet haben. Damit steht dieser Fall einzigartig in der deutschen Kriminalgeschichte dar.« Der Kriminalsekretär verkniff sich weitere Worte der Hochachtung, nun galt es, die Täter zu stellen. Das würde schwierig werden. Sie hatten keinerlei Spuren hinterlassen, weder Fingerabdrücke noch irgendwelche persönlichen Dinge oder Werkzeuge – außer dem nagelneuen Schweißgerät ausländischer Produktion. Den einzigen Anhaltspunkt ergab die Begehensweise, die Handschrift. Sie deutete auf die Urheber der Kette an missglückten Bankeinbrüchen hin. Doch dort tappte die Kripo noch im Dunkeln.

Ein Krimileser meldet sich

In dieser verfahrenen Situation meldete sich ein Buchhändler aus der Birkenstraße bei der Polizei. »Ich lese viel Kriminalromane«, sagte der wunderliche Alte einleitend.

Kriminalsekretär Fabich verdrehte die Augen.

»Den Krimis entnahm ich, dass scheinbare Nebensächlichkeiten mitunter von größter Wichtigkeit sind. Und eine solche, möglicherweise belanglose Episode möchte ich Ihnen jetzt erzählen. Vor einiger Zeit kauften zwei junge Männer ein Werk bei mir, denen ich an der Nasenspitze ansah, dass sie in ihrem ganzen Leben noch nie ein Buch gelesen hatten. Es handelte sich um das *Börsenhand-*

buch von Salinger – eine reichlich ausgefallene Lektüre für quasi Analphabeten. Aber Safeknacker, die Aktien erbeuten, müssen sich darüber orientieren, welchen Wert die Papiere haben, bevor sie diese abstoßen.«

Diese Kombination leuchtete dem Kriminalsekretär ein. Er legte dem Buchhändler eine Kollektion Fotos vor, die alle einschlägig vorbestrafte Hobbyschlosser zeigten. Der Alte deutete auf die Bilder der Brüder Erich und Franz Saß.

Max Fabich blätterte in den Akten. Die kriminelle Laufbahn der Geschwister hatte 1916 begonnen. Damals war Franz elf und Erich neun Jahre alt gewesen. Sie stiegen in eine Kantine im Grunewald ein und plünderten zahlreiche Lauben. Später begingen sie größere Einbrüche und saßen mehrere Jahre im Gefängnis.

Die Kriminalpolizei führte eine gründliche Hausdurchsuchung in der Birkenstraße 31 durch. Das *Börsenhandbuch* lag auf dem Tisch, weiter fanden die Beamten ein goldenes Zwanzigmarkstück, einen wertvollen amerikanischen Golddollar und ein Paar Gummihandschuhe. Hinter einem Schrank entdeckten sie ein leeres Wandversteck.

Franz und Erich Saß beim Verhör

Der Untersuchungsrichter erließ einen Haftbefehl. Die Brüder Saß wurden Tag und Nacht getrennt verhört. Auf alle Fragen wussten sie eine Antwort.

Das *Börsenhandbuch*? »Unser kleiner Bruder will ins Bankgewerbe einsteigen. Das Buch soll eine Geburtstagsüberraschung sein.«

Das Zwanzigmarkstück? »Die Hinterlassenschaft unserer verstorbenen Großmutter.«

Der Golddollar? »Den haben wir vor der Disconto-Gesellschaft im Schnee gefunden. Vielleicht haben ihn die Einbrecher dort verloren?«

Was hatten sie am Wittenbergplatz zu suchen? »Wir sind spazieren gegangen. Er ist ein Platz wie jeder andere und für Fußgänger nicht gesperrt.«

Das Versteck hinter dem Schrank? »Man hört soviel von Einbrechern, da muss man auf der Hut sein.«

Die Gummihandschuhe? »Die benötigen wir beim Klempnern, um uns die Hände nicht schmutzig zu machen.«

Der Staatsanwalt blätterte resigniert in den Vernehmungsprotokollen. Zwei Münzen, ein Buch und Gummihandschuhe reichten beim besten Willen nicht für eine Anklageerhebung aus. Er ließ die Brüder wieder laufen.

Mehrere Kriminalbeamte beschatteten Franz und Erich Saß noch wochenlang und warteten ergebnislos auf einen Fehler. Die Geldschrankknacker waren in den Ruhestand getreten.

Im Juli 1933 bestiegen sie in Saßnitz ein Schiff und reisten über Trelleborg nach Kopenhagen. Dort ereigneten sich ab dem Herbst in relativ kurzer Zeit mehrere große Bankeinbrüche. Die dänische Polizei grübelte nicht lange über mögliche Täter nach. Es gab keine einheimischen Schränker von Format, also kamen nur Ausländer in Frage. Jeder einzelne wurde überprüft. Eine Durchsuchung des Hotelzimmers der Brüder Saß förderte einen Teil der Beute zutage. Am 17. Juli 1934 erhielten Franz und Erich Saß eine Strafe von je vier Jahren Zuchthaus. Danach lieferte sie Dänemark als unerwünschte Fremde an Nazideutschland aus.

Ein Martyrium begann. Henkersknechte folterten die Geschwister in den Kellern der Gestapo pausenlos, bis sie alles eingestanden. Der Prozess vor der VI. Strafkammer des Berliner Landgerichts war nur noch eine schmutzige Farce, denn wenige Wochen nach der Urteilsverkündung – Franz hatte dreizehn, Erich elf Jahre Zuchthaus für den Disconto-Einbruch erhalten – fuhr ein schwarzer Wagen mit ihnen in eine Kiesgrube. SS-Leute knallten sie ab wie tolle Hunde, und der Reichsführer SS, Heinrich Himmler, ließ bekannt geben, dass »die Brüder Franz und Erich Saß bei einem Fluchtversuch erschossen worden seien«.

Ein auf der Folter erpresstes Geständnis besagt überhaupt nichts. Bleibt also die Frage, ob Franz und Erich Saß tatsächlich den Einbruch in der Disconto-Filiale verübt hatten. Wahrscheinlich nicht. Von der millionenschweren Beute hätten sie sehr lange sorglos im Ausland leben können und wären nicht zu weiteren Beutezügen gezwungen gewesen. Aber es gibt noch eine andere Möglichkeit: Vielleicht hatten die Gebrüder Saß die Beute so gut versteckt, dass auch die SS sie nicht finden konnte. Daran glaubt jedenfalls auch heute noch so mancher private Schatzsucher. Es wird berichtet, dass Franz Saß mit schneenassen Schuhen und einer Schaufel über der Schulter am 29. Januar 1929 aus dem Wald gekommen sei. Leider weiß niemand mehr, welches Waldstück das genau gewesen war.

4

1933–1945 Die Zeit des Terrors

Hitler wird Reichskanzler

Am 31. Juli 1932 fand die Wahl zum 6. Reichstag der Weimarer Republik statt. Die NSDAP kam auf 37,3 Prozent der Stimmen, gefolgt von der SPD (21,6 %) und der KPD (14,3 %). Im Vergleich zur Wahl von 1930 hatte die NSDAP 19,0 % hinzugewonnen.

Am 7. November 1932 musste eine zweite Reichstagswahl abgehalten werden. Sie war notwendig geworden, weil der Reichspräsident Paul von Hindenburg die Regierung unter Franz von Papen (1879–1969) aufgelöst hatte. Bei dieser zweiten Wahl fiel die NSDAP auf 33,1 % und die SPD auf 20,4 % zurück, die KPD erreichte 16,9 %. Insgesamt wurden 14 Parteien in den Reichstag gewählt.

Eine demokratische Regierungsbildung schien unmöglich zu sein, da sich mehrere Lager unversöhnlich gegenüber standen. Diverse Versuche zu Koalitionsverhandlungen scheiterten. Am 30. Januar 1933 bildeten die Nationalsozialisten gemeinsam mit der Deutschnationalen Volkspartei (DNVP) eine Koalitionsregierung, die allerdings keine Mehrheit besaß (41,4 %). Reichspräsident Paul von Hindenburg (1847–1934) setzte sie als sogenanntes Präsidialkabinett ein und ernannte Adolf Hitler zum Reichskanzler.

Hitler zögerte keinen Augenblick. Er wirkte auf Hindenburg ein, am 1. Februar 1933 den Reichstag aufzulösen und am 4. Februar eine Notverordnung »Zum Schutze des Deutschen Volkes« zu erlassen, mit der die Versammlungs- und die Pressefreiheit stark eingeschränkt wurden. Alle offiziellen Zusammenkünfte der Kommunisten wurden verboten. Die letzte große öffentliche Veranstaltung der KPD am 23. Februar 1933 in Berlin dauerte nur wenige Minuten. Dann wurde sie von der Polizei gewaltsam aufgelöst. An Personal bestand kein Mangel. Bereits einen Tag zuvor hatte der NSDAP-Innenminister Wilhelm Frick (1877–1946) 50.000 SA- und SS-Männer zu Hilfspolizisten ernannt.

In der Nacht vom 27. zum 28. Februar 1933 ging der Reichstag in Flammen auf. Es handelte sich ganz eindeutig um Brandstiftung. Am Tatort wurde der niederländische Arbeiter Marinus van der Lubbe (1909–1934) festgenommen. In der Berliner Morgenpost stand am 28. Februar 1928 auf der Titelseite: »Brandstifter verhaftet und geständig: An fünf Stellen war Feuer gelegt. An einer davon wurde der Brandstifter getroffen und verhaftet. Nach seiner Aussage ist er ein holländischer Kommunist.« Zahlreiche Spuren wiesen jedoch darauf hin, dass mehrere Täter am Werk gewesen sein mussten. Die Antwort auf die Frage »Cui bono?« (Wem nützt es?) wies in eine ganz bestimmte Richtung.

Ein Indiz dafür, das es nur die Nazis gewesen konnten, die den Reichstag in Brand gesteckt hatten, war die Tatsache, dass der Reichspräsident bereits am 28. Februar 1928 eine gesetzlich Vorschrift zur »Abwehr kommunistischer staatsgefährdender Gewaltakte« erließ. Sie nannte sich »Verordnung zum Schutz von Volk und Staat«. Zu diesem Zeitpunkt hatten die Ermittlungen erst begonnen. Es konnte noch niemand wissen, wer die Brandstifter und ihre Hintermänner gewesen waren – außer den Tätern höchstpersönlich. Außerdem war es schlichtweg unmöglich, innerhalb weniger Stunden eine solche weitreichende Verordnung zu entwerfen und zu verabschieden – es sei denn, sie hatte bereits fix und fertig in der Schublade gelegen.

Mit dieser Verordnung wurden wichtige Artikel des Verfassung des Deutschen Reichs außer Kraft gesetzt. Die Vorschrift diente den Nationalsozialisten als Basis, um Tausende ihrer Gegner verhaften und politisch ausschalten zu können. Bei der kurz darauf folgenden Reichstagswahl am 5. März 1933 kam die NSDAP auf 43,9 %, die SPD auf 18,3 % und die KPD trotz des gegen sie gerichteten Terrors auf immerhin noch 12,3 %.

Die NSDAP koalierte mit der »Kampffront Schwarz-Weiß-Rot« (KSWR). Dabei handelt es sich ein Wahlbündnis, das aus der Deutschnationalen Volkspartei, dem Wehrverband »Stahlhelm, Bund der Frontsoldaten« und dem »Landbund«, einer Interessenvereinigung der Großgrundbesitzer, bestand. NSDAP und KSWR konnten 51,9 % der Stimmen auf sich vereinigen. Sie hatten damit knapp die Mehrheit erreicht. Die Errichtung der Diktatur auf allen

Ebenen begann. Systematisch wurden alle demokratischen Strukturen zerschlagen.

Der nächste entscheidende Schritt erfolgte am 24. März 1933, als der Reichstag das »Gesetz zur Behebung der Not von Volk und Reich« verabschiedete. In seiner Begründung erklärte Adolf Hitler ganz klar, wobei es dabei ging: »Es würde dem Sinn der nationalen Erhebung widersprechen und dem beabsichtigten Zweck nicht genügen, wollte sich die Regierung für ihre Maßnahmen von Fall zu Fall die Genehmigung des Reichstags erhandeln und erbitten.«

In diesem Fall hatte Hitler einmal tatsächlich die Wahrheit gesagt. Das Ermächtigungsgesetz diente ausschließlich dazu, dem Reichstag seine Macht zu nehmen und ihn damit auszuschalten. Die Regierung erhielt nämlich das Recht, von da an ohne jede parlamentarische Kontrolle selbständig Gesetze zu erlassen, die weder verfassungskonform sein mussten, noch durch den Reichstag wieder aufgehoben werden konnten.

Als nächste entscheidende Etappe auf dem Weg zur totalen Diktatur wurde am 31. März 1933 das »Vorläufige Gesetz zur Gleichschaltung der Länder mit dem Reich« verabschiedet. Dadurch verloren die Länder ihre Souveränität. Am 14. Juli 1933 folgte das »Gesetz gegen die Neubildung von Parteien«. Außer der NSDAP wurden alle Parteien verboten. Parallel dazu begann auf allen Ebenen ein Prozess der Gleichschaltung. Verbände, Vereine, Berufsgruppen wurden in NS-Organisationen überführt, lösten sich auf oder wurden verboten.

Gleichschaltung der Polizei

Bereits am 15. Februar 1933 hatte Berlin einen neuen Polizeipräsidenten bekommen. Er hieß Magnus von Levetzow (1871–1939). Der ehemalige Konteradmiral war 1931 in die NSDAP eingetreten und 1932 Reichstagsabgeordneter geworden. Er organisierte die ersten Berliner Schutzhaftlager, ließ Polizisten Jagd auf Andersdenkende machen und betrieb mit großen Elan die Gleichschaltung der Polizei.

Bei der Berliner Polizei wurden sofort alle Sozialdemokraten, Juden, Kommunisten und erkennbaren Regimegegner entlassen. Das »Gesetz zur Wiederherstellung des Berufsbeamtentums« vom 7. April 1933 bot die Grundlage dafür. Beispielsweise stand in § 4: »Beamte, die nach ihrer bisherigen politischen Betätigung nicht die Gewähr dafür bieten, dass sie jederzeit rückhaltlos für den nationalen Staat eintreten, können aus dem Dienst entlassen werden.«

Damit wurde der Willkür Tür und Tor geöffnet. Viele unliebsame Beamte wurden – wenn sie Glück hatten – versetzt oder vorzeitig pensioniert, andere wiederum degradiert oder gar kriminalisiert. Bei den höheren Kriminalbeamten von der Dienststellung eines Kommissars an betraf das über zehn Prozent, die ihren Posten verloren. Das hatte natürlich gravierende Auswirkungen auf das übrige Personal. Kritische Äußerungen unterblieben. Wer dennoch aufzubegehren wagte, flog als nächster auf die Straße oder landete in einem Lager.

Parallel dazu wurden reihenweise regimetreue Anwärter aufgenommen. Zum einen sollten damit die Polizeikräfte verjüngt, zum anderen die Gefolgsleute für ihre Treue entschädigt werden. Die SA-Männer forderten ihre Belohnung für die Zeit, in der sie für den Nationalsozialismus aufmarschiert waren und sich Straßenschlachten mit dem Klassenfeind geliefert hatten.

Das gesamte »Dritte Reich« basierte bis zum bitteren Ende auf einem System der offenen und der verdeckten Korruption. Armeegeneräle wurden mit Schlössern beschenkt. Die kleinen Leute erhielten Arbeitsplätze, durften mit der Gemeinschaft »Kraft durch Freude« preiswerte Land- und Seereisen unternehmen oder nach der »Reichskristallnacht« 1938 in die Wohnungen von Juden einziehen.

Bei der Berliner Polizei hatten beide Maßnahmen – die Entlassungs- und die Neueinstellungswelle – gravierende Folgen. Über Jahrzehnte erworbenes Wissen ging auf einen Schlag verloren, und selbst die größte Parteilichkeit der neuen Kommissare konnte nicht ihre fehlenden Fachkenntnisse ersetzen.

Strukturreformen

Zusätzlich begannen bei der Berliner Polizei grundlegende Strukturreformen. Die Kriminalpolizei unterteilte sich im November 1933 in eine Kriminaldirektion, der vier Kriminalgruppen (Betrug, Mord und Totschlag, Eigentumsdelikte und Fahndung) mit 48 Spezialdezernaten unterstanden, sowie in drei Revierpolizeigruppen mit acht Inspektionen.

Ebenfalls 1933 wandelte sich die »Preußische Geheimpolizei« in die »Geheime Staatspolizei« (Gestapo) um. Noch im gleichen Jahr wurden nicht nur Zehntausende politische Gegner, sondern auch einige hundert aktenkundige Berufsverbrecher in »Schutzhaft« (auch »befristete Vorbeugungshaft« genannt) genommen. Letzteres geschah in einer Großaktion am 15. November 1933. An ihrer Häftlingskleidung mussten die Kriminellen grüne Winkel tragen. Ein Ringverein nach dem anderen wurde zerschlagen, die Landstreicherei verboten, und in den Gastwirtschaften achtete der 1934 entstandene Gewerbeaußendienst der Berliner Polizei strengstens auf die Einhaltung der gesetzlichen Vorschriften.

Mit dem »Reichswaffengesetz« vom 18. März 1938 und der »Verordnung gegen den Waffenbesitz der Juden« vom 11. November 1938 wurden später große Teile der Zivilbevölkerung entwaffnet.

Alle diese Maßnahmen führten zwar zu einem starken Rückgang der Bandenkriminalität und zu einem Absinken der Straftaten in bestimmten Bereichen, weil ihnen der Nährboden entzogen wurde, aber nicht zu größeren Erfolgen bei der Aufklärung. Entgegen aller nationalsozialistischen Propaganda war die Reichshauptstadt nicht sicherer geworden. Daran änderte sich auch nichts, als die Polizeimethoden immer rüder und die Strafen immer drakonischer wurden.

Waffenversteck: In Bretter eingenagelte Pistole,
Geheimes Staatspolizeiamt Berlin 1934

Graf von Helldorff

Im Juli 1935 löste Wolf-Heinrich Graf von Helldorff (1896–1944) Magnus von Levetzow als Berliner Polizeipräsident ab. Graf von Helldorff war im I. Weltkrieg Leutnant und anschließend Mitglied in mehreren Freikorps gewesen. Er hatte sich am Kapp-Putsch beteiligt. 1930 war er NSDAP- und 1931 SA-Mitglied geworden. Schon frühzeitig hatte er sich bei der Judenverfolgung hervorgetan. So zählte er beispielsweise zu den Organisatoren von antijüdischen Krawallen am 12. September 1931 auf dem Kurfürstendamm, bei denen Hunderte Bürger zum Teil schwer misshandelt wurden. Graf von Helldorff wurde dafür sogar vor Gericht gestellt, kam jedoch in der Berufungsverhandlung mit einer geringen Geldstrafe davon.

In seiner Privatsphäre frönte Graf von Helldorff einem verschwenderischen Lebenswandel. Er warf das Geld mit vollen Händen zum Fenster hinaus, kaufte sich Luxusgüter, ohne sie bezahlen zu können, und hatte Spielschulden bis unter das Dach. Mehrfach halfen ihm hochrangige Parteifreunde – darunter auch Hitler und Goebbels – mit großzügigen Spenden jenseits der 100.000 Mark aus. Graf von Helldorff lieh sich auch größere Summen von dem Hellseher Erik Jan Hanussen (1889–1933). Doch am 23. März 1933 wurde der hochbegabte Magier von einem SA-Kommando entführt und ermordet. Es gilt als erwiesen, dass dies auf den direkten Befehl des Grafen von Helldorff geschah. Der SA-Führer in Berlin wollte sich auf diese Weise von seinen Schulden befreien.

Himmler wird Polizeichef

Die nächste entscheidende Zäsur war die Ernennung Heinrich Himmlers (1900–1945), des Reichsführer SS, per Führererlass vom 17. Juni 1936 zum deutschen Polizeichef. Nur wenige Tage später, mit Erlass vom 26. Juni 1936, unterteilte Himmler die Polizei in die uniformierte Ordnungspolizei (das war hauptsächlich die Schutz-,

Graf von Helldorff (3. v. r.) bei einer Parade Unter den Linden, Berlin um 1936/1939

die Verkehrspolizei und die Gendarmerie) und in die nicht uniformierte Sicherheitspolizei, die aus der Kripo und der Gestapo bestand. Himmler ging es nicht in erster Linie darum, aktive Regimegegner (die es kaum noch gab) und Straftäter zu verfolgen, sondern er wollte in erster Linie präventiv wirken. Sein Ziel war es, das »Übel« an der Wurzel ausrotten. Durch den »Grundlegenden Erlass über die vorbeugende Verbrechensbekämpfung durch die Polizei«, der am 14.12.1937 durch das Innenministerium herausgegeben worden war, wurde es nun sogar auf gesetzlicher Grundlage möglich, ehemalige oder potentielle Kriminelle ohne konkreten Anlass in »Schutzhaft« zu nehmen. Auf der Basis dieses Erlasses ließ Himmler 1937 weitere 2.000 Berufsverbrecher festnehmen. Das waren Menschen, die bereits mehrfach verhaftet worden waren und deshalb in den Verbrecherkarteien standen. Ihnen folgten andere »asoziale Elemente«, die als »Volksschädlinge«

»ausgemerzt« wurden. Diese Aktionen fanden nicht einmal anlassbezogen statt. Himmler fühlte sich eher wie ein Gärtner, der von Zeit zu Zeit seine Pflanzen, also den »gesunden Volkskörper«, von den »Schmarotzern an der Volksgesundheit« reinigte. Wer einmal auf Abwege geraten war, hatte jedes Recht verloren, wieder Teil der Gemeinschaft zu werden. Wie groß die Gesamtzahl der in »Vorbeugehaft« genommenen Personen bis zum Ende des Krieges war und wie viele von ihnen in den Konzentrationslagern umkamen, ist nicht bekannt. Außerdem wurden Zehntausende Kommunisten und mögliche linke Sympathisanten in »Schutzhaft« genommen. Dadurch entstand in Deutschland ein Klima der Angst – so ähnlich wie zu den Zeiten der Hexenverfolgung. Jede Denunziation konnte schwerwiegende Folgen haben. Auf einen bloßen Verdacht hin durfte jeder einfache Bürger ohne Gerichtsurteil ins KZ eingewiesen werden. Die Polizei war für die Verhaftungen zuständig. In den Jahren 1933 bis 1945 hat die Kriminalpolizei Hunderttausende Menschen in die Lager deportiert.

Wie blanker Hohn wirkte deshalb der Ausspruch »Die Polizei – dein Freund und Helfer«, den Heinrich Himmler 1937 in das Geleitwort für ein Polizeilehrbuch schrieb. Parallel dazu wurde das Strafrecht verschärft. Auf immer mehr Tatbestände stand die Todesstrafe. Die Zahl wuchs von drei im Jahr 1933 auf 46 im Jahr 1943. Neue Gesetze durften auch rückwirkend angewendet werden. Auf den genauen Paragraphen kam es nicht mehr an. Entscheidend war, ob die Tat eine Bestrafung nach dem »gesunden Volksempfinden« verdiente hatte. Die Verteidigerrechte wurden massiv eingeschränkt, und die Schnellverfahren entwickelten sich von der Ausnahme zur Regel.

Am 3. September 1939, also nur zwei Tage nach dem Überfall auf Polen, unterzeichnete der deutsche Polizeichef und Reichsführer der SS einen »Erlass über die Grundsätze des Staatssicherheit während des Krieges«. In ihm wurden die örtlichen Polizeiorgane angewiesen, mit besonderer Härte gegen kriminelle Elemente vorzugehen. Bei besonders großen »Schädlingen an der Volksgemeinschaft« sei eine »Sonderbehandlung« anzuwenden. Daraufhin begannen in den Konzentrationslagern Massenerschießungen.

„Reichskristallnacht"

Durch einen Runderlass des Innenministeriums vom 16.11.1937 war es den Behörden untersagt worden, an Juden neue Reisepässe auszugeben. Ein knappes Jahr später, am 5. Oktober 1938, wurden durch die »Verordnung über die Reisepässe von Juden« alle Reisepässe von Juden für ungültig erklärt, sofern sie nicht mit einem roten »J«, dem »Judenstempel«, deutlich sichtbar gekennzeichnet waren. Diese diskriminierende Vorschrift wurde durch die »Zweite Verordnung zur Durchführung des Gesetzes über die Änderung von Familiennamen und Vornamen« weiter verschärft. In § 2 hieß es: »Soweit Juden andere Vornamen führen, als sie nach § 1 Juden beigelegt werden dürfen, müssen sie vom 1. Januar 1939 ab zusätzlich einen weiteren Vornamen annehmen, und zwar männliche Personen den Vornamen Israel, weibliche Personen den Vornamen Sara.«

Der Berliner Polizeipräsident Graf von Helldorff ergänzte diese Verordnung um eine Zwangsabgabe für vermögende Juden. Sie erhielten nur dann die Erlaubnis, ins Ausland zu emigrieren, wenn sie »freiwillig« Beträge in Höhe zwischen 10.000 und 1,15 Millionen Reichsmark als sogenannte »Graf-Helldorf-Spende« an die Berliner Polizei zahlten. Wie viele Millionen auf diese Weise erpresst wurden und in welchen Taschen sie letztendlich landeten, ist unbekannt.

Am 7. November 1938 schoss der polnische Jude Herschel Grynszpan (1921 – Todesjahr unbekannt, zwischen 1942 und 1945) aus Rache für die Zwangsdeportation seiner Eltern auf den Legationssekretär Ernst Eduard von Rath (1909–1938). Das geschah in der Deutschen Botschaft in Paris. Am 9. November 1938 erlag der Diplomat Rath seinen schweren Verletzungen. Das Attentat wurde von der NS-Führung zum Vorwand genommen, um eine konzertierte Aktion durchzuführen. In der Nacht vom 9. zum 10. November 1938 begannen im gesamten Deutschen Reich von SA-Schlägertrupps organisierte Judenpogrome, an denen sich auch zahlreiche Zivilisten beteiligten. Geschäfte und Kaufhäuser wurden zerstört, Synagogen in Brand gesteckt. Schaulustige säumte die Straßen und klatschten Beifall.

Die Berliner Polizei war vorab über den geplanten Beginn der Ausschreitungen informiert worden und hatte die strikte Anweisung erhalten, sich aus allem herauszuhalten. Gemeinsam mit der Feuerwehr sollte sie lediglich dafür sorgen, dass die Flammen der brennenden Synagogen nicht auf die Nachbarhäuser übergriffen.

Es ist nur ein einziger Fall bekannt, wo ein Polizist diesen Befehlen zuwider handelte. Der Polizeioberleutnant Wilhelm Krützfeld (1880–1953) war Leiter vom Revier 16 am Hackeschen Markt. Er vertrieb mit seinen Leuten mehrere brandschatzende SA-Männer aus der Synagoge in der Oranienburger Straße, und wies die Feuerwehr an, das Feuer zu löschen.

Im gesamten Reich gab mehr als 400 Todesopfer, unzählige Schwerverletzte und viele vergewaltigte Frauen. 30.000 Juden wurden verhaftet und in die Konzentrationslager Dachau, Buchenwald und Sachsenhausen deportiert. Weil viele Schaufenster eingeschlagen worden waren und anschließend die Glasscherben auf der Straße lagen, wurde das Pogrom »Reichskristallnacht« genannt.

Am 11. November 1938 wandte sich der Reichsminister für Volksaufklärung und Propaganda Joseph Goebbels (1897–1945) mit der folgenden Botschaft an die Bevölkerung: »Die verständliche und berechtigte Empörung des deutschen Volkes über den feigen jüdischen Meuchelmord an einem deutschen Diplomaten in Paris hat sich in der vergangenen Nacht in umfangreichem Maße Luft verschafft. In zahlreichen Städten und Orten des Reiches wurden Vergeltungsaktionen gegen jüdische Gebäude und Geschäfte vorgenommen … Die endgültige Antwort auf das jüdische Attentat in Paris wird auf dem Wege der Gesetzgebung bzw. der Verordnung dem Judentum erteilt werden.«

Einsatzgruppen und Polizeibataillone

1939 wurden die Gestapo und das aus dem preußischen »Landeskriminalpolizeiamt« hervorgegangene »Reichskriminalpolizeiamt« mit dem »Sicherheitsdienst« (SD) zum »Reichssicherheitshauptamt« (RSHA) zusammengeschlossen. Die Kriminalpolizisten erhielten automatisch SS-Dienstgrade zugeteilt und wurden teilweise zu den »Einsatzgruppen der Sicherheitspolizei und des SD« abkommandiert. Diese Einsatzgruppen bestanden außer aus Angehörigen der Kriminalpolizei noch aus Mitgliedern der Sicherheitspolizei, der Gestapo, des Sicherheitsdienstes der SS, der Ordnungspolizei und der Waffen-SS.

Die ersten fünf Einsatzgruppen waren schon vor dem Überfall auf Polen am 1. September 1939 aufgestellt worden. Sie untergliederten sich in Sonder- und in Einsatzkommandos. Bereits im ersten Kriegsjahr ermordeten die fünf Einsatzgruppen 60.000 Menschen, darunter etwa 7.000 Juden sowie Tausende psychisch Kranke.

Weitere Einsatzgruppen folgten auf dem Balkan, in Norwegen, in Kärnten, in Frankreich, in Belgien, in den Niederlanden, in Luxemburg und in Afrika. Allein in der Sowjetunion sollen die Einsatzgruppen 1,5 Millionen Menschen umgebracht haben.

Nach dem Ende des II. Weltkriegs wurde nur ein Bruchteil der Kommandeure vor Gericht gestellt. Vier von ihnen wurden gehenkt. 22 Angeklagte kamen mit Freiheitsstrafen zwischen drei und 15 Jahren davon. Kaum einer von ihnen musste die volle Haftzeit absitzen.

Mit Beginn des Polenfeldzugs wurden parallel zu den Einsatzgruppen die ersten Polizeibataillone aufgestellt. Sie sollten in den besetzten Gebieten hinter der Front für Ruhe und Ordnung sorgen. Die Mannschaften wurden in speziellen Einheiten ausgebildet und von Berufspolizisten angeführt. Am 11. Oktober 1939 gab Heinrich Himmler dann einen Runderlass heraus, in dem die Aufgaben näher beschreiben wurden.

Bereits von Anfang an waren die Polizeibataillone an Gefechtshandlungen beteiligt. Sie wurden im Kampf gegen Partisanen eingesetzt und nahmen Hinrichtungen vor. Nach vorsichtigen Schätzungen sollen durch die Polizeibataillone über 500.000 Juden, Sinti, Roma, Kommunisten, Partisanen, Kranke und Behinderte gehenkt, erschossen und in Massengräbern verscharrt worden sein.

Das Ende naht

Der Berliner Polizeipräsident Wolf-Heinrich Graf von Helldorff war 1936 zum SS-Obergruppenführer befördert worden. Gleichzeitig hatte er den Dienstgrad eines Generals der Polizei inne. Als sich abzuzeichnen begann, dass der Krieg verloren war, nahm er – wie andere hohe Offiziere auch – Kontakt zum deutschen Widerstand und traf sich mehrfach mit dem späteren Hitler-Attentäter Claus Schenk Graf von Stauffenberg. Graf von Helldorff tat dies vor allen Dingen, um sich nach allen Seiten abzusichern. Beim versuchten Staatsstreich selbst hielt er sich zurück. Aber es half ihm nichts. Ebenso wie der Reichskriminaldirektor und SS-Gruppenführer Arthur Nebe (1894–1945), Chef des Reichskriminalpolizeiamtes, wurde er vom Volksgerichtshof zum Tode verurteilt und hingerichtet.

Heinrich Himmler, der Reichsführer SS, Chef der Deutschen Polizei und ab 1943 auch Reichsinnenminister, versuchte im April 1945 über den schwedischen Grafen Folke Bernadotte Verbindung zu den Alliierten aufzunehmen. Die Kontaktaufnahme scheiterte. Himmler tauchte unter falschem Namen unter, wurde jedoch am 20. Mai 1945 von britischen Truppen festgenommen und enttarnt. Am 23. Mai nahm sich Himmler mit Hilfe einer Zyankalikapsel, die in einem hohlen Zahn steckte, das Leben.

Heimatfront

Adolf Hitler (1889–1945) hatte im November 1923 gemeinsam mit General Erich Ludendorff (1865–1937) und anderen Umstürzlern in München bei einem Putsch versucht, die Regierung in Bayern abzusetzen. Das Ziel bestand darin, in einem nächsten Schritt die Weimarer Republik zu beseitigen.

Der »Marsch auf die Feldherrenhalle« genannte Putschversuch scheiterte. Hitler kam nur knapp mit dem Leben davon, weil er von seinem Nebenmann mit zu Boden gerissen wurde, als dieser tödlich verwundet zusammensank. Im nächsten Moment deckte ein Leibwächter Adolf Hitler mit seinem Körper ab, wurde dabei von elf Kugeln getroffen und überlebte dennoch.

Adolf Hitler konnte flüchten, wurde später verhaftet und 1924 in München wegen Hochverrats vor Gericht gestellt. Er erhielt die Mindeststrafe von fünf Jahren Festungshaft, von denen er jedoch nur neun Monate absitzen musste. Während dieser Zeit verfasste er die nationalsozialistische Hetz- und Propagandaschrift »Mein Kampf«. Darin wies er mehrfach darauf hin, dass sein dringlichstes Ziel darin bestand, einen neuen Krieg zu beginnen: »Die nationalsozialistische Bewegung muss versuchen, das Missverhältnis zwischen unserer Volkszahl und unserer Bodenfläche – diese als Nährquelle sowohl wie auch als machtpolitischer Stützpunkt angesehen -, zwischen unserer historischen Vergangenheit und der Aussichtslosigkeit unserer Ohnmacht in der Gegenwart zu beseitigen … Staatsgrenzen werden durch Menschen geschaffen und durch Menschen geändert … Das Recht auf Grund und Boden kann zur Pflicht werden, wenn ohne Bodenerweiterung ein großes Volk dem Untergang geweiht erscheint.«

Vor diesem Hintergrund wird verständlich, weshalb bereits im April 1933, also kurz nach der Machtübernahme, der »Reichluftschutzbund« gegründet wurde. Er diente vor allem dazu, die Bevölkerung schon zu diesem frühen Zeitpunkt auf den Krieg vorzubereiten. Als dann der Polenfeldzug begann, wurde durch zwei Verordnungen von 1939 und 1940 die völlige Verdunkelung bei Fliegeralarm angeordnet, um feindlichen Flugzeugen die Orientierung zu erschweren. Den ersten Probealarm gab es in Berlin am 1. September 1939. Von da an durfte auf Bahnhöfen kein Licht mehr brennen. Fahrzeugscheinwerfer mussten mit Schlitzblenden versehen sein. Die Straßenlaternen wurden abgeschaltet oder mit Blauglas und Glimmglühkörpern versehen. Das alles geschah, obwohl Hermann Göring (1893–1946), Reichsmarschall und Oberbefehlshaber der deutschen Luftwaffe, angeblich in eine Rundfunkrede bei Kriegsanbruch gesagt haben soll: »Wenn auch nur ein einziges Flugzeug das Reichsgebiet überfliegt, will ich Meier heißen.« Ab dem 3. Mai 1940 mussten dann mit Einbruch der Nacht in allen Häusern die Fenster verdunkelt werden. Auf Zuwiderhandlungen standen schwere Strafen.

In der Nacht vom 7. zum 8. Juni 1940 flog ein französisches Flugzeug den ersten Luftangriff auf Berlin und Göring erhielt in der Bevölkerung den Spitznamen »Reichsmeier«. Am 25. August 1940 griff der erste Bomber der britischen Royal Air Force die Stadt an. Bis zum Kriegsende folgten rund 400 Bombardements durch französische, britische, amerikanische und sowjetische Flugzeuge. Es wurden rund 45.000 Tonnen an Bomben abgeworfen. Die Polizei registrierte bis zur Kapitulation 49.000 Tote infolge von Luftangriffen. 30.000 Wohnungen wurden gänzlich vernichtet, über 28 Quadratkilometer der Stadt waren ein Ruinenfeld. Von 1943 bis 1945 verging kaum ein einziger Tag ohne Fliegeralarm.

Die Polizei hatte alle Hände voll damit zu tun, die Leichen aus den Trümmern bergen und die unbekannten Toten identifizieren zu lassen, das Löschen von Bränden abzusichern und den Plünderern nachzustellen.

Die Versorgungslage wurde immer schlechter

Von Kriegsjahr zu Kriegsjahr wurde die Versorgungslage in Berlin immer schlechter. Der Schwarzhandel blühte. Bohnenkaffee, Südfrüchte und gute Zigaretten waren nur noch unter der Hand zu bekommen. Es half auch nichts, dass die besetzten Gebiete erbarmungslos ausgeplündert und der Hungertod der dortigen Bevölkerung billigend in Kauf genommen wurde. 1943 gab es sogar kaum noch Äpfel. Deshalb teilte der Zeitungsdienst des Reichsnährstandes der Öffentlichkeit am 16. September mit: »Soeben wurde die totale Beschlagnahme der Apfelernte durch die Hauptvereinigung der deutschen Gartenbauwirtschaft verfügt. Der Obsterzeuger ist also zur restlosen Ablieferung seiner Obsternte an die Sammelstellen verpflichtet. Der direkte Verkauf an private Verbraucher ist verboten.«

Am 28. August 1944 hieß es dann: »Die Abgabe von Seifenbezugsmarken zum Erhalt eines Stückes Kernseife für fünf Kilogramm abgelieferter Knochen hat vielfach zu Unklarheiten über die Beschaffenheit der gesammelten Knochen geführt. Die abzuliefernden Knochen müssen in lufttrockenem und fleischfreiem Zustand bei den Annahmestellen abgegeben werden.«

Die Polizei jagte vor allem sogenannte Kriegsschieber, Deserteure und untergetauchte Juden. Wer sich »Lebensmittel erschwindelte, diese ohne Marken abgab und so der allgemeinen Versorgungswirtschaft entzog«, wurde als »Volksschädling« vor ein Sondergericht gestellt und musste mit der Todesstrafe rechnen.

Die eigentliche Polizeiarbeit fand nur noch am Rande statt. Bei der Kripo fehlte es an Leuten, an Benzin für die Autos und an den einfachsten Ausrüstungsgegenständen wie Bleistiften und Notizbüchern. Lediglich an Waffen und Munition herrschte kein Mangel. Die einfachste Lösung bestand deshalb häufig darin, einen Täter auf der Flucht zu erschießen oder bei einem unaufgeklärten Verbrechen nach einem Sündenbock zu suchen.

Trotzdem wurde auch in den Kriegsjahren in Berlin noch ordentliche Polizeiarbeit geleistet. Mehrere spektakuläre Verbrechen konnten aufgeklärt werden.

Die Bevölkerung gewöhnte sich sehr bald nach Kriegsausbruch daran, nachts im Finstern umherzutappen. Ihr blieb auch keine andere Wahl. Verliebte fanden das sogar romantisch. Im Dunkeln lässt sich gut munkeln.

Zwischen den S-Bahnhöfen Rummelsburg und Betriebsbahnhof Rummelsburg lag das Stellwerk Vnk. Unter den Gleisen führte ein Tunnel in nördlicher Richtung zu einem Schrebergartengelände mit den Laubenkolonien »Gut Land I« und »Gut Land II«. Im Schutz der Dunkelheit lauerte dort Ende des Sommers 1939 ein Witzbold Spaziergängern auf und erschreckte sie, indem er aus einem Gebüsch sprang und sie mit einer starken Lampe blendete.

Doch im Herbst wurde aus dem Spaß allmählich Ernst. Mehrere Frauen erstatteten Anzeige, weil sie der Lampenmann sexuell belästigt hatte. Dann gab es die erste Vergewaltigung. Eine zweite folgte. Schließlich und endlich wurden über ein Dutzend versuchte und vollendete Sittlichkeitsverbrechen aktenkundig.

Zu der Zeit herrschte eine extreme Prüderie. Gleich nach der Machtübernahme waren die Bordelle geschlossen worden. Doch nicht nur das. Homosexuelle und in »Rassenschande« lebende Paare hatten nichts zu lachen, sobald sie entdeckt wurden. Beispielsweise wurden 10.000 bis 15.000 homosexuelle Männer in Konzentrationslager eingeliefert. Mehr als die Hälfte von ihnen kam dort um.

Aber bei den Sexualdelikten in den Kleingartenkolonien zeigte die Polizei keinen großen Arbeitseifer. Die Fälle wurden protokolliert und archiviert. Mehrere Fremdarbeiter, die in der Nähe der Schrebergärten bei der S-Bahn die Gleise instand hielten, mussten zum Verhör erscheinen und sich anschließend in ärztliche Behandlung begeben. Trotzdem wollte keiner von ihnen der Täter gewesen sein.

Dann hörte der Spuk von einem Tag zum anderen so plötzlich auf, wie er angefangen hatte. Die Kriminalpolizei führte das auf den – kaum vorhandenen – Fahndungsdruck zurück. Tatsächlich lag die Ursache ganz anders.

Im Spätherbst 1939 war eine junge Frau im Labyrinth der schmalen Wege zwischen den Gärten von »Gut Land I« überfallen worden. Doch der Sittenstrolch hatte nicht aufgepasst. Sein Opfer war nicht allein unterwegs gewesen. Es wurde von zwei Männern begleitet. Die beiden waren stehen geblieben, weil sie ihr Wasser abschlagen wollten. Als sie die Hilferufe hörten, kamen sie herbeigeeilt, überwältigten den Täter und schlugen ihn zu Boden. Dann verabreichten sie dem Unhold eine gewaltige Tracht Prügel. Irgendwann konnte er sich losreißen und flüchten. Aber das Erlebnis war ihm eine Lehre. Der übel Zugerichtete legte eine Schaffenspause ein.

Bei der Polizei wurde die Akte »Lampenmann« geschlossen. Alles deutete darauf hin, dass der Täter eingezogen worden war und an der Front für »Führer, Volk und Vaterland« kämpfte. Möglicherweise war er inzwischen sogar schon den Heldentod gestorben.

Aber der Sexualtäter lebte noch, und zwar ganz in der Nähe. Wie ein Rauschgiftabhängiger war er süchtig nach dem nächsten Erlebnis. Er wollte Frauen quälen, erniedrigen, ihr Blut sehen.

Am 20. September 1940 stieg die 30-jährige Gerda Kargoll spätabends in Rahnsdorf in die S-Bahn in Richtung Ostkreuz. Sie nahm ein Abteil II. Klasse. Außer ihr saß dort noch ein Mann in Eisenbahneruniform. Sein Gesicht konnte sie in dem schattenhaften Licht nicht erkennen. Auch zum Lesen war es viel zu dunkel. Selbst draußen gab es um diese Zeit nicht mehr viel zu sehen: Etwas Kerzenschein hinter schlecht verdunkelten Fenstern, einen irrlichternden Autoscheinwerfer, Sterne, den Mond. Irgendwann nickte Gerda Kargoll ein. Sie wurde wach durch einen scharfen Schmerz am Hals. Der Uniformierte stand vor ihr als großer schwarzer Schatten und würgte sie mit ganzer Macht. Die junge Frau kämpfte verzweifelt um ihr Leben, aber sie hatte keine Chance gegen den kräftigen Mann. Gerda Kargoll wurde einen kurzen Moment lang ohnmächtig. Als sie wieder zu sich kam, spürte sie, wie sie ihr Peiniger über den Boden schleifte. Die Tür der S-Bahn wurde aufgerissen. Kalter

Fahrtwind wehte ins Abteil. Die junge Frau sträubte sich, so sehr sie konnte. Im nächsten Moment wurde sie aus dem fahrenden Zug gestoßen, der mit 60 Stundenkilometern zwischen den Bahnhöfen Wuhlheide und Karlshorst unterwegs war. Gerda Kargoll überschlug sich mehrfach und kullerte den Bahndamm hinab. Sie überlebte. Aber nicht nur das. Entgegen aller Wahrscheinlichkeit hatte sie nur leichte Verletzungen davon getragen. Sie konnte sich sogar aus eigener Kraft zur nächsten Polizeiwache schleppen. Sie beschrieb den Täter so genau wie möglich. In dem Zwielicht hatte sie zwar sein Gesicht nur verschwommen wahrgenommen, aber sie konnte seinen Geruch beschreiben: Eine intensive Mischung aus nassem Rosshaar, Tabakasche und Wagenschmiere.

Die Polizeibeamten taten das, was nach sechs Jahren Nazidiktatur allgemein üblich geworden war: Sie glaubten ihr kein einziges Wort. Uniformträger genossen ein hohes Ansehen. Schon allein deshalb stellte die Kriminalpolizei zunächst keinen Zusammenhang her, als am 4. Oktober 1940 die 20-jährige Gerda Ditter erstochen in einer Laube der Kleingartenkolonie »Gut Land I« aufgefunden wurde. Alles deutete auf eine Beziehungstat hin, so wie bei den meisten Tötungsdelikten. Die Ermordete hatte häufig wechselnde Männerbekanntschaften gehabt, was in einem krassen Widerspruch zur nationalsozialistischen Erb- und Rassenhygiene stand.

Am 4. November 1940 wurde die 30-jährige Angestellte Elisabeth Bendorf am Bahndamm zwischen Hirschgarten und Köpenick gefunden. Sie hatte eine schwere Gehirnerschütterung, Prellungen und großflächige Hautabschürfungen davongetragen. Als sie vernommen werden konnte, sagte sie, ein Eisenbahner habe sie in der S-Bahn mit einem Bleikabel niedergeschlagen, sie vergewaltigt und dann aus dem Zug geworfen.

Nun war es mit der Friedhofsruhe bei der Kriminalpolizei vorbei. Ein Sondereinsatzkommando wurde gebildet. Sämtliche unaufgeklärten Sittlichkeitsdelikte, schweren Körperverletzungen und Morde der letzten zwei Jahre in der Nähe von Karlshorst und der

Laubenkolonien »Land Gut I« und »Land Gut II« wurden nochmals aufgerollt.

Die Kriminalbeamten hatten gerade erst mit der Arbeit begonnen, da wurde am 3. Dezember 1940 die 26-jährige Krankenschwester Elfriede Franke an den Bahngleisen der Station Karlshorst mit schweren Schädelverletzungen tot aufgefunden.

Einen Tag später traf es die 28-jährige Irmgard Freese in der Laubenkolonie. Ihr Hinterkopf war mit einem schweren Gegenstand völlig zertrümmert worden.

Drei Wochen lang herrschte Ruhe, dann ging es weiter Schlag auf Schlag:

- Elisabeth Büngener, 28 Jahre alt, erschlagen, vergewaltigt, am 22. Dezember 1940 aus der fahrenden S-Bahn geworfen;
- Getrud Siewert, 46 Jahre alt, erschlagen, vergewaltigt, am 29. Dezember 1940 aus der fahrenden S-Bahn geworfen;
- Hedwig Ebauer, 28 Jahre alt, erschlagen, vergewaltigt, am 5. Januar 1941 aus der fahrenden S-Bahn geworfen;
- Johanna Voigt, 39 Jahre alt, erschlagen, vergewaltigt, am 12. Februar 1941 aus der fahrenden S-Bahn geworfen.

Trotz der allgemeinen Nachrichtensperre kursierten Gerüchte. Sie wurden zunächst von den Betroffenen, also Verwandten, Bekannten und Nachbarn der Opfer, aber auch von Bahnmitarbeitern, Sanitätern und polizeilichen Hilfskräften in die Welt gesetzt. Gerüchten geht es wie dem Geist aus der Flasche: Anfangs sind sie noch ganz klein, aber dann werden sie immer größer und größer. In der Gerüchten bekam der Täter auch einen Namen: Der S-Bahn-Mörder.

Die Parteiführung war besorgt. Gemunkel dieser Art konnte den Kampfeswillen an der Heimatfront schwächen. Eine schnelle Lösung musste her. Der Polizeipräsident Graf von Helldorff stellte eine geheime Arbeitsgruppe zusammen, der mehrere Verhörspezialisten angehörten. Dann wurden drei polnische Zwangsarbeiter verhaftet, die seit dem Oktober 1939 im Gleisbau tätig gewesen waren: Kazimierz Miłosz hatte einmal die Ausgangssperre mit

Einbruch der Dämmerung missachtet; in den Taschen von Witold Jasieński war Geld gefunden worden, und Józef Stasiuk hatte einen Fotoapparat besessen. Nach einer intensiven Befragung durch die Spezialisten mit den entsprechenden Vorhalten gestanden alle drei – und zwar jeder für sich – sämtliche Verbrechen. Deshalb lag der Schluss nahe, dass sie gemeinschaftlich gehandelt hatten. Ihr Lebensweg endete in einer Kiesgrube.

Kommissar Wilhelm Lüdtke, den Leiter der Mordkommission, überzeugten die Geständnisse nicht, auch wenn mit dem Tod der drei Polen die Überfälle schlagartig aufhörten. Er vertrat eine andere Theorie: »Es ist einer von uns. Deshalb weiß er ganz genau über unsere Fahndungsmaßnahmen Bescheid.« Kommissar Lüdtke ließ 3.000 Reichsbahnangehörige in 30 Dienststellen überprüfen und 2.000 Hinweisen aus der Bevölkerung nachgehen. Zusätzlich zu den geständigen polnischen Zwangsarbeitern wurden weitere acht Tatverdächtige festgenommen, ihre Alibis durchleuchtet sowie ihre gesamte Garderobe konfisziert und auf Blutspuren untersucht.

Am 2. Juli 1941 setzte sich das Grauen fort. In der Kolonie »Gut Land II« wurde die 35-jährige Frieda Koziel tot aufgefunden. Der Täter hatte sie zuerst vergewaltigt und ihr anschließend den Schädel zertrümmert. Doch diesmal war er offensichtlich weniger achtsam als bisher vorgegangen. Direkt neben der Leiche fand sich ein verwertbarer Schuhabdruck. Da sich die Größe und die Marke leicht ermitteln ließen, wurden sofort alle Schuhgeschäfte im Umkreis befragt. Auf diese Weise konnte tatsächlich binnen weniger Stunden jener Mann ermittelt werden, der den Schuhabdruck hinterlassen hatte. Er hieß Max Bähne. Aber es war eine Niete. Bähne schied als Täter aus. Er hatte die Ermordete lediglich gefunden, sich aber aus Angst vor möglichen Konsequenzen nicht getraut, zur Polizei zu gehen.

Der Kommissar knöpfte sich noch einmal die acht Tatverdächtigen vor. Außerdem ließ er ihre Kleidung auf Blutspuren untersuchen. Bei einem wurde er fündig. Allerdings waren die Spritzer zu winzig, um die Blutgruppe bestimmen zu können. Der Eigentümer der betreffenden Hose hieß Paul Orgozow und wohnte in der Dorotheastraße in Karlshorst. Er war am 29. September 1912 in Ostpreußen als uneheliches Kind geboren und von einem Gutsarbeiter mit Namen Johann Orgozow adoptiert worden. Nach seinem Umzug nach Berlin hatte Paul Orgozow 1934 zunächst als Gleisbauarbeiter sein Geld verdient. Später wurde er Reichsbahner, Hilfsweichensteller und Telegraphist. Sein Dienstort war das Stellwerk VnK zwischen den S-Bahnhöfen Rummelsburg und Betriebsbahnhof Rummelsburg. Am 5. Juni 1937 hatte Orgozow geheiratet. Er war NSDAP-Mitglied seit 1932 und Mitglied der SA. Dort bekleidete er den Rang eines Scharfführers. In den vergangenen Wochen und Monaten hatte er sich besonders dadurch hervorgetan, dass er in seiner Freizeit gemeinsam mit Polizisten in den Kleingartenanlage Streife lief oder in den Abendstunden mit der S-Bahn fuhr, um alleinreisende Frauen zu beschützen.

Für die Blutspuren hatte Paul Orgozow eine plausible Erklärung: »Ich habe meiner Frau geschlechtlich beigewohnt, als sie ihre Monatsblutung hatte. Ich weiß natürlich, dass das für einen Mann sehr schädlich ist. Ich habe es auch bitter bereut, denn man kann davon blind werden.«

Gertrud Orgozow zierte sich eine Weile. Dann bestätigte sie die Angaben ihres Mannes.

Doch Kommissar Lüdtke gab nicht auf. Er ließ noch einmal sämtliche Alibis minutiös überprüfen. Dabei stellte er zweierlei fest: Erstens versah Orgozow in der Regel seinen Dienst im Stellwerk allein. Es war ihm deshalb jederzeit möglich gewesen, seinen Posten für wenigstens eine halbe Stunde unbemerkt zu verlassen. Zweitens hatte ein Gleisbauarbeiter Orgozow dabei beobachtet, wie er nachts über den Zaun der Kleingartenanlage »Gut Land I« geklettert war.

Als Orgozow danach befragt wurde, gab er diesen nächtlichen Ausflug auf der Stelle zu: »Ich habe eine heimliche Geliebte. Sie heißt Trude Ladegast. Mit ihr treffen ich mich hin und wieder in ihrer Laube zu einem Schäferstündchen.«

Orgozows Bettschatz bestätigte dessen Angaben.

Nun machte Kommissar Lüdtke einen letzten Versuch. Er ließ Orgozow in Handschellen zum Fundort der Leiche von Frieda Koziel führen und legte ihm einige drastische Photographien von der Ermordeten vor. Damit hatte der Kommissar den Verdächtigen weich geklopft. Der Reichsbahner stritt zwar ab, der Mörder gewesen zu sein, verriet aber, einige Frauen aus Schabernack im Dunkeln angeleuchtet zu haben. Einige Stunden später brach der Damm vollends. Paul Orgozow gab sämtliche Taten zu, und zwar ohne Mithilfe der Verhörspezialisten von der SS. Als Motiv nannte er Rache. Ein jüdischer Arzt hätte bei ihm einen Tripper falsch behandelt und seitdem sei er zeugungsunfähig gewesen.

Paul Orgozow wurde bereits kurz nach seinem Geständnis vor Gericht gestellt. Am 24. Juli 1941 verurteilte ihn das Berliner Sondergericht III als Gewalttäter und Volksschädling zum Tode.

Am 26. Juli 1941 teilte die Justizpressestelle Berlin mit: »Der vom Sondergericht Berlin als Volksschädling und Gewaltverbrecher zum Tode und zu dauerndem Verlust der bürgerlichen Ehrenrechte verurteilte Paul Orgozow ist am 25.7. hingerichtet worden.«

Die Enthauptung war in Plötzensee von dem Scharfrichter Johann Baptist Reichhart (1893–1972) mit der Guillotine vorgenommen worden. Reichhart galt als Deutschlands fleißigster und talentiertester Henker jener Zeit. Zwischen 1934 und 1945 brachte er 2.948 Menschen auf Geheiß der NS-Gerichte um. Nach dem Ende des Krieges wurde er von den Amerikanern weiterbeschäftigt. Gemeinsam mit dem Sergeanten John C. Woods (1911–1950) als seinem Assistenten henkte er 156 zum Tode verurteilte NS-Kriegsverbrecher.

Von den alliierten Westmächten wurden nach 1945 insgesamt 486 ehemalige Angehörige der SS, der Gestapo, der Einsatzgruppen, der Polizeibataillone etc. hingerichtet. Die Zahlen in der sowjetischen Besatzungszone sind nicht bekannt.

Der Untergang

Mit der Machtübernahme der Nationalsozialisten hatte die Gleichschaltung begonnen. Als nächstes blieb die Rechtsstaatlichkeit auf der Strecke. Immer schärfere und absurdere Gesetze wurden verabschiedet. Die Justiz verlor ihre Unabhängigkeit. Hitler und Himmler hatten es sich zur Gewohnheit gemacht, von Gerichten verhängte Strafen, die ihnen zu niedrig erschienen, aufheben zu lassen. Auf ihre direkten Befehle hin wurden die Gefangenen an die Gestapo überstellt und dann erschossen. Auch der Berliner Polizeipräsident Graf von Helldorff tat sich auf diesem Gebiet hervor. Er übte direkten Druck auf die Gerichte aus, indem er Staatsanwälte und Richter anrief und sich vor Prozessbeginn bestimmte Urteile bestellte. Beim Reichsjustizminister häuften sich deshalb die Beschwerden.

Im September 1942 vereinbarten Himmler und das Reichsjustizministerium, dass sämtliche Gefangene, die eine Freiheitsstrafe von über acht Jahren verbüßten, sofort aus der Haft zu entlassen und in ein Konzentrationslage zu überstellen seien.

Die Menschen lebten am Ende der Nazidiktatur in einem Gefühl der absoluten Rechtlosigkeit. Jeden konnte es jederzeit treffen, mit und ohne Parteibuch. Aus einem geheimen SS-Dossier geht hervor, dass im Jahr 1944 die Verrohung und Kriminalitätsbereitschaft der Menschen angesichts von Krieg, Juden- und Kommunistenverfolgung, Konzentrationslagern, Hunger und Elend ein solch erschreckendes Ausmaß angenommen hatte, dass Deutschland im Falle eines Kriegsgewinns an den inneren Widersprüchen und der fehlenden Bereitschaft der Bevölkerung, sich noch irgendwelchen gesellschaftlichen Normen unterzuordnen, zerbrochen wäre.

»Der Reichsführer SS und Chef der Deutschen Polizei teilt mit, dass wegen der Verweigerung der Mitarbeit an Sicherungsschutzaufgaben für die Landesverteidigung Johann Heinen am 7.9.1939 erschossen worden ist. Heinen war außerdem ein wegen Diebstahls vorbestrafter Verbrecher.«

*

»Der Reichs SS und Chef der Deutschen Polizei teilt mit:

Erschossen wurden

a) am 11.9.1939 wegen vorsätzlicher Brandstiftung und Sabotage Paul Müller. Müller war bereits 8mal wegen Eigentumsdelikten mit Gefängnis und Zuchthaus vorbestraft.
b) Am 15.9.1939 wegen Weigerung, seine Pflicht als Soldat zu erfüllen, August Dickmann, geboren 7.1.10. D. begründete seine Weigerung mit der Erklärung, er sei »Zeuge Jehovas«. Er war ein fanatischer Anhänger der internationalen Sekte der ernsten Bibelforscher.«

*

Interne Mitteilung des Reichsjustizministeriums: »Paul Latacz und Erwin Jacobs, Berlin, -g 10b 1846/39 g- haben am 30.9.1939 die Kreissparkasse Teltow zu berauben versucht. Durch das Urteil des Sondergerichts Berlin vom 13.10.39 zu je 10 Jahren Zuchthaus verurteilt. Am 14.10.39 auf Befehl des Führers erschossen.«

*

»Joachim Israel Joseph, Berlin-Spandau, -g 10b 1895/39 g-, Er hat in 6 Fällen Sittlichkeitsverbrechen an minderjährigen Mädchen im Alter von 4 bis 10 Jahren begangen. Urteil des Sondergerichts Berlin v. 23.10.39 wegen Sittlichkeitsverbrechen mit Rassenschande zu 6 Jahren Zuchthaus verurteilt. Erschossen am 25.10.39. Brief von Bormann am 25.10.39 an

RJM, dass auf Weisung des Führers der Jude der Geheimen Staatspolizei zur Erschießung herauszugeben sei.«

*

»Viktor Meyer, Berlin, -g 14.225/40 g-, Er hat seinen Bruder u. eine Geschäftsfrau bestohlen (Rückfall) u. eine Sittendirne niedergeschlagen und beraubt. Durch Urteil des Sondergerichts Berlin v. 19.1.40 wegen Diebstahls im Rückfall u. wegen schweren Raubes in Tateinheit mit Körperverletzung zu 12 Jahren Zuchthaus verurteilt. Erschossen am 20.1.40. Fernmündliche Übermittlung des Führerbefehls durch Gruppenführer Schaub an OstA. Joel. Später schriftlich bestätigt.«

*

Polizeiverordnung, 08. März 1940: »§ 1 (1) Arbeiter und Arbeiterinnen polnischen Volkstums, die im Reichgebiet zum zivilen Arbeitseinsatz eingesetzt sind oder eingesetzt werden, haben auf der rechten Brustseite jedes Kleidungsstückes ein mit ihrer jeweiligen Kleidung fest verbundenes Kennzeichen stets sichtbar zu tragen. (2) Das Kennzeichen besteht aus einem auf der Spitze stehenden Quadrat mit 5 cm langen Seiten und zeigt bei ½ cm breiter violetter Umrandung auf gelbem Grunde ein 2 ½ cm hohes violettes P.

§ 2 (1) Wer der Vorschrift des § 1 vorsätzlich oder fahrlässig zuwiderhandelt, wird mit Geldstrafe bis zu 150 Reichsmark oder Haft bis zu sechs Wochen bedroht. (2) Unberührt bleiben Strafvorschriften, in denen eine höhere Strafe angedroht ist, und polizeiliche Sicherungsmaßnahmen.«

*

Polizeiverordnung, 1. September 1941: »§ 1 (1) Juden, die das sechste Lebensjahr vollendet haben, ist es verboten, sich in der Öffentlichkeit ohne einen Judenstern zu zeigen. (2) Der Judenstern besteht aus einem handtellergroßen, schwarz ausgezogenen Sechsstern aus gelbem Stoff mit der schwarzen

Aufschrift »Jude«. Er ist sichtbar auf der linken Brustseite des Kleidungsstücks fest aufgenäht zu tragen.

§ 2 Juden ist es verboten a) den Bereich ihrer Wohngemeinde zu verlassen, ohne eine schriftliche Erlaubnis der Ortspolizeibehörde bei sich zu führen; b) Orden, Ehrenzeichen und sonstige Abzeichen zu tragen.«

*

Aus dem Bericht der Einsatzgruppe A, 15. Oktober 1941: »Der Umfang der Säuberungsarbeit bei der Bekämpfung des Kommunismus ist aus der Anlage 8 beigefügten Übersicht über die Zahl der Exekutionen ersichtlich, insgesamt 135.567.«

*

Richtlinien für die Verfolgung von Straftaten, 7. Dezember 1941: »In den besetzten Gebieten ist bei Straftaten von nichtdeutschen Zivilpersonen, die sich gegen das Reich oder die Besatzungsmacht richten und deren Sicherheit oder Schlagfertigkeit gefährden, grundsätzlich die Todesstrafe angebracht.«

*

Richard Heydrich, Chef des Reichssicherheitshauptamtes, 20. Januar 1942, Wannsee-Konferenz: »Im Zuge dieser Endlösung der europäischen Judenfrage kommen rund 11 Millionen Juden in Betracht.«

5

1945–1949 Demokratischer Neuanfang

Schutt und Asche

Am 2. Mai 1945 ergaben sich in Berlin die letzten deutschen Truppen der Roten Armee. Fünf Tage später, am 7. Mai 1945, unterzeichnete Generaloberst Alfred Jodl (1890–1946) bei den Westalliierten eine Urkunde über die bedingungslose Kapitulation. In der Nacht vom 8. zum 9. Mai 1945 tat Generalfeldmarschall Wilhelm Keitel (1882–1946) dasselbe im sowjetischen Hauptquartier in Berlin. Damit war der Krieg in Deutschland offiziell zu Ende.

Über die Zahl der deutschen Kriegstoten einschließlich der Vermissten gibt es nur grobe Schätzungen. Sie belaufen sich auf sechs bis sieben Millionen Menschen, die bei direkten Kampfhandlungen, im Bombenhagel, durch Erschießungskommandos oder in den Lagern umgekommen sind.

Am 18. Februar 1943 hatte der Reichspropagandaminister Joseph Goebbels während einer Massenveranstaltung im Berliner Sportpalast behauptet: »Wäre die deutsche Wehrmacht nicht in der Lage, die Gefahr aus dem Osten zu brechen, so wäre damit das Reich und in kurzer Folge ganz Europa dem Bolschewismus verfallen.« Anschließend stellte er die Frage: »Wollt ihr den totalen Krieg?« Tausende Zuschauer brachen in tosenden Jubel aus. Anschließend setzte Goebbels fort: »Der Führer hat befohlen, wir werden ihm folgen. Wenn wir je treu und unverbrüchlich an den Sieg geglaubt haben, dann in dieser Stunde der nationalen Besinnung und der inneren Aufrichtung.«

Knapp zwei Jahre später war das Großdeutsche Reich in Schutt und Asche versunken. Die Überlebenden hatten die Hölle auf Erden durchlebt, jeder auf seine Weise – physisch oder psychisch –, und fast alle beides. Von der Kriegerwitwe über den Flakhelfer bis zum Kriegsgefangenen waren alle schwer traumatisiert. Ihre Zukunft sah alles andere als rosig aus. Der Großteil der Bevölkerung hatte den Versprechungen der Nazis von einem besseren Leben der Deutschen als auserwähltem Volk geglaubt. Bis zum bitteren Ende waren die meisten Menschen in der Hoffnung auf versprochenen Wunderwaffen vom Endsieg überzeugt gewesen. Sie hatten weggeschaut, als ihre jüdischen Nachbarn abgeholt wurden, und den Gerüchten über die Gräueltaten der SS, der Sondereinheiten, der Polizeibataillone und der Erschießungskommandos der Wehrmacht keinen Glauben schenken wollen. Adolf Hitler und Joseph Goebbels waren kurz vor Toresschluss von der Bühne abgetreten. Die beiden Hauptverführer hatten sich das Leben genommen und das Volk seinem Schicksal überlassen. Sie konnten nicht mehr zur Rechenschaft gezogen werden. Das Kaiserreich war zerschlagen, die Weimarer Republik untergegangen und das Dritte Reich besiegt. Was sollte nun noch anderes kommen, außer weiterem Jammer und noch mehr Elend? Etliche kleine und größere Nazis sahen keinen Sinn mehr im Leben oder hatten begründete Angst vor Rache. Sie erhängten sich an Fensterkreuzen, sprengten sich mit Handgranaten in die Luft, schluckten Blausäurekapseln oder jagten sich Kugeln in die Schädel. Darunter waren beispielsweise der Auschwitzer Lagerarzt Eduard Wirths (1909–1945), der SS-Obergruppenführer Wilhelm Redieß (1900–1945) und der General der Waffen-SS Rudolf Querner (1893–1945). Sie folgten damit 800 jüdischen Bürgern nach, die in Frankfurt am Main während der NS-Zeit lieber den Freitod gewählt hatten, als sich deportieren zu lassen.

In Berlin bot die Innenstadt nach dem Ende der Kampfhandlungen ein Bild des Schreckens. Sie war durch die jahrelangen Bombardements und das starke Geschützfeuer der letzten Kriegstage völlig zerstört. Die Rote Armee, der vermeintliche Erzfeind des deutschen Volkes schlechthin, marschierte durch die Straßen. In den ersten Maitagen herrschten Anarchie und Chaos. Es kam zu willkürlichen Verhaftungen, Plünderungen und Vergewaltigungen.

Dann griff der erste sowjetische Stadtkommandant, Generaloberst Nikolai Bersarin (1904–1946), mit harter Hand durch. Er sorgte für Ordnung bei den eigenen Truppen und legte den Grundstein für einen demokratischen Neuanfang in der Stadt.

Am 19. Mai 1945 setzten die sowjetischen Truppen den ersten Berliner Nachkriegs-Magistrat ein. Es galt wichtige Aufgaben zu lö-

Generaloberst N. Bersarin (2. v. r.) vor dem Reichstag, Berlin 1945

sen. Die Gas- und Wasser-Versorgung waren zusammengebrochen, es gab viel zu wenig Lebensmittel, und das Stromnetz funktionierte kaum noch. Ein Drittel der U- und viele S-Bahnschächte standen unter Wasser, denn die SS hatte am 2. Mai in letzter Minute die Decke des Nord-Süd-Tunnels der S-Bahn unter dem Landwehrkanal gesprengt. Dadurch waren zahlreichen Stationen überflutet worden. Ohnehin gab es bei den Naheverkehrsbetrieben schwere Schäden durch Bombentreffer. Fast der gesamte Wagenpark war vernichtet worden.

Bersarin schickte Pionier- und Räumkommandos los. Keine 14 Tage nach dem Kriegsende in Berlin, nämlich am 14. Mai 1945, verkehrte die U-Bahn wieder auf einem Teilstück. Am 6. Juli 1945 folgte die S-Bahn, zunächst allerdings nur im Pendelbetrieb auf kurzen Abschnitten. Doch Ende 1945 befuhr die U-Bahn bereits wieder fast das gesamte Streckennetz. Im Februar 1946 folgte die S-Bahn.

Entsprechend internationaler Übereinkommen waren im Juli 1945 die ersten Truppenverbände der Alliierten in Berlin eingerückt. Im gleichen Zuge hatte sich die Rote Armee aus drei Viertel der Bezirke zurückgezogen. Entsprechend der Londoner Protokolle war die Stadt in vier Sektoren aufgeteilt worden. Die Regierungsgewalt wurde von der gemeinsamen Alliierten Kommandantur ausgeübt. Ihr gehörten gleichberechtigte Vertreter der Sowjetunion, der USA, Frankreichs und Großbritanniens an. Ab dem 25. Juli 1945 hatte die Kommandantur ihren Sitz in Dahlem.

Neue Polizeistrukturen

Durch die großen Zerstörungen in der Stadt fehlte fast die gesamte Infrastruktur für die Polizeiarbeit. Viele Polizeireviere waren im Krieg zerstört worden, ebenso die meisten Einsatzfahrzeuge. Es mangelte an allen Ausrüstungsgegenständen – vom einfachen Bleistift über Glühbirnen bis zum Fotoapparat. Das Rufnetz funktionierte schon lange nicht mehr. Viele Polizisten und Kriminaltechniker waren gefallen oder auf Grund ihrer Belastungen im Nationalsozialismus nicht mehr tragbar. Auf den Konferenzen in Jalta und Potsdam hatten die vier Siegermächte außerdem beschlossen, dass die Polizei entnazifiziert, entmilitarisiert und demokratisiert werden sollte.

Am 25. Mai 1945 gab der sowjetische Stadtkommandant entsprechend diesem Beschluss den Befehl, eine neue Stadtpolizei zu gründen. Zum Polizeipräsidenten wurde der ehemalige Wehrmachtshauptmann Paul Markgraf (1910–1993) ernannt. Er erhielt den Dienstgrad Oberst. Markgraf war im Winter 1943 in der Schlacht um Stalingrad in sowjetische Kriegsgefangenschaft geraten und hatte sich bald darauf dem »Nationalkomitee Freies Deutschland« angeschlossen, dem ehemalige Wehrmachtsangehörige und Emigranten angehörten. Hinter den Frontlinien hatten sie mit Flugblättern und Lautsprecherdurchsagen deutsche Soldaten zum Desertieren und damit zum Beenden des sinnlosen Krieges aufgefordert.

Im Juli 1945 ging die Aufsicht der Verwaltung von der sowjetischen Stadtkommandantur auf die gesamte Alliierte Kommandantur über. Für jeden Sektor wurde ein eigener Polizeichef ernannt. Der von den Sowjets eingesetzte Polizeipräsident durfte zunächst weiter im Amt bleiben.

Paul Markgraf fegte mit einem eisernen Besen die Amtsstuben aus und führte zunächst erneut die alten Strukturen der Weimarer Republik ein. Es gab wieder die Schutzpolizei, die Kriminalpolizei und die Verwaltungspolizei. Die Stadt gliederte sich in zwanzig Polizeiinspektionen und 172 Polizeireviere. Den Inspektionen waren Kommissariate der Kriminalpolizei angeschlossen. Zusätzlich wurden im Polizeipräsidium acht Kriminalinspektionen mit jeweils speziellen Aufgabengebieten geschaffen, die vom Betrug über die Fahndung bis zum Mord reichten.

Weil das Polizeipräsidium am Alexanderplatz im Krieg völlig zerstört worden war, residierte die Polizei zunächst in der Elsässer Straße 87 (heutige Torstraße).

Die Polizisten gingen anfangs unbewaffnet auf Streife oder rückten zu Einsätzen aus. Ab dem Jahr 1946 durften aber Schutz- und Kriminalpolizisten im Dienst wieder Pistolen tragen, weil die Bandenkriminalität ausgeufert war. In den Wäldern rund um Berlin, in den Ruinen, in den Flüssen, Bächen und Seen lagen abertausende Schusswaffen und Millionen von Patronen, die die flüchtenden deutschen Soldaten kurz vor dem Zusammenbruch weggeworfen hatten. Obwohl auf unbefugten Waffenbesitz die Todesstrafe stand, wurde mit dem Kriegsgerät ein schwunghafter Handel getrieben. Bis in die fünfziger Jahre hinein war es für einen Verbrecher leichter, sich eine Schusswaffe zu besorgen, als beispielsweise eine neue Hose. Zu Zwecken der Abschreckung wurden am 1. Juli 1947 und am 13. März 1948 zwei Männer, die illegale Waffen besessen hatten, im Hinrichtungsraum des Gefängnisses in der Lehrter Straße geköpft.

Paul Markgraf war 1945 KPD-Mitglied und (mit dem Vereinigungsparteitag am 21./22.April 1946 zwischen KPD und SPD) dann auch SED-Mitglied geworden. Er versuchte massiv, andere KPD- bzw. SED-Mitglieder in Führungspositionen bei der Polizei aufsteigen zu lassen. Das führte unweigerlich zu Konflikten mit den Kollegen in den drei Westsektoren. Schließlich gab die Alliierte Kommandantur die Weisung heraus, dass der Polizeipräsident nur noch mit ausdrücklicher Genehmigung aller vier Polizeichefs leitende Beamte einstellen, versetzen oder entlassen durfte.

Die Spaltung

Mit der Zunahme der Spannungen in der Alliierten Kommandantur waren weitere Kontroversen vorprogrammiert, weil die Sowjetunion zwar der Teilung Berlins (ähnlich der von Wien) in vier Sektoren zugestimmt hatte, aber trotzdem Westberlin als zugehörig zur sowjetischen Besatzungszone (SBZ) betrachtete. Der britische Premierminister Winston Churchill (1874–1965) soll im Hinblick auf das Kriegsende gesagt haben: »Wir haben das falsche Schwein geschlachtet.« Auch wenn dieses Zitat nicht stimmen sollte – wenige Monate nach dem Sieg begann die ehemalige Anti-Hitler-Koalition wieder auseinander zu fallen. Die Interessenlage und die politischen Systeme waren zu unterschiedlich.

Zu einem offenen Bruch kam es, als sich England, Frankreich, die USA und die Benelux-Staaten vom Februar bis Juni 1948 in London zu einer Sechs-Mächte-Konferenz trafen, auf der entgegen aller bisherigen Vereinbarungen die Gründung der Bundesrepublik Deutschland beschlossen wurde. Die Sowjetunion war zu diesem Treffen nicht eingeladen worden.

Bei einer Sitzung des Alliierten Kontrollrates im März 1948 forderte der sowjetische Marschall Wassili Danilowitsch Sokolowski (1897–1968), verbindliche Auskünfte über die bisherigen Beratungsergebnisse der Sechs-Mächte-Konferenz zu erhalten. Als ihm jegliche Informationen verweigert wurden, verließ der Marschall empört den Raum. Von da an nahm kein Vertreter der Sowjetunion mehr an den Kontrollrats-Sitzungen teil.

Die Zusammenarbeit mit der Alliierten Kommandantur endete Mitte Juni 1948. Der kalte Krieg hatte begonnen. Die Anti-Hitler-Koalition war de facto zerbrochen. Die politischen Gegensätze, die von Anfang bestanden hatten, aber angesichts des brutalen Kriegsgegners Nazideutschland unter den Teppich gekehrt worden waren, wurden nun in aller Offenheit spürbar. Damit begann auch die Spaltung der Berliner Polizei in den Ostsektor und in die drei Westsektoren.

Währungsreform und Blockade

Die Lage verschärfte sich weiter, als kurz nach dem Eklat im Alliierten Kontrollrat in den drei Westzonen eine Währungsreform stattfand. Die bis dahin geltende Reichsmark wurde durch die D-Mark ersetzt und im Verhältnis von zehn zu eins umgetauscht. Das neue Zahlungsmittel sollte auch in Westberlin gelten. Damit die Ostzone nicht von den in der Westzone wertlos gewordenen Reichsmark überflutet und völlig destabilisiert werden konnte, blieb dem Ostsektor nichts weiter übrig, als ebenfalls eine Währungsreform durchzuführen. Plötzlich galten in einem Land unterschiedliche Zahlungsmittel. Die geplanten gesamtdeutschen Wahlen waren von Tisch. Die Teilung hatte begonnen.

Die Antwort der Sowjetunion war scharf und radikal. Sie bestand darin, dass sie sämtliche Versorgungswege in die drei Westsektoren kappte. Hardliner bei den US-Streitkräften wollten Panzer anrollen lassen. Das hätte Krieg bedeutet. Glücklicherweise konnte sich eine andere Fraktion durchsetzen. Sie organisierte die Versorgung Westberlins über eine Luftbrücke. Insgesamt fanden rund 280.000 Flüge statt. Die Flugzeuge brachten über 2,3 Millionen Tonnen Fracht (darunter 1,4 Millionen Tonnen Kohle) in die belagerte Stadt. Als die Sowjetunion merkte, dass die gewünschten politischen Ergebnisse ausblieben, wurde die Blockade am 12. Mai 1949 wieder aufgehoben.

Die politische Spaltung der Stadt blieb indessen bestehen. Am 30. November 1948 wählten Stadtverordnete im sowjetischen Sektor einen eigenen Magistrat und Friedrich Ebert (1894–1979) zum Oberbürgermeister. Am 5. Dezember 1948 zogen die Westsektoren nach und Ernst Reuter (1889–1953) wurde dort Oberbürgermeister, später »Regierender Bürgermeister von Berlin«.

Seit dem Juli 1948 gab es auch zwei Polizeipräsidenten: Paul Markgraf im Ostsektor und Johannes Stumm (1897–1978) im Westsektor. Das Westberliner Polizeipräsidium entstand in der Kreuzberger Friesenstraße 16. Polizeipräsident Stumm forderte alle Berliner Polizisten auf, in den Westsektor zu wechseln. Mehr als zwei Drittel der Ordnungshüter folgten diesem Aufruf.

Im Ergebnis der Sechs-Mächte-Konferenz wurde vom September 1948 an in den drei Westzonen ein Grundgesetz ausgearbeitet. Es trat am 24. Mai 1949 in Kraft. Damit war die Bundesrepublik Deutschland als neues Land entstanden und die Spaltung zementiert worden.

Einige Monate später zog die Ostzone nach. Am 7. Oktober 1949 wurde die Deutsche Demokratische Republik gegründet. Das Deutsche Reich existierte endgültig nicht mehr.

Der Fall Berthold Wehmeyer

Es gibt Menschen, die einen personengebundenen Schutzengel zu haben scheinen, der unablässig über sie wacht und ihnen selbst in der allergrößten Not beisteht. Doch auch Schutzengel haben manchmal dienstfrei.

Berthold Wehmeyer war vom Schicksal nicht begünstigt worden. Er wurde 1925 in einfachen Verhältnissen geboren. Sein Vater musste sich als Tagelöhner schinden, seine Mutter verdingte sich als

Waschfrau. Ständig fehlte es am Allernötigsten. Die Familie hauste in einer feuchten Kellerwohnung im dritten Hinterhof einer Mietskaserne. Als Kleinkind blieb Berthold die meiste Zeit sich selbst überlassen. Außerdem litt er unter einem großen Handikap: Er war ein Stotterer. Vielleicht hätte eine rechtzeitige Förderung etwas ändern können, aber daran war damals nicht zu denken.

Als Berthold zur Schule kam, wurde ihm in der Rang- und Hackordnung der letzte Platz zugewiesen. Nicht nur wegen seines Sprachfehlers wirkte er leicht zurückgeblieben, er war auch mit Abstand der Kleinste in seiner Klasse. Seine Mitschüler hänselten und drangsalierten ihn, wo sie nur konnten. Den Lehrern fehlte es am guten Willen, in seinem hilflosen Gestammel einen Sinn erkennen zu können. Berthold lernte mit Mühe lesen und schreiben. Bereits beim Rechnen war er am Ende seiner Fähigkeiten angelangt.

Als Berthold zehn Jahre alte wurde, trat eine Wende ein. Er schoss unerwartet schnell in die Höhe und wurde muskulös und kräftig. Er konnte auf einmal die Raufereien auf dem Schulhof für sich entscheiden. Die Demütigungen hatten plötzlich ein Ende. Die Mitschüler ließen ihn in Ruhe.

Mit 14 Jahren nahm der Junge eine Schlosserlehre auf. Lehrjahre waren damals keine Herrenjahre. Es gab viel zu tun und wenig zu essen. Der Meister drangsalierte ihn, wo er nur konnte. Um den Alten zu ärgern, steckte sich Berthold Werkzeug ein und nahm es mit nach Hause. Doch kurz vor dem Ende des zweiten Lehrjahrs wurde Berthold erwischt und flog auf die Straße.

Er traute sich nicht, seinen Eltern davon zu erzählen und trieb sich tagsüber auf den Straßen umher. Dabei erfuhr er von dem Berliner S-Bahnmörder und seinen vielen furchtbaren Taten. Berthold war von minderer Intelligenz. Auf Grund seines Sprachfehlers hatte er auch bei den Mädchen kein Glück. Er beschloss deshalb, gleich zwei Fliegen mit einer Klappe zu schlagen. Am 14. August 1941 raubte er abends gegen 10 Uhr einer Frau in der S-Bahn kurz nach dem Bahnhof Ostkreuz die Handtasche. Sein Opfer leistete zunächst keinen Widerstand, denn Bertold war inzwischen 1,85 Meter groß und äußerst muskulös. Als er der Frau jedoch auch noch an die Wäsche ging, begann sie um Hilfe zu rufen. Im ansonsten völlig leeren Abteil hatte ein Reichsbahner unbemerkt im schummrigen Halbdunkel auf einer Bank gelegen und geschlafen. Er wurde wach, knipste eine Taschenlampe an und rief geistesgegenwärtig: »Hände hoch, Sie sind verhaftet.«

Berthold Wehmeyer wurde vor Gericht gestellt und erhielt eine Gefängnisstrafe von neun Jahren. Normalerweise hätte das zu jener Zeit den sofortigen Tod durch Erschießen bedeutet. Doch der Schutzengel streckte zum ersten Mal die Hand über ihn aus. Der Gefangenentransport des jugendlichen Räubers endete nicht in einer Kiesgrube, sondern im Zuchthaus Brandenburg-Görden.

Damit hatte er Glück im Unglück. Weil Berthold Wehmeyer im Gefängnis saß, konnte er nicht zum Wehrdienst eingezogen werden – wie später alle seine ehemaligen Klassenkameraden und auch sein Vater. Der kam an die Ostfront. In der Schlacht um Moskau geriet Ernst Wehmeyer in Gefangenschaft und musste fortan in einer sibirischen Kohlengrube schuften.

Doch auch sein Sohn befand sich nicht Sicherheit. Bis zum Kriegsende starben im Zuchthaus Brandenburg-Görden über 600 Gefangene an Unterernährung, TBC und anderen ansteckenden Krankheiten. In einer ehemaligen Garage standen seit 1940 ein Fallbeil und ein Galgen. Immer montags erschien der Henker. Bis zum Kriegsende wurden 2.030 Menschen hingerichtet.

1944 kam Berthold Wehmeyers Name auf eine andere Liste. Sie enthielt die Namen von Häftlingen, die in Konzentrationslager zu verlegen waren, weil sie Freiheitsstrafen von über acht Jahren zu verbüßen hatten. Zwischen 1942 und 1945 wurden rund 1.250 Gefangene in die KZ abtransportiert. Nur die wenigsten von ihnen überlebten den Krieg.

Berthold Wehmeyers Schutzengel griff erneut ein, diesmal aber ganz radikal: Durch ein Versehen in der Schreibstube wurde der Gefangene nicht nach Buchenwald geschafft, sondern bei guter Gesundheit in die Freiheit entlassen.

Berthold ging zurück nach Berlin. Seine Familie war ausgebombt worden. Er machte sich auf die Suche nach ihr. Schließlich fand er sie: Es gab keine feste Wohnanschrift. Seine Mutter und ein jüngerer Bruder hausten in einem ausrangierten S-Bahn-Wagen. Berthold zog mit ein. Dadurch war er für die Behörden quasi unsichtbar geworden. Als einer der wenigen gesunden zwanzigjährigen Deutschen musste er nicht an die Front und wurde auch nicht im Volkssturm verheizt.

Ende 1945 kam der Vater aus der sowjetischen Kriegsgefangenschaft zurück. Ernst Wehmeyer war ein kranker, gebrochener Mann und abgezehrt bis auf die Knochen. Er starb drei Tage vor Weihnachten.

Sein ältester Sohn konnte sich wieder an das Licht der Öffentlichkeit wagen. Er arbeitete zunächst als Aushilfskraft beim Gleisbau. Kurz darauf verdingte er sich als Bühnenarbeiter beim Renaissance-Theater. Dies war nach einer zwölfjährigen Schließzeit bereits am 27. Mai 1945 wieder eröffnet worden. Bertholds Haupteinnahmequelle bestand allerdings in Schwarzmarktgeschäften. Häufig zog er über die Dörfer, um Bekleidungsstücke und Gebrauchsgegenstände gegen Lebensmittel einzutauschen.

Am 22. April 1947 machte er sich gemeinsam mit einem flüchtigen Bekannten namens Hans Flettner auf den Weg aus der Stadt hinaus. Die beiden hatten sich zu einer Hamsterfahrt verabredet. Sie waren Partner geworden, weil sie Kartoffeln holen wollten und Hans Flettner einen zum Abtransport geeigneten Handwagen besaß.

Bertholds Wehmeyers Kapital bestand aus den blank polierten Heimkehrerstiefeln seines Vaters und einer leidlich gut erhaltenen, blitzsauber gewaschenen Arbeitshose. Das waren Sachen, die von der Landbevölkerung gern genommen wurden. Weil das Berliner Umland längst abgegrast war, fuhren sie mit der Eisenbahn bis Wusterhausen (Dosse) und marschierten dann die Landstraße entlang in Richtung Tramnitz. Unterwegs schloss sich ihnen die 61-jährige Eva Kusserow aus Berlin-Weißensee an.

Das Trio klapperte ein Bauerngehöft nach dem anderen am Wegesrand ab. Eva Kusserow hatte filterlose Lucky Strike dabei und Hans Flettner ein Silberbesteck. Die amerikanischen Zigaretten gingen zuerst weg. Dann folgte das Silberbesteck. Berthold Wehmeyer hingegen blieb auf den Stiefeln und der Hose sitzen. Als es dunkel zu werden begann, machten sich die beiden Männer und die Frau auf den Rückweg. Der Handwagen war ohnehin schon voller Kartoffeln. Zwei Drittel davon gehörten Eva Kusserow. Lucky Strikes waren damals die beliebteste Währung.

Berthold wollte nicht umsonst auf die Tour gegangen sein und schlug deshalb einen Handel vor. Aber die Kriegerwitwe hatte kein Interesse an abgetragenen Soldatenstiefeln. Sie lehnte ab und meinte lachend: »Keine Bange, du sollst nicht leer ausgehen. Am Bahnhof schenke ich dir zwei von meinen Kartoffeln.« Das brachte Berthold Wehmeyer so in Rage, dass er Eva Kusserow unvermittelt mit der flachen Hand gegen den Kehlkopf schlug. Die Frau schnappte nach Luft und fiel um wie ein Brett. Aber sie lebte noch und röchelte.

Berthold stopfte ihr ein Taschentuch in den Mund und fesselte ihr die Arme. Dann zog er den Rock hoch, riss den Schlüpfer herunter und vergewaltigte die Halbtote. Hans Flettner stand schweigend dabei und sah zu. Er wartete ab, bis auch er an die Reihe kam. Anschließend schleiften die beiden ihr Opfer zu einem Heuschober und versteckten es darin. Dann verteilten sie die Beute: Lebensmittelkarten, Bargeld und die Kartoffeln.

Am 28. April wollte der Bauer Hermann Banck Heu holen und fand die Leiche. Er verständigte die Polizeistation in Wusterhausen. Die Tote hatte keine Papiere bei sich. Aber in ihrer Manteltasche fand sich eine Kinokarte vom Kino Delphi in Berlin Weißensee. Der Fall wurde deshalb an die zentrale Berliner Kriminalinspektion M I abgegeben, die für Mord zuständig war. Eine gerichtsmedizinische Untersuchung ergab, dass bei der Ermordeten zwar der Kehlkopf zerquetscht war, aber die eigentliche Todesursache auf »Tod durch Ersticken« infolge des Knebels lautete.

Kriminalkommissar Elmar Räbiger übernahm den Fall. Er musste nicht lange rätseln, was wohl eine ältere Frau aus Berlin mitten auf dem flachen Land zu suchen gehabt hatte. Also tat er dasselbe, was das Trio wenige Tage zuvor getan hatte: Er klapperte die Bauernhöfe entlang der Landstraße in Richtung Wusterhausen ab. Sehr bald erhielt er eine ziemliche genaue Personenbeschreibung der beiden Männer. Als nächstes gelang es, die Ermordete als Eva Kusserow zu identifizieren, weil eine Nachbarin sie als vermisst gemeldet hatte. Der gesamte Freundeskreis der 61-jährigen wurde ergebnislos abgeleuchtet. Offensichtlich war die Tote ihren Mördern erst kurz vor der Tat begegnet.

Doch wie sollte der Kommissar die beiden Nadeln im Heuhaufen finden? Ein Zufall kam ihm zu Hilfe. Ein aufmerksamer Streifenpolizist war einer Routinemeldung nachgegangen: Ein Lebensmittelhändler hatte Anzeige erstattet, weil ein ihm von Angesicht bekannter Tagedieb mit einer Nährmittelkarte, die auf den Namen Eva Kusserow ausgestellt worden war, Salz und Zucker kaufen wollte und keine entsprechende Vollmacht vorlegen konnte. Der Krämer vermutete deshalb, dass die Karte gestohlen gewesen war.

Am nächsten Tag konnte Hans Flettner verhaftet werden. Er legte ein Geständnis ab, in dem er den Diebstahl zugab. Den Mord und die Vergewaltigung schob er hingegen ganz allein Berthold Wehmeyer in die Schuhe. Dieser wiederum behauptete nach seiner Festnahme das genaue Gegenteil.

Nun war guter Rat teuer. Es gab eine Tote, zwei dringend der Tat Verdächtige, zwei einander widersprechende Aussagen – aber keinen hieb- und stichfesten Beweis.

Diesmal kam Berthold Wehmeyer kein Schutzengel mehr zu Hilfe. Laut den Akten war er ein vorbestrafter Gewalttäter, sein Komplize hingegen lediglich ein Kleinganove und Taugenichts. Ein Gerichtspsychiater schlug in dieselbe Kerbe. Seiner Ansicht nach war Hans Flettner zwar ein antriebsloser Nichtsnutz, Berthold Wehmeyer jedoch ein gemeingefährlicher Psychopath mit abnormalen sexuellen Anlagen.

Hans Flettner kam mit einer sechsjährigen Freiheitsstrafe davon. Gegen Berthold Wehmeyer wurde von der Staatsanwaltschaft beim Landgericht Berlin unter dem Aktenzeichen Ks 360/48 Mordanklage erhoben. Als Rechtsgrundlage diente das wieder eingeführte Reichsstrafgesetzbuch von 1871.

Der Prozess fand am 5. Juli 1948 statt und dauerte nur wenige Stunden. Hans Flettner trat als Hauptbelastungszeuge auf. Obwohl Berthold Wehmeyer unablässig seine Unschuld beteuerte, fand er vor Gericht keinen Glauben. Er wurde zum Tode verurteilt: »Es handelt sich um ein Delikt, das an Verworfenheit, Scheußlichkeit und Unmenschlichkeit seinesgleichen sucht. Der Angeklagte hat sich durch seine Tat aus dem Kreise der gesitteten Menschheit ausgeschlossen und sein Recht zum Leben verwirkt«, hieß es in der Begründung des Schuldspruchs.

Berthold Wehmeyer wurde in die Haftanstalt in Moabit eingeliefert. Dort fanden seit dem Kriegsende in Berlin die Hinrichtungen statt. Das Gebäude der ehemaligen Irrenabteilung hatte sich für diese Zwecke als geeignet erwiesen und seit dem 2. Mai 1945 war das Fallbeil bereits acht Mal hier zum Einsatz gekommen.

Wehmeyer verspürte wenig Lust, die Nummer neun zu werden, und überredete zwei seiner Mithäftlinge zu einem Ausbruchsversuch. Der eine Gefangene hatte einen guten Kontakt zu einem der Wärter. Der Schließer ließ sich bestechen und gab für einen kurzen Moment sein Schlüsselbund aus der Hand. Der Gefangene Nummer zwei arbeitete in der Gefängnisglaserei. Er konnte Fensterkitt besorgen und fertigte damit Abdrücke der Schlüssel an. Berthold Wehmeyer zeigte schließlich in der Gefängnisschlosserei, was er in seiner Lehre gelernt hatte. Bei einer Routinekontrolle der Zelle wurden drei Nachschlüssel gefunden. Die restlichen Tage seines Lebens verbrachte Berthold Wehmeyer in strenger Einzelhaft. Die Besuchserlaubnis seiner Angehörigen wurde gestrichen, und er durfte nur noch gefesselt und ständiger Begleitung eines Aufsehers seine Runden auf dem Gefängnishof drehen.

Die Todesstrafe wird abgeschafft

In Vorbereitung auf die Gründung der Bundesrepublik Deutschland hatte sich auf Weisung der Westmächte ein sogenannter Parlamentarischer Rat zusammengefunden, um eine »Grundgesetz« genannte Verfassung zu entwerfen. Am 8. Mai 1949 lag ein fertiges Konzept vor. Am 12. Mai 1949 wurde es von den Militärgouverneuren der westlichen Besatzungszone genehmigt und am 23. Mai 1949 öffentlich verkündet. Einen Tag später, am 24. Mai 1949, trat es in den drei Westzonen in Kraft. In Artikel 102 stand: »Die Todesstrafe ist abgeschafft.«

Es gab viele gute Gründe, die Todesstrafe zu verbieten, schon allein im Hinblick auf das Wüten der Nazis, die bis zum Kriegsende 33.000 Todesurteile verhängt hatten, von denen auch die übergroße Mehrheit vollstreckt wurde. Durch das Abschaffen der Todesstrafe konnten außerdem nicht wieder gut zu machende Justizirrtümer vermieden werden. Auch der Schutz der Gesellschaft vor Wiederholungstätern spielte keine Rolle, denn technisch war es überhaupt kein Problem, einen gemeingefährlichen Delinquenten auf Dauer sicher wegzusperren.

Doch für die Einführung des Artikels 102 GG zu diesem Zeitpunkt gab es noch einen anderes wichtiges Motiv: Zahlreiche Nazi-Kriegsverbrecher waren zwar zum Tode verurteilt, aber noch nicht hingerichtet worden. Andere standen gerade vor Gericht, oder in Kürze würde gegen sie Anklage erhoben werden. Im Nürnberger Prozess gegen die Hauptkriegsverbrecher war die SS als verbrecherische Organisation eingestuft worden. Ihr Chef Heinrich Himmler, der Reichsführer SS, hatte am 23. Mai 1945 Selbstmord begangen. Der nächste Dienstgrad nach dem Reichsführer SS waren die SS-Oberstgruppenführer. Von ihnen gab es insgesamt vier: 1. Josef Dietrich, 2. Franz Xaver Schwarz, 3. Kurt Daluege und 4. Paul Hausser.

Josef Dietrich wurde in der Sowjetunion in Abwesenheit zum Tode verurteilt, in Deutschland erhielt er eine lebenslange Haftstrafe. 1955 wurde er begnadigt. Er starb 1966 an einem Herzinfarkt. Zu seiner Beerdigung erschienen 5.000 Trauergäste. Ein Großteil von ihnen waren ehemalige SS-Männer.

Franz Xaver Schwarz starb am 2. Dezember 1947 im Alter von 72 Jahren in einem Kriegsgefangenenlager der Amerikaner.

Kurt Daluege wurde 1946 in der Tschechoslowakei zum Tode verurteilt und am 23. Oktober 1946 gehängt.

Paul Hausser wurde 1949 aus einem Internierungslager entlassen und nie vor Gericht gestellt. Er starb 1972 im Alter von 92 Jahren. Auch zu seiner Beerdigung erschienen Tausende ehemalige SS-Angehörige. Die Trauerrede hielt ein ehemaliger SS-Brigadeführer der Waffen-SS.

Auf den Dienstgrad SS-Oberstgruppenführer folgte der SS-Obergruppenführer. Dieser Dienstgrad entspricht dem eines heutigen Drei-Sterne-Generals der NATO-Streitkräfte. Bis zum Ende des Jahres 1944 wurden 91 treue Gefolgsleute des Führers zu SS-Obergruppenführern befördert. Als die jeweiligen Oberbefehlshaber ihrer Einheiten trugen sie die Hauptverantwortung für die schlimmsten Kriegsverbrechen und für die Millionen Opfer, die hinter der Front, in den Konzentrationslagern und in den Ghettos ermordet wurden. Einige dieser 91 SS-Obergruppenführer kamen bei Kampfhandlungen ums Leben, starben vor dem Ende der Nazi-Diktatur eines natürlichen Todes oder wurden von ihren eigenen Leuten umgebracht. Nach 1945 begingen etliche Selbstmord. Von dem großen Rest wurden lediglich siebzehn hingerichtet. Den übrigen ehemaligen SS-Obergruppenführern blieben die Todesurteile erspart. Sie standen entweder gar nicht vor Gericht oder wurden nach wenigen Jahren Haft entlassen. Sie konnten in Ruhe alt werden, SS-Kameradschaftsabende organisieren, dem »Dritten Reich« nachtrauern, den Führer-Geburtstag feiern und in Freiheit sterben.

Berthold Wehmeyer war im »Dritten Reich« weniger als eine Null gewesen. Er konnte weder mit Milde rechnen, noch auf die Hilfe alter Kameradschaften zählen. Er war auch kein Kriegsverbrecher, der zwar Tausende Menschenleben auf dem Gewissen hatte, sich aber auf Befehlsnotstand berufen durfte. Er war nur ein ganz einfacher Mörder.

Ein erster Hinrichtungstermin wurde auf den 10. Mai 1949 angesetzt. Wehmeyers Verteidiger, Rechtsanwalt Dr. Siegfried K. Jacob, hatte von der geplanten Grundgesetzänderung gehört. Unter Hinweis auf den bald in Kraft tretenden Artikel 102 des Grundgesetzes stellte er den Antrag, die Todesstrafe in eine lebenslange Haftstrafe umzuwandeln. Der Antrag wurde abgelehnt. Der Anwalt legte dagegen das Rechtsmittel der sofortigen Beschwerde ein. Sie wurde prompt zurückgewiesen.

Am Abend des 10. Mai 1949 bekam Berthold Wehmeyer seine Henkersmahlzeit gereicht. Er hatte sich eine Leberwurstbemme, echten Bohnenkaffee und drei Filterzigaretten gewünscht. Der Gefängnisdirektor konnte alles beschaffen. Extra für die Hinrichtung hatte ihm die Gefängnisverwaltung Lebensmittelkarten bewilligt. Der Delinquent und die Zeugen konnten ausreichend beköstigt werden.

Der Gefängnispfarrer Harald Poelchau, der schon bei den Nazis viele Todeskandidaten auf ihrem letzten Gang begleitet hatte, half dem in Orthografie und Grammatik wenig bewanderten Berthold dabei, einen letzten Brief an daheim zu verfassen: »Solche Mütter wie dich gibt es nicht viele. Ich werde für dich beim lieben Gott bitten, dass er dir noch ein paar glückliche Tage gibt.«

Am 11. Mai 1949, morgens um 6.30 Uhr, wurde der Frauenmörder nach einer durchwachten Nacht in den Raum mit der Guillotine geführt. Der Staatsanwalt Siegmund Ackermann verlas noch einmal das Urteil. Acht Zeugen in dunklen Anzügen machten ernste Gesichter, freuten sich jedoch insgeheim auf das für sieben Uhr angesetzte Frühstück in der Gefängniskantine. Auch für sie würde es Leberwurstbrote, echten Bohnenkaffee und Filterzigaretten geben. Dann waltete der Scharfrichter Horst Schwenke seines Amtes. Das Messer macht klapp. Kopf und Körper wurden an das Anatomische Institut geliefert. Ein christliches Begräbnis war in einem solchen Fall nicht vorgesehen.

Berthold Wehmeyer war der letzte Todeskandidat, der in Westberlin hingerichtet wurde. Der Artikel 102 Grundgesetz über die Abschaffung der Todesstrafe trat in den drei Westsektoren lange Zeit nicht in Kraft. Die Westalliierten hatten ihr Veto dagegen eingelegt. Zwei Arten von kriminellen Handlungen blieben deshalb noch bis in die späten achtziger Jahre hinein von der Todesstrafe bedroht: Das waren der Besitz von schwerem Kriegsgerät und jede Art von Anschlägen auf die Alliierten. Erst am 14. März 1989 veranlasste die Alliierte Kommandantur, dass diese beiden Festlegungen aufgehoben wurden. Damit gab es seit dem Frühjahr 1989 auch de jure in Westberlin keine Todesstrafe mehr.

Die bestehenden Sondervorschriften der Alliierten machten die ohnehin schon komplizierte Rechtslage in Westberlin noch schwieriger. In vielen Fällen wurde deshalb nach Gutdünken verfahren. In Bezug auf die Todesstrafen versuchte sich der Westberliner Magistrat mit Notbehelfen. Er wandelte in den Jahren 1949 und 1950 mehrere Todesurteile in lebenslange Freiheitsstrafen um. Das geschah mit dem Hinweis auf die beabsichtigte Rechtsgleichheit in der gesamten Bundesrepublik. Schließlich trat am 20. Januar 1951 in Westberlin ein Gesetz in Kraft, welches die Todesstrafe für abgeschafft erklärte.

Da jedoch die beiden oben genannten Ausnahmen trotzdem weiterhin galten, wurde die Guillotine für den Fall der Fälle nicht in ein Kriminalmuseum geschafft, sondern sie wartete noch bis zur Wiedervereinigung in der Untersuchungshaftanstalt Moabit auf Kunden, wenn auch vergeblich. Sie wurde regelmäßig gewartet und gefettet. Dem Vernehmen nach soll es sich bei ihr um ein Beutestück aus dem Deutsch-Französischen Krieg gehandelt haben, das

1871 nach Berlin geschafft worden war. Der französische Rechtsanwalt und Jakobiner Maximilien Robespierre (1758–1794) wurde angeblich schon mit ihr geköpft. Angeblich soll es ein leichter Tod gewesen sein, der mit dem angenehmen Gefühl erfrischender Kühle einherging. Behauptete jedenfalls der Pariser Arzt Joseph-Ignace Guillotin (1738-1814), nach dem die Tötungsmaschine ihren Namen erhalten hatte.

Der Fall Werner Gladow

Im Nationalsozialismus hatte ein Menschenleben nicht viel gegolten. Die Überlebenden waren abgestumpft, müde, verängstigt und oftmals verroht. Das betraf nicht nur die Erwachsenen, sondern auch die Kinder und Jugendlichen, die im Chaos und einem Klima der Gewalt aufgewachsen waren.

Aber es gab auch eine andere Seite der Medaille. Die Heranwachsenden fanden ganz wunderbare Abenteuerspielplätze direkt vor ihrer Haustür. Berlin war voller Ruinen, verlassener Luftschutzbunker und halbzerfallener Kellergewölbe, in denen noch ungehobene Schätze auf ihre Entdecker warteten – aber auch Ratten, so groß wie Katzen, tückische Fallgruben und todbringende Hinterlassenschaften des Krieges. Selbstverständlich war es den Kindern streng verboten worden, in den zerbombten Häusern zu spielen. Aber die Erwachsenen hatten ganz andere Sorgen, als von morgens bis abends ihre Nachkommen zu beaufsichtigen. Bei den Jugendlichen standen gefährliche Aktionen auf der Tagesordnung, und immer wieder kam es zu schlimmen Unfällen.

Werner Gladow war 1931 in Berlin geboren worden. Er wuchs im Arbeiterbezirk Friedrichshain auf, der von 1933 bis 1945 den Namen »Horst-Wessel-Stadt« trug. Werner war als 14-jähriger noch zu jung gewesen, um in den letzten Kriegstagen als Flakhelfer eingesetzt zu werden. Seit seinem zehnten Lebensjahr kannte er nichts weiter als Hunger und Elend. Der Bombenhagel und der

Häuserkampf hatten den Stadtbezirk rund um sein Elternhaus komplett verwüstet.

Werner Gladow war ein kluger Kopf, der es bis aufs Gymnasium geschafft hatte, obwohl er aus einfachen Verhältnissen stammte. In anderen Zeiten hätte er es weit bringen können. Aber im totalen Krieg galten andere Regeln. Zum Schluss fand der Unterricht in ungeheizten, überfüllten Klassenräumen statt, deren Fenster mit Pappe vernagelt waren. Die Schulausbildung war dementsprechend mangelhaft. Vom Frühjahr bis zum Herbst 1945 blieb das Gymnasium schließlich komplett geschlossen.

Werner, der es bis zum Ende der Obertertia ausgehalten hatte, konnte keinen Sinn darin erkennen, noch länger die Schulbank zu drücken. Zu Hause gab es keinen Widerspruch. Beide Eltern hatten den Krieg mehr schlecht als recht überlebt. Der Vater Ernst Gladow war Fleischer von Beruf. Seit Jahren gab es in dieser vor lauter Mangel aussterbenden Zunft nichts mehr für ihn zu tun. Die wenigen Fleischerläden, die es noch gab, sahen aus wie Fliesengeschäfte. Für seinen Sohn kam deshalb keine Lehre in Frage, und schon gar nicht in dem Beruf seines Vaters.

Werner Gladow hatte ein rundes, freundliches Gesicht und eine dunkelbraune Lockenfrisur, die immer dringend nach einem Haarschnitt verlangte. Der Junge legte – ganz im Gegensatz zu seinen übrigen Altersgenossen – stets großen Wert auf ordentliche Kleidung. Schon dadurch sah er wesentlich älter aus, als er tatsächlich war. Er verfügte über einen blitzschnellen Verstand, ein gutes Personengedächtnis, und er konnte außerdem gut mit Menschen umgehen. Schließlich und endlich war er äußerst redebegabt. Für einen jungen Mann mit diesen Talenten gab es in der damaligen Zeit nur einziges vernünftiges Betätigungsfeld, und das war der Schwarzmarkt.

Seitdem die Westalliierten in Berlin eingerückt waren, blühte der Handel mit Nazi-Devotionalien. Viele GIs, die nicht an der Front gewesen waren, wollten trotzdem Andenken an den Krieg mit nach Hause nehmen: Orden, Ehrenzeichen, nach Möglichkeit auch SS-Totenkopfringe und SS-Ehrendolche. Amerikanische Zigaretten, Schokoladentafeln und Kaugummistreifen wurden zur üblichen Währung, gegen die sich alles andere eintauschen ließ. Kleine Manufakturen lieferten genügend Nachschub an den begehrten Erinnerungsstücken. Werner Gladow arbeitete sich langsam nach oben. Er entwickelte ein sicheres Gespür dafür, wem er vertrauen konnte, und wem nicht. Zivilpolizisten erkannte er bereits aus großer Ferne, und bevor eine Razzia begann, hatte er sich längst in Sicherheit gebracht.

Seine Schätze – Büchsenwurst, Obstkonserven, Kommissbrot in Dosen und Schnapsflaschen – hortete er in einem Kellerversteck. Bald wurde er zum eigentlichen Ernährer der Familie. Doch eines Tages hatten unbekannte Täter die Tür vom Lager aufgebrochen und die Regale komplett leer geräumt.

Werner Gladow musste wieder von ganz unten anfangen. Außerdem wurde es auf dem Schwarzen Markt immer gefährlicher. Korrupte Polizisten arbeiteten mit Schlägertypen zusammen, beraubten die Händler und teilten sich die Beute. Werner brauchte Schutz. In der Nachbarschaft fand er Hilfe. Gerhard Rogasch und Kurt Gäbler waren beide Anfang Zwanzig und galten als erfahrene Straßenkämpfer. Sie hatten nichts Vernünftiges zu tun und waren deshalb gerne bereit, sich als Leibwächter zu verdingen.

Von nun ging es steil bergauf. Werner verhandelte mit den Kunden. Gaschi und Kutte sondierten derweil das Terrain und hielten ihm den Rücken frei. Ihren Boss nannten sie »Doktorchen«, weil er als einziger von den drei über mehr als eine rudimentäre Schulbildung verfügte und darüber hinaus völlig freiwillig Bücher las.

So hätte das noch lange Zeit weiter gehen können, wenn nicht in einer sternenklaren Nacht ein übereifriger Volkspolizist die Absicht geäußert hätte, Einblick in den Handkoffer nehmen zu wollen, den Werner Gladow mit sich führte. Gerhard Rogasch schlug mit einem Bleirohr zu, und Kurt Gäbler half mit ein paar Fußtritten nach. Das Doktorchen bückte sich, öffnete die Pistolentasche und nahm dem Bewusstlosen die Dienstwaffe ab.

Von diesem Tag änderte Werner Gladow sein Geschäftsfeld. Er stellte die Tauschgeschäfte komplett ein und kassierte stattdessen von den Schwarzmarkthändlern Schutzgelder und Provisionen. Nur wenige wagten Widerworte, und wenn doch, dann wurde die Pistole zu einem wirkungsvollen Argument. Das geschah ganz im Sinne des amerikanischen Gangsters Al Capone, der einmal gesagt haben soll: »Man erreicht viel mit einem freundlichen Wort. Man erreicht noch mehr mit einem Revolver in der Hand. Am meisten jedoch erreicht man mit einem freundlichen Wort und einem Revolver.«

Der Erfolg ließ nicht lange auf sich warten. Werner Gladow bekam einen Namen in der Szene. Andere Jugendliche wollten mitmachen. Um Bandenmitglieder werden zu dürfen, mussten sie Mutproben ablegen: Läden ausrauben, Leute überfallen, Einbrüche begehen.

Das Geschäftsfeld begann sich zu erweitern. Die Gladow-Bande raubte illegale Spielsalons aus, brach in Villen ein, überfiel Juweliergeschäfte und nahm mehrfach Polizisten gewaltsam die Waffen ab. Manchmal ging etwas schief. Schüsse fielen. Leute wurden verletzt. Eines Tages gab es den ersten, und dann den zweiten Toten.

Mit der Polizei spielten die Verbrecher Katz und Maus. Vor der Stumm-Polizei flüchteten sie nach Ostberlin, und vor der Volkspolizei nach Westberlin. Der Westberliner Polizeipräsident wollte sich nicht mit einem Ostproblem belasten, und der Ostberliner Polizeipräsident nicht mit den westlichen Sorgen. Nicht nur bei den Alliierten, auch bei der Berliner Polizei herrschte in jenen Jahren politische Eiszeit.

Doch nach dem Ende der Blockade am 12. Mai 1949 begann die Vernunft sich ganz allmählich wieder durchzusetzen. Der jähe Fall der Gladow-Bande nahm seinen Anfang, als die Westberliner Polizei einen Feierabend-Einbrecher namens Gustav Ludwig Völpel schnappte, der gerade ein Türschloss zu einer fremden Wohnung zu knacken versuchte. Der Mann ging tagsüber einer interessanten Tätigkeit nach: Er arbeitete hauptberuflich als Scharfrichter, und zwar grenzübergreifend Ost wie West. Er hatte unter anderem Horst Schwenke, den Henker von Berthold Wehmeyer, angelernt. Im Nebenerwerb gehörte er zum Dunstkreis der Gladow-Bande. Völpel schlug einen Handel vor: Strafmilderung für ihn gegen Informationen über das Doktorchen. Der Vernehmer ging darauf ein und erfuhr den Namen einer Prostituierten, mit der Werner Gladow ab und an verkehrte. Von ihr aus führte die Spur weiter nach Osten in den Friedrichshain. Die Westberliner Polizei leistete zum ersten Mal seit langer Zeit wieder Amtshilfe. Die Ostberliner Kollegen nahmen den Bericht mit großem Dank entgegen, versprachen, sich bei passender Gelegenheit zu revanchieren, und ermitteln weiter. Kurz darauf hatten sie gefunden, wonach sie suchten.

Am 3. Juni 1949 marschierten der Polizeirat Hans Barthelmy in Begleitung von einem Oberkommissar, einem Kommissar und zwei uniformierten Wachtmeistern in die Schreinerstraße. Die beiden Volkspolizisten bewachten den Vorder- und den Hintereingang der Hausnummer 52. Sie hielten geladene Karabiner in den Händen. Die drei Kriminalbeamten in Zivil stiegen die Treppen hinauf. In der zweiten Etage postierten sich die beiden Kommissare links und rechts von der Wohnungstür. Der Polizeirat klingelte. Ernst Gladow öffnete die Tür einen Spalt breit. Die Kette war vorgelegt. Hans Barthelmy sagte: »Ich bin vom Wohnungsamt und muss die Öfen kontrollieren.«

Der Vater drückte sofort die Tür zu. Der Polizeirat warf sich mit voller Kraft dagegen. Holz splitterte. Die Kette flog weg. Lucie Gladow, die Mutter, schrie aus voller Kehle: »Kriposchweine«. Im nächsten Moment tauchte Werner Gladow im Korridor auf und ballerte ohne zu zögern mit zwei Pistolen auf die Eindringlinge. Der Kommissar brach schwer verwundet zusammen. Ernst Gladow wurde von einem Querschläger am Bein getroffen und ging zu Boden. Hans Barthelmy verschanzte sich hinter einem Kleiderschrank und schoss zurück. Werner Gladow zog sich in das Wohnzimmer zurück und versuchte, von dort aus über den Balkon zu flüchten. Doch der Volkspolizist unten auf der Straße legte sofort auf ihn

Prozess gegen die Gladow-Bande, Berlin 1950

an und feuerte. Nun versuchte das Doktorchen in seiner ganzen Verzweiflung einen Ausbruchsversuch auf direktem Weg durch den Flur. Ein Streifschuss traf ihn am Kinn und er brach ohnmächtig zusammen.

Nach und nach nahm die Polizei auch die übrigen Bandenmitglieder fest. Der Prozess gegen sie begann am 21. März 1950. Da mit großem Publikumsinteresse zu rechnen war und keine geeigneten Gerichtssäle zur Verfügung standen, fand die Verhandlung im großen Versammlungsraum der Reichsbahndirektion Berlin in der Elsässer Straße statt. An den Wänden hingen Bilder von Karl Marx und Friedrich Engels. Die Angeklagten saßen hinter einer hölzernen Schranke und wurden von uniformierten Polizisten bewacht, die während der gesamten Verhandlungsdauer stehen mussten und auch ihre Tschakos nicht absetzen durften. Es gab mehrere Mikrofone im Saal. Die gesamte Verhandlung wurde mitgeschnitten. Draußen auf der Straße hielt eine Polizeihundertschaft die Tausenden Gaffer in Schach. Für die raren Eintrittskarten mussten horrende Schwarzmarktpreise bezahlt werden.

Werner Gladow trug einen dunklen, zweireihigen Nadelstreifenanzug, dazu ein weißes Hemd mit langen Ecken über den Revers. Auf einen Schlips hatte er verzichtet. Er gab sich äußerst leutselig und versuchte die Straftaten mit jugendlichem Übermut entschuldigen.

Die Anklage lautete auf 350 Straftaten. Darunter waren zwei Morde, fünfzehn Mordversuche und weitere 110 schwere Verbrechen wie Raubüberfälle, mehrere Entwaffnungen von Volkspolizisten und unbefugter Waffenbesitz.

Für einen Straftäter gibt es drei Möglichkeiten, wie er sich im Gerichtssaal verhalten kann: 1. Eisern zu schweigen. Das ist eine Strategie, die bei einer schlechten Beweislage erfolgreich sein kann, sofern nicht das Urteil bereits von Anfang an feststeht. 2. Er gibt nur das zu, was sich beweisen lässt. Dann besteht die Möglichkeit, einen Handel dergestalt zu schließen, dass die problematischen Anklagepunkte fallen gelassen werden. 3. Er kooperiert uneingeschränkt mit dem Gericht und gibt alles zu, immer in der Hoffnung auf ein mildes Urteil. Diese Strategie empfiehlt sich, wenn die Beweise erdrückend sind und das Gericht milde gestimmt ist.

Im Fall der Gladow-Bande waren die Beweise erdrückend. Es gab genügend Zeugen. Die zehn Angeklagten hatten sich deshalb für die Kooperation entschieden. Das Gericht schien das zu würdigen, wie sich aus einzelnen Zwischenbemerkungen schlussfolgern ließ. In seinem Schlusswort meinte Werner Gladow deshalb mit einem spitzbübischen Lächeln auf den Lippen: »Ich bin ein wenig über die Stränge geschlagen. Das tut mit leid. Ich bin deshalb durchaus bereit, eine vier- bis fünfjährige Gefängnisstrafe in Kauf zu nehmen.«

Dann traf es ihn wie ein Schock: Der Staatsanwalt forderte die Todesstrafe. Gladows Verteidiger konterte mit dem Alter seines Mandanten: »Zum Zeitpunkt seiner Verhaftung war er erst 18 Jahre alt gewesen. Aus diesem Grund ist zwingend Jugendstrafrecht anzuwenden. Das bedeutet eine Höchststrafe von zehn Jahren Zuchthaus.«

Damit hatte der Rechtsanwalt eine komplizierte rechtstheoretische Frage angeschnitten, denn es war nicht ganz klar, welches Recht überhaupt angewendet werden konnte. Die DDR bestand zwar seit dem 7. Oktober 1949. Aber das Strafgesetzbuch war noch in Arbeit und würde erst viel später in Kraft treten. Wie in der BRD galt in der DDR wiederum das Reichsstrafgesetzbuch von 1871 – allerdings stark modifiziert und unter Berücksichtigung diverser Kontrollratsgesetze der Alliierten im Allgemeinen und ergänzenden Direktiven der sowjetischen Militäradministration im Besonderen. Nur absolute Spezialisten konnten in diesem Wust den Überblick behalten und mit Bestimmtheit sagen, welche Rechtsnorm tatsächlich galt und wie sie im Zweifel anzuwenden war.

Der Landgerichtsdirektor Friedhelm Krüger als Vorsitzender Richter ließ sich erst gar nicht auf rechtsgeschichtliche Exkurse ein. Er wischte das Argument der Verteidigung als irrelevant beiseite und sprach am 5. April 1950 das Urteil. Werner Gladow, Gerhard Rogasch und Kurt Gäbler erhielten die Todesstrafe. Sieben weitere Mitangeklagte bekamen Haftstrafen zwischen fünf Jahren und lebenslänglich. Nach der Urteilsverkündung herrschte einen Moment lang eisige Stille im Saal. Dann brach unter den Zuhörern und bald darauf auch draußen auf der Straße lauter Jubel aus. Der Volksmeinung nach war den vielen Opfern der Gladow-Bande Gerechtigkeit widerfahren. Das spiegelte sich auch in den Zeitungsberichten Ost wie West wieder.

Werner Gladow wurde am 10. November 1950 in Frankfurt (Oder) mit dem Fallbeil hingerichtet.

Der Spiegel, 6. April 1950: »Gladow hat sich im falschen Sektor schnappen lassen. Piecks deutsche Demokraten haben die Todesstrafe noch nicht abgeschafft.«

*

Neues Deutschland, 9. April 1950: »Berlin dankt Volkspolizei. Vernichtung der Gladow-Bande ist Verdienst ihrer erfolgreichen Arbeit. Berlin (Eig.Ber.). Zum Abschluss des Gladow-Prozesses spricht die Führung der Berliner Volkspolizei allen Volkspolizisten, die an der Unschädlichmachung der Gladow-Bande mitwirkten, ihren Dank aus.

*

Deutsche Presse-Agentur, 30. August 1950: »Der Strafsenat des Ost-Berliner Kammergerichts hat die Revisionsgesuche der am 8. April verurteilten Angehörigen der Gladow-Bande, der gefährlichsten Verbrecherbande der Berliner Nachkriegszeit, verworfen. Damit sind die Todesurteile gegen den 19-jährigen Bandenführer Werner Gladow und seine Hauptkomplizen und die Zuchthausstrafen gegen die anderen Bandenmitglieder rechtskräftig geworden.«

6

Ostberlin 1949–1989

Kriminalistische Wissenschaft als Mittel im Klassenkampf

Schaufenster kontra Aushängeschild

Nach der Gründung der DDR am 7. Oktober 1949 auf dem Gebiet der sowjetischen Besatzungszone ging die Macht im Staat formal auf die neue Regierung über. Wie in den übrigen Ostblockländern sollte auch in Mitteldeutschland der Sozialismus aufgebaut und der planmäßige Übergang zum Kommunismus vollzogen werden. Aber anders als die sozialistischen Bruderstaaten war Deutschland geteilt. Mitten durch das Staatsgebiet verlief eine willkürliche Grenze, an der sich zwei Machtblöcke unversöhnlich gegenüber standen. So wie die BRD zum Schaufenster des Westens wurde, so wurde die DDR zum Aushängeschild des Ostens. Offiziell war die Deutsche Demokratische Republik von Anfang an ein unabhängiger Staat. Tatsächlich aber hing sie bis zu ihrem Ende am Gängelband der Sowjetunion, wobei die Leine manchmal lockerer gelassen und bisweilen wieder straffer angezogen wurde.

In der ersten Etappe der Geschichte der DDR ging es darum, die Macht zu erhalten und auszubauen. Die DDR bezeichnete sich ganz offiziell als eine »Diktatur des Proletariats«. Anders als im Nationalsozialismus stand auf das Erzählen von politischen Witzen nicht mehr die Todesstrafe. Trotzdem wurden alle bekannten Regimegegner und die Abweichler in den eigenen Reihen ebenso ohne Pardon verfolgt wie der Feind von außen.

Widersacher gab es mehr als genug. Nicht nur in der großen Politik der kapitalistischen Staaten, sondern auch im Kleinen und Verborgenen fanden ständig Versuche statt, die junge DDR zu destabilisieren. Beispielsweise war bis zum Ende der fünfziger Jahre von Westberlin aus die »Kampfgruppe gegen Unmenschlichkeit« unterwegs, die mit Billigung und Unterstützung der Amerikaner in Ostdeutschland aktiv Spionage betrieb, Eisenbahnschienen sprengte, Brände in Kaufhäusern legte, Mordanschläge beging, Sabotageakte verübte und Drohbriefe an Funktionäre verschickte. Insgesamt soll es über 40 solcher Gruppen gegeben haben. Auf ihr Konto gingen beispielsweise eine wilde Schießerei am 29. Februar

1952 im Zusammenhang mit der versuchten Sprengung der Eisenbahnbrücke bei Spindlersfeld, die Ermordung des Volkspolizisten Helmut Just am 30. Dezember 1952 in der Berliner Behmstraße und die Brandstiftung am 16. Februar 1955 in Oberschöneweide, bei der die neuen Sendesäle des DDR-Rundfunks bis auf die Grundmauern abbrannten. Im »DDR-Lehrbuch für Kriminalisten« aus dem Jahr 1955 hieß es deshalb ganz ausdrücklich: »Größtes Augenmerk ist den feindlichen Gruppierungen, der Agenten- und Spionagetätigkeit, den Terror- und Sabotagehandlungen sowie dem Schieber- und Spekulantenunwesen zu widmen.«

Sozialismus und Verbrechen

Auf die Feinde von außen konnte das Land nicht erzieherisch einwirken. Im Inneren folgte die DDR jedoch der irrigen Theorie, dass der Staat an Bedeutung verliere, denn die sozialistische Menschengemeinschaft würde aus innerer Überzeugung für sich selber sorgen und brauche auf Dauer kein staatliches Handeln und Lenken mehr. Weil überdies dem Sozialismus Verbrechen wesensfremd wären (denn Straftaten aller Art seien die letzten Relikte des geschichtlich überholten und absterbenden Kapitalismus), würden mit dem weiteren Ausbau der sozialistischen Gesellschaft kriminelle Handlungen aller Art – quasi wie im Selbstlauf – ständig weiter zurückgehen und schließlich ganz verschwinden. Es käme nur darauf an, die sozialistischen Persönlichkeiten immer mehr zu formen und zu festigen.

Diese wirklichkeitsfremde Sichtweise drückte sich auch im Begriff »Volkspolizei« aus. Sie sollte nämlich vom Wesen her eine Polizei für das Volk und nicht gegen das Volk sein. Karl Maron (1903–1975), Chef der Deutschen Volkspolizei und ab 1963 Minister des Innern, sagte 1955 ganz klar über den Auftrag seiner Leute: »Kriminalpolizeiliche Arbeit ist politische Arbeit.«

Tatsächlich ging ab Mitte der sechziger Jahre, also nach dem Bau der Mauer und der hermetischen Abriegelung der Grenzen, die kriminelle Belastung der Bevölkerung in der DDR stark zurück. Es gab nur noch wenige Schwerverbrechen. Beispielsweise lagen bei Mord und Totschlag die Jahresdurchschnittszahlen in den Jahren 1970 bis 1975 bei 140 Fällen (1946 waren es noch 2.208 Fälle gewesen). In der SBZ wurden 1948 insgesamt 472.295 Straftaten angezeigt. In der DDR waren es dann 1979 nur noch 129.099 registrierte Fälle. Davon entfielen auf die Hauptstadt Berlin summa summarum 13.231 Delikte. Das bedeutete in dreißig Jahren einen Rückgang um 72,67 Prozent. (Zum Vergleich: lt. einer vom Bundesministerium des Innern herausgegebenen polizeilichen Kriminalstatistik wurden 2013 in der BRD insgesamt 5.961.662 Straftaten erfasst, in Berlin waren es 503.164 Fälle. Im gesamten Bundesgebiet gab es im Jahr 2013 1.965 Fälle von versuchtem und 585 Fälle von vollendetem Mord und Totschlag. Allerdings ist die Dunkelziffer beim Mord sehr hoch, weil viele Tötungsverbrechen, speziell an alten und kranken Menschen, als solche nicht erkannt werden.) In Ostberlin kamen zwischen 1978 und 1987 insgesamt 97 Menschen durch fremde Hand ums Leben. Der Jahresdurchschnitt lag also bei 9,7 getöteten Personen. Abweichend davon betrug der Spitzenwert zwanzig Fälle im Jahr 1984, 1978 hingen waren es nur drei gewesen.

Die Zahl der Banküberfälle in der DDR ließ sich zwischen 1961 und 1989 an den Fingern einer Hand abzählen. Auch Wohnungseinbrüche waren völlig aus der Mode gekommen und der Beruf des Schränkers galt als ausgestorben. Auf dem flachen Land war es üblich, die Haustüren Tag und Nacht offen stehen zu lassen. Dafür gab es mehrere Gründe nicht-ideologischer Art, wie z. B. ein kaum noch vorhandenes Wohlstandsgefälle, keine Fluchtmöglichkeit ins Ausland und die fehlende Gelegenheit, größere Geldbeträge auszugeben oder gewinnbringend anzulegen. Ein Kombinatsdirektor – von der Funktion her vergleichbar mit einem Manager heutzutage – verdiente das Drei- bis Vierfache eines Produktionsarbeiters, und nicht das Tausendfache. Wer in der DDR reich war, fuhr einen Wartburg oder Lada; wer arm war, einen Trabant.

Abschnittsbevollmächtigter (ABV) im Gespräch mit Grenzpolizisten, Großziethen 1959

Präsidium der Volkspolizei

Die Polizei wurde zentralistisch organisiert. Sie gliederte sich unter anderem in die Schutz-, die Verkehrs-, die Kriminal- sowie die Transportpolizei. Teilweise besaß sie militärische Strukturen in Form der kasernierten Volkspolizei.

In Berlin stand an der Spitze das Präsidium der Volkspolizei. Es hatte seinen Sitz in der Keibelstraße. Ihm waren elf Volkspolizeiinspektionen in den Stadtbezirken nachgeordnet. Darauf folgten 34 Volkspolizei- und vier Transportpolizeireviere. Pro Polizeirevier gab es zusätzlich acht bis neun sogenannte ABV (Abschnittsbevollmächtigte der Volkspolizei). Jeder ABV, vom Dienstgrad her ein Unterleutnant oder Leutnant, war für einen fest umgrenzten Abschnitt von mehreren Straßenzügen zuständig. Dort ging er auf Streife, diente den Bürgern als Ansprechpartner, nahm Strafanzeigen entgegen, führte Kontrollen durch und hatte ein Büro mit festen Sprechzeiten. Als Dienstfahrzeug nutzte er in der Regel ein Moped *Schwalbe*.

Die Kriminalpolizei wurde von 1949 an mehrfach umorganisiert. Mit dem Befehl 43/59 vom 15. Oktober 1959 bekam sie neue Strukturen, die 1965 nochmals modifiziert wurden und die dann bis zum Ende der DDR bestehen blieben. Bei der Hauptverwaltung der Deutschen Volkspolizei gab es fünf Abteilungen der Kriminalpolizei. Im Ostberliner Polizeipräsidium hießen diese fünf Abteilungen Dezernate (sozialistisches Eigentum, allgemeine Kriminalität, Untersuchungsabteilung, Fahndung und Kriminaltechnik). Die Dezernate wurden mit weiteren Arbeitsgruppen ergänzt, von denen eine die Mordkommission war. Dieselbe Struktur fand sich dann auch in den Inspektionen wieder. Die Hauptverwaltung leitete das Präsidium, und das Präsidium die Inspektionen an. Falls bei komplizierten oder umfangreichen Fällen erforderlich, wurde auch direkte Hilfe geleistet.

Kaderprobleme

In Ostberlin hatte nach dem Krieg eine radikale Säuberung der Polizei von belasteten Nazi-Beamten stattgefunden. Die freien Stellen wurden mit Menschen besetzt, die zwar gute Genossen sein mochten, hingegen keinen blassen Schimmer von der polizeilichen Arbeit hatten. Generaloberst Karl Maron beispielsweise war vor dem Krieg Maschinenschlosser gewesen und hatte bis zu seiner Berufung zum Polizeichef als stellvertretender Chefredakteur die Zeitung »Neues Deutschland« geleitet.

Damals erfreute sich ein geflügeltes Wort größter Beliebtheit, welches da lautete: »Hast du einen dummen Sohn, schicke ihn zu Robotron. Hast du gar der dummen zwei, schicke sie zur Polizei.« Ebenso machten Polizistenwitze die Runde (die in Westdeutschland eins zu eins als Ostfriesenwitze erzählt wurden). Im Ministerium des Innern machte sich recht bald die Erkenntnis breit, dass gutes Klassenbewusstsein keinesfalls fehlende kriminalistische Kenntnisse ersetzen konnte. Deshalb wurde bereits im Jahr 1951 an der Juristischen Fakultät der Berliner Humboldt-Universität ein Institut für Kriminalistik eingerichtet. Ohnehin hatte es dort bereits seit dem Jahr 1946 einen Lehrstuhl für Kriminalistik und Kriminalpsychologie gegeben. Aus dem Institut für Kriminalistik ging dann 1968 die eigenständige Sektion Kriminalistik hervor. Zum Direktor wurde der Professor für Kriminalistik Dr. Ehrenfried Stelzer (1932–2010) ernannt, der dieses Amt bis zur Wende inne hatte. Auf die wissenschaftlich-technische Forschung wurde großer Wert gelegt. Studenten konnten nach dem vierten Studienjahr einen Abschluss als Diplom-Kriminalisten ablegen. Die Ausbildung umfasste ein breites Spektrum, angefangen bei der Aufnahme einer Strafanzeige über den sogenannten ersten Angriff (das waren die Sicherung des Tatorts und die Spurensuche sowie die Spurenauswertung), das Ermittlungsverfahren, die Fahndung nach dem Täter, bis hin zur Untersuchung von Todesfällen unter verdächtigen Umständen. Auf dem Lehrplan standen auch die Suche nach vermissten Personen sowie die Untersuchung von Sexualstraftaten, Bränden und Havarien.

Die Aus- und Weiterbildung der Offiziere in der oberen Leitungsebene erfolgte an einer speziellen Hochschule der Deutschen Volkspolizei, die ihren Sitz in Biesdorf hatte. Polizeioffiziere der mittleren Laufbahn wurden an der Fachschule des Ministeriums des Inneren in Aschersleben unterrichtet.

Am beliebtesten war jedoch das Direktstudium an der Humboldt-Universität, weil die Studenten dort nicht kaserniert untergebracht waren und das Studium nicht militärisch organisiert ablief.

Befugnisse der Polizei

Der ehemalige Spanienkämpfer Friedrich Dickel (1913–1993) studierte Ende der fünfziger Jahre an der sowjetischen Generalstabsakademie in Moskau, schloss mit einem Diplom als Militärwissenschaftler ab und wurde 1963 als Generalleutnant zum Chef der Deutschen Volkspolizei ernannt. In der Direktive 01/81 aus dem Jahr 1985 verkündete er: »Die gesellschaftliche Wirksamkeit der Vorbeugung und Bekämpfung der Kriminalität und anderer Rechtsverletzungen, insbesondere schwerer Straftaten, ist weiter zu verstärken.«

Diese Worte hatten einen Hintergrund. Vorbeugung und Bekämpfung waren nämlich zwei Seiten einer Medaille. Dazu besaß die Polizei weitgehende Befugnisse. Sie konnte beispielsweise selbst und ohne Staatsanwaltschaft entscheiden, ob ein Ermittlungsverfahren eingestellt wurde oder ob stattdessen Anklage zu erheben sei. Das war vor allem im Bereich der Jugendkriminalität von großer Bedeutung, wenn es sich um kleine Straftaten handelte. Dann vergingen nicht wie heutzutage Monate bis Jahre zur Gerichtsverhandlung, sondern in den Schulen, Betrieben oder durch die staatliche Jugendhilfe konnten bereits wenige Tage nach den Delikten erzieherische Maßnahmen eingeleitet werden. Diese Verfahrensweise hatte einen erheblichen Einfluss auf den Rückgang der Jugendkriminalität insgesamt und senkte die Quote der Rückfalltäter erheblich.

In Ostberlin wurden 1985 lt. offiziellen statistischen Angaben rund 26.000 Anzeigen aufgegeben und in der Folge 13.000 Ermittlungsverfahren eingeleitet. Die Zahlen waren seit mehreren Jahren stabil geblieben. Die Aufklärungsquote betrug knapp 82 Prozent. Allerdings muss dabei berücksichtigt werden, was Winston Churchill einmal gesagt haben soll: »Ich traue keiner Statistik, die ich nicht selbst gefälscht habe.«

Vergleich zur Gegenwart

Doch selbst wenn es in Ostberlin im Jahr 1985 doppelt so viel Delikte gegeben haben sollte, wie offiziell verlautbart wurde, so verzeichnet heutzutage die Berliner Statistik über 500.000 Straftaten pro Jahr. Die Aufklärungsquote ist von den 82 Prozent zu DDR-Zeiten auf unter 50 Prozent abgesunken.

Doch das ist nur die Spitze des Eisbergs. Sehr viele Straftaten gehen überhaupt nicht in die Statistik ein, weil sie entweder nicht angezeigt oder gar nicht bzw. erst sehr viel später bemerkt werden. Die Nachrichtenagentur DPA meldete beispielsweise am 17.6.2015, dass einer Studie des Kölner Handelsforschungsinstituts EHI zufolge dem deutschen Einzelhandel durch die unfassbare hohe Zahl von 26 Millionen Ladendiebstähle im Jahr 2014 ein Gesamtschaden in Höhe von 3,9 Milliarden Euro entstanden war. Die hohen Verluste wurden damit erklärt, dass sich das Täterverhalten verändert hatte. Im Mittelpunkt standen nicht länger die Kleptomanen und Gelegenheitsdiebe, die sich heimlich ein Päckchen Kaugummi oder einen anderen Pfennigartikel einstecken, sondern die organisierten Banden, die im großen Stil hochwertige Produkte stehlen. Auch in den Betrieben und Verwaltungen wird von den Mitarbeitern jeden Tag und immerzu etwas entwendet, auch wenn es meistens nur kleine Diebstähle sind: Kugelschreiber, Kopierpapier, Briefumschläge.

Demzufolge liegt die Zahl der tatsächlich begangenen Delikte pro Jahr nicht bei rund sechs Millionen, wie offiziell angegeben wird, sondern sie ist wesentlich höher.

Volksaufstand

Im »Handbuch für Kriminalisten« aus dem Jahr 1982 stand: »Die Leistungen der Kriminalpolizei waren und sind nur möglich durch das enge Bündnis mit den Werktätigen.« In den Dienstvorschrif-

Brennendes Columbiahaus während des Volksaufstands, Ostberlin 1953

ten wurden die Polizisten zu einem höflichen Umgangston mit den Bürgern verpflichtet. Im Gesetz über die »Aufgaben und Befugnisse der Deutschen Volkspolizei« wimmelte es nur von Begriffen wie »eng mit der Bevölkerung zusammenzuarbeiten« sowie »dem Volk verbunden und vom Vertrauen des Volkes getragen«.

Das war die Regel. Aber es gab auch jede Menge Ausnahmen, wie beispielsweise am 17. Juni 1953. An diesem Tag kam es überall in der DDR zu spontanen Streikaktionen, Kundgebungen und Demonstrationen. Der Grund war die schlechte Versorgungslage im Land. Sie resultierte aus den hohen Reparationsleistungen an die Sowjetunion und aus der allgemeinen Misswirtschaft im Land. Die angekündigten Mittel dagegen, nämlich gepfefferte Normerhöhungen und drastische Lohnkürzungen, riefen den Zorn des Volkes hervor. Der Aufstand brach in Hunderten Ortschaften gleichzeitig aus. Dabei wurden zahlreiche öffentliche Gebäude, Gefängnisse und Polizeistationen gestürmt. Es handelte sich um spontane Aktionen. Es gab kein zentrales Organisationskomitee, das die Aktivitäten koordinierte.

Aber die DDR war kein souveräner Staat, sondern eine Art sowjetische Kolonie. In Berlin rollten ab 10 Uhr die ersten russischen Panzer durch die Straßen. Um 13 Uhr wurde vom sowjetischen Militärkommandanten der Ausnahmezustand verkündet. Soldaten der Roten Armee und Angehörige der Kasernierten Volkspolizei schlugen den Aufstand mit Waffengewalt nieder. In Berlin wurden 14 Demonstranten erschossen oder nach ihrer Verhaftung standrechtlich hingerichtet. Der jüngste Tote war der 14-jährige Rudi Schwander, der an einem Kopfschuss aus einer Polizeipistole starb.

Beatmusik

Am 23. August 1963 veröffentlichten die Beatles eine neue Single. Auf ihr befand sich der Titel »She Loves You«. Er hatte die bemerkenswerte Textzeile »She Loves You, Yeah, Yeah, Yeah« und stürmte die Hitparaden.

Die Beatles machten die Beatmusik auf der ganzen Welt populär, auch in der DDR. Anfangs wurde das von der Führungsspitze widerstrebend geduldet. Bei der Plattenfirma Amiga erschien sogar eine Beatles-LP. Die Beatniks rebellierten ja schließlich (wie die Rock'n Roller zuvor) gegen das verkrustete Establishment in den kapitalistischen Ländern. Es galt die alte Regel: Der Feind meines Feindes ist mein Freund. Als sich aber allmählich die Erkenntnis durchsetzte, dass auch in der DDR die Langhaarigen aufmüpfig zu werden begannen, schlug das missvergnügte Wohlwollen in strikte Ablehnung um. Während des XI. Plenums des Zentralkomitees der SED, das vom 16. bis 18. Dezember 1965 stattfand, empörte sich der Staatsratsvorsitzende Walter Ulbricht: »Ist es denn wirklich so, das wir jeden Dreck, der vom West kommt, kopieren müssen? Ich denke, Genossen, mit der Monotonie des Je-Je-Je, und wie das alles heißt, sollte man doch Schluss machen.«

Am Ende des Plenums wurde eine neue Kultur- und Jugendpolitik beschlossen. Sie beendete den bisherigen leichten Liberalismus in der DDR. Zahlreiche Dramen, Romane, Spielfilme und Beatgruppen wurden verboten. Pilzkopf-Frisuren waren verpönt. Langhaarige wurden als Gammler bezeichnet, häufig von der Volkspolizei auf offener Straße weggefangen, für einige Stunden oder Tage festgehalten und mit einer Kurzhaarfrisur wieder entlassen. In den Schulen und Universitäten bekamen Jugendliche Ärger, nur weil sie Nietenhosen trugen. Das änderte sich erst allmählich wieder, nachdem 1968 in den Jugendmodeläden die ersten Jeans aus DDR-Produktion verkauft wurden.

Am 7. Oktober 1969, am 20. Jahrestag der Gründung der DDR, wurde das Gerücht verbreitet, die Rolling Stones würden in Westberlin spielen, und zwar auf dem Dach vom Springer-Hochhaus. Das Gebäude stand in Sichtweite der Leipziger Straße, die sich im Ostteil der Stadt befand. Tausende Stones-Fans aus dem gesamten Land machten sich auf den Weg, um ihre Lieblingsband einmal live zu erleben, wenn auch nur über eine Grenze hinweg. Die Volkspolizei wurde zu spät alarmiert und war völlig überfordert. Mit

Schlagstöcken knüppelte sie die Menschenmassen auseinander. Die große Angst der Einsatzleitung bestand darin, dass die frustrierten Jugendlichen die Grenzanlagen nach Westberlin stürmen könnten.

Weltfestspiele

1973 fanden vom 28. Juli bis zum 5. August in Ostberlin die X. Weltfestspiele statt, an der über 280.000 Delegierte aus der DDR und weitere 25.600 Teilnehmer aus 140 Ländern teilnahmen. An den Zufahrtsstraßen und auf den Bahnhöfen standen Polizeiposten, die aufmerksam alle Reisenden musterten. Bei auffälligen Personen – das waren vor allem langhaarige Jugendliche in Parkakutten – wurden die Personalien überprüft. Wer ohne Delegiertenausweis zu den Weltfestspielen fahren wollte und keine andere ernstzunehmende Begründung für einen Berlinbesuch parat hatte, musste im günstigsten Fall zurückfahren. Im ungünstigsten Fall endete der Ausflug in einem Jugendwerkhof, in einer Sammelunterkunft oder in der geschlossenen Abteilung einer Nervenheilanstalt. Vorab waren Tausende Jugendliche im gesamten Staatsgebiet der DDR vorsorglich angeschrieben worden, im eigenen Interesse auf eine Exkursion in die Hauptstadt zu verzichten. Hunderte Personalausweise wurden eingezogen und Tausende Aufenthaltsverbote für Ostberlin ausgesprochen.

Während der Weltfestspiele selbst kam es zu keinen ernsthaften Zwischenfällen. Dafür sorgten die Sicherheitsorgane. Insgesamt waren 24.000 Volkspolizisten eine Woche lang im Einsatz gewesen.

Das Ende

1989 neigte sich die Existenz der DDR ihrem Ende entgegen. Die oben konnten nicht mehr, und die unten wollten nicht mehr. Die friedliche Revolution hatte vor allem mit den Montagsdemonstra-

Massives Vorgehen gegen Demonstranten an der Dimitroffstraße, Berlin 1989

tionen in Leipzig begonnen, sich mit Massenfluchten von DDR-Bürgern über Ungarn und die ČSSR fortgesetzt und war dann im Herbst auf Berlin übergeschwappt. Am 7. Oktober 1989 fand im Palast der Republik eine Festveranstaltung zum 40. Jahrestag der

DDR statt. In Vorbereitung darauf war die Volkspolizei schon Tage zuvor in Alarmbereitschaft versetzt wurden. Alle Polizisten hatten sich auf ihren Dienststellen einzufinden. Es gab keine Freizeit mehr. Ständig fanden Schulungen und Einsatzbesprechungen statt. Im Kern ging es bei diesen Agitationsveranstaltungen darum, dass der Klassenfeind sein Haupt erhoben hätte. In den Gängen der Reviere und in Schulturnhallen waren Feldbetten aufgestellt worden. Die Polizisten mussten in ihren Uniformen schlafen. Nach 36 Stunden im Dauerstress waren die Ordnungshüter überreizt, frustriert und übermüdet. Dann endlich war es soweit. Sie kamen zum Einsatz und hatten ein klares Feindbild vor Augen: Wer nicht für uns ist, ist gegen uns. Am 7. Oktober 1989 mussten die Volkspolizisten das Gelände um den Palast der Republik weiträumig absperren. Ihre Aufgabe bestand darin, die Demonstranten zurückzudrängen und keine Störung der Feierlichkeiten zuzulassen. Das gelang.

Die spontane Protestversammlung in Mitte löste sich angesichts des massiven Polizeiaufgebots von ganz alleine wieder auf. Die Menschen strömten in den Prenzlauer Berg. In den Abendstunden versammelten sich mehrere tausend Personen vor der Gethsemanekirche, wo sich oppositionelle Gruppen regelmäßig zu Fürbittgottesdiensten und Friedensgebeten trafen.

Nach dem Ende der Festveranstaltung im Palast der Republik wurden die Polizeieinheiten in den Prenzlauer Berg verlegt. Sie sperrten das Gebiet um die Gethsemanekirche weiträumig ab. Die Menschenmassen reagierten aufgebracht mit Pfiffen und Buhrufen. Die übermüdeten und überreizten Polizisten waren mit ihren Nerven am Ende. Als dann der Einsatzbefehl kam, schlugen sie erbarmungslos zu.

Es herrschten bürgerkriegsähnliche Zustände. Demonstranten und Passanten wurden eingekreist, wahllos zusammengeknüppelt und in Sammellager verfrachtet. Dort mussten sie dicht gedrängt auf engstem Raum stundenlang stehen. Es gab weder zu essen noch zu trinken, noch die Möglichkeit, eine Toilette aufzusuchen. Verletzungen bis hin zu Arm- und Beinbrüchen blieben unbehandelt.

Hunde bellten, Scheinwerfer kreisten und für die Festgenommen galt ein absolutes Schweigegebot. Jeder Verstoß wurde mit Gummiknüppelhieben geahndet. In den Kellern der Polizeireviere fanden Verhöre statt. Mehrere Inhaftierte wurden die Treppen hinuntergestoßen. Wie durch ein Wunder gab es keine Toten. Insgesamt wurden rund 1.200 Personen festgenommen. Die meisten von ihnen kamen am Abend des nächsten Tages wieder auf freien Fuß.

Am 17. Oktober 1989 wurde Erich Honecker entmachtet, am 4. November fand die legendäre Großdemonstration auf dem Alexanderplatz statt, an der mehrere hunderttausend Berliner teilnahmen. Am 9. November 1989 fiel die Berliner Mauer und am 13. November 1989 wurde Hans Modrow zum Ministerpräsidenten gewählt. Das Land veränderte sich in einem rasenden Tempo.

Bereits im Dezember 1989 begannen die ersten Prozesse gegen Volkspolizisten, denen Übergriffe gegen Demonstranten zur Last gelegt wurden. Die Welt in der DDR war eine andere geworden.

Todesstrafe

Mit der Gründung des Deutschen Kaiserreichs und dem damit verbundenem Fortfall der Kleinstaaten fand im Recht ganz allgemein (und damit auch im Strafrecht) eine Rechtsvereinheitlichung statt. Am 1. Januar 1872 trat das Reichsstrafgesetzbuch in Kraft. 1945 wurde es in Ermangelung von etwas Besserem in ganz Deutschland reaktiviert, und zwar in einer von den Alliierten modifizierten Fassung.

In der DDR galt das Reichsstrafgesetzbuch bis zum Jahr 1968. Mit seinen vielen Streichungen ähnelte es einem Schweizer Käse. Am 1. Juli 1968 trat ein neues, modernes Strafgesetzbuch in Kraft. Ein alter Zopf war allerdings beibehalten worden. In § 60 Absatz 1 stand zur Todesstrafe:

»Die Todesstrafe wird, soweit sie das Gesetz zulässt, gegen Personen ausgesprochen, die besonders schwere Verbrechen begangen

haben. Sie ist mit der dauernden Aberkennung aller staatsbürgerlichen Rechte verbunden und wird durch Erschießen vollstreckt.«
Die Todesstrafe konnte verhängt werden bei:

§ 85 Planung und Durchführung von Aggressionskriegen
§ 86 Vorbereitung und Durchführung von Aggressionsakten
§ 91 Verbrechen gegen die Menschlichkeit
§ 93 Kriegsverbrechen
§ 96 Hochverrat
§ 99 Landesverräterischem Treuebruch
§ 101 Terror
§ 103 Diversion
§ 104 Sabotage
§ 112 Mord

Der »Bundesbeauftragte für die Unterlagen des Staatssicherheitsdienstes der ehemaligen DDR« geht heute davon aus, dass in der DDR insgesamt 231 Todesurteile verkündet und davon 160 vollstreckt wurden. In 64 Fällen hatte es sich um Verbrechen aus der NS-Zeit gehandelt. 52 waren politisch motivierte Taten gewesen, und in 44 Fällen betraf es Mörder. Bis zum Jahr 1956 wurden die meisten Hinrichtungen in Dresden mit dem Fallbeil vollzogen. Anschließend fanden sie in der Leipziger Strafanstalt in der Alfred-Kästner-Straße statt, und zwar zuerst mit der Guillotine und ab 1968 dann durch Erschießen.

Der Fall Hilmar Swinka

Der 31-jährige Hilmar Swinka (1938–1970) aus Lichtenberg hatte sich einen interessanten und abwechslungsreichen Beruf ausgesucht: Vom Laborgehilfen war er zum Sektionsassistenten am Pathologischen Institut der Charité aufgestiegen. Seine wichtigsten Aufgaben bestanden darin, den Pathologen bei einer Leichenöffnung zur Hand zu gehen, ihnen auf Kommando die benötigten Instrumente zuzureichen, alles blitzsauber zu halten und die benutzten Geräte anschließend zu sterilisieren. Außerdem musste er eigenständig Gewebeproben entnehmen, die Leichen nach der Obduktion wieder zunähen und sie für den Abtransport auf den Friedhof oder ins Krematorium vorbereiten. Hilmar war ein gelehriger Schüler gewesen, und er hatte sich auch auf eigene Kappe ständig weitergebildet. Er kannte die Grundbegriffe des Präparierens auswendig. Außerdem war er in der Lage, wie ein guter Schachspieler mehrere Schritte vorauszudenken. Wenn also der Arzt nach der Knochensäge verlangte, musste sie sein Assistent nicht erst hinten aus dem Regal holen, sondern hielt sie bereits griffbereit in der Hand. Durch seine umsichtige Art war er ein beliebter Kollege. Außerdem galt er als ein schweigsamer, kontaktarmer Einzelgänger. Das war in diesem Beruf von großem Vorteil. Die meisten Pathologen redeten nämlich gern und viel, um sich von dem Elend auf den Seziertischen abzulenken. Aber sie liebten die Monologe. Assistenten, die während der Arbeit die Klappe hielten, waren ihnen deshalb am liebsten.

Doch wie es so ist mit den verschlossenen Menschen: Hilmar Swinka neigte im privaten Bereich zu plötzlichen Wutanfällen. Sein Jähzorn hatte ihm schon mehrfach großen Ärger eingebracht und ihn vor die Schranken des Gerichts geführt.

Bis zum Jahr 1961 war er ein Wanderer zwischen den Welten gewesen und ständig zwischen Ost- und Westberlin hin und her gependelt. Das große Los hatte er auf seiner ständigen Suche nicht gezogen. Auch bei den Frauen war ihm auf Dauer kein Glück beschieden gewesen.

Mit dem Bau der Mauer fand die Reisetätigkeit ein Ende. Hilmar wurde sesshaft. Er heiratete und gründete eine Familie. Damals, nur knapp zwanzig Jahre nach dem Krieg, herrschte immer noch ein spürbarer Männermangel. Da gingen selbst maulfaule Eigenbrödler weg.

Schlimm wurde es, wenn der Sektionsassistent Alkohol trank. Dann pflegte er in seinem Suff die ihm angetraute Ehefrau grün und blau zu schlagen. Die Abstände zwischen den Torturen wurden immer kürzer, weil er den Schnapsgeruch bitter nötig hatte, um den Gestank des Todes aus der Nase zu vertreiben. Er konnte sich seine Probleme nicht von der Seele reden. Deshalb brauchte er den Rausch, um vergessen zu können.

Am 12. Dezember 1968 zeigte ihn seine Gattin Elfriede in der Polizeiinspektion Lichtenberg wegen Körperverletzung an. Die Polizisten glaubten ihr aufs Wort, denn ihr Gesicht war grün und blau geschlagen. Das linke Auge schillerte in allen Farben. Der Anwärter der VP Erich Strohschein und der Oberwachtmeister der VP Helmut Baatz eskortierten Elfriede Swinka nach Hause. Unter Polizeischutz packte sie ihre Sachen, schnappte sich ihre vier Kinder – drei Töchter aus erster Ehe und einen sechs Monate alten Sohn – und verließ für immer die eheliche Wohnung. Der betrunkene Ehemann saß derweil im Wohnzimmersessel und lallte vor sich hin. Oberwachtmeister Baatz wartete nur auf einen guten Grund, seinen Gummiknüppel ausprobieren zu können, den er griffbereit in der rechten Hand hielt. Aber der Saufbold lieferte ihm keine Handhabe für den gezielten Einsatz polizeilicher Mittel. Das war einerseits schade, andererseits jedoch gut für die Gesundheit der Polizisten gewesen. Hilmar Swinka hatte nämlich in seiner Jugend als guter und talentierter Boxer gegolten, der bei brutalen Straßenkämpfen niemals aufgab und selbst vor dem größten und stärksten Gegner nicht zurückschreckte.

Die Volkspolizisten machten ihrem Namen alle Ehre und lieferten Elfriede Swinka bei ihrem früheren Ehemann ab, der sie nebst der vier Kinder gern bei sich aufnahm. Am Montag, den 3. Februar 1969 ging sie zum Stadtbezirksgericht Lichtenberg und beantragte die Ehescheidung. Der Scheidungstermin wurde bereits für 14 Tage später anberaumt. In der sozialistischen Menschengemeinschaft war nämlich kein Platz für gewalttätige Männer, die ihre Frauen verprügelten.

Als Hilmar Swinka die Ladung erhielt, wurde ihm klar, dass die Flucht seiner Gattin vom heimischen Herd nicht nur vorübergehender Art sein würde. Aber er wollte sie nicht verlieren. Solange er nüchtern war, liebte er sie von ganzem Herzen. Außerdem schwante ihm, dass seine Zukunft alles andere als rosig aussehen würde. Er hatte nämlich ein weiteres amtliches Schreiben erhalten: Eine Vorladung zur Volkspolizeiinspektion in der Schottstraße. Ein Meister der Kriminalpolizei namens Lehmann wollte dort mit ihm einen Sachverhalt klären. Der ehemalige Boxer musste nicht lange raten, worum es sich dabei wohl drehen könnte. In Anbetracht des bisherigen Vorstrafenregisters würde diesmal der Knast unausweichlich sein.

Hilmar Swinka überlegte, was zu tun sei. Dann kam ihm eine Idee. Er würde seiner liebsten Elfriede zeigen, welche Kunstfertigkeit er inzwischen beim Zerteilen von Leichen erlangt hatte. Es war an der Zeit, sein Gesellenstück als Pathologe abzuliefern. Hilmar ging zum Wohnzimmerbüffet, rückte mehrere Kartons beiseite und angelte aus der hintersten Ecke ein unscheinbares Segeltuchfutteral hervor. Er klappte es auf. Auf ihrer Innenseite war die Schutzhülle mit schwarzem Samt überzogen. Ein Satz chromblitzender, rasierklingenscharfer Messer kam zum Vorschein. Der blanke Stahl hatte ein Vermögen gekostet und war der ganze Stolz des Sektionsassistenten. Er wusste es schließlich aus der Charité: Ein gutes Werk konnte nur mit perfektem Arbeitszeug gelingen.

Hilmar Swinka verstaute das Futteral in einer abgegriffenen Aktentasche und machte sich am 13. Februar 1969 kurz vor Mitternacht auf den Weg. Es war soweit. Bald hatte er sein Ziel erreicht, eine Mietskaserne ganz in der Nähe. Die Haustür war nicht abgeschlossen. Der junge Mann stieg die Treppen hinauf bis zum vierten Stock. Dann klopfte er an einer Wohnungstür, dreimal kurz, einmal lang, dreimal kurz, einmal lang. Auf dem Namensschild stand E. Müller.

Zwei Minuten später öffnete sich der Eingang. Es erschien eine ältere Frau mit grauen, verstrubbelten Haaren. Sie trug einen Morgenmantel und gähnte. »Was willst du denn hier?« fragte sie mit verschlafener Stimme. »Weißt du eigentlich, wie spät es ist?«

»Aber ja doch, Schatz. Ich habe eine Überraschung für dich. Lass mich bitte ein.«

Erika Müller ging zurück in die Wohnung.

Hilmar Swinka folgte seiner ehemaligen Freundin, der unmittelbaren Vorgängerin seiner jetzigen Noch-Ehefrau, ins Schlafzimmer. Die Korridortür fiel hinter ihm ins Schloss.

Der Sektionsassistent legte den Mantel ab, öffnete die Aktentasche und holte die Segeltuchtasche hervor. »Was ist das?« fragte Erika Müller misstrauisch.

»Wirst du gleich sehen«, lautete die Antwort. Dann packte Hilmar Swinka die Frau am Hals und würgte sie mit ganzer Kraft. Sein Opfer zappelte und versuchte sich zu wehren, aber der Angriff war zu unerwartet und zu gewalttätig erfolgt. Erika Müller wurde ohnmächtig.

Hilmar Swinka warf sie aufs Bett und riss ihr das Nachthemd herunter. Anschließend schnitt er seiner ehemaligen Geliebten die Kehle durch. Das Blut schoss in einer hohen Fontäne in die Luft. Der Mörder war verblüfft. Damit hatte er nicht gerechnet. In der Pathologie spritzte nämlich kein Blut.

Als nach einer Weile der Blutfluss schwächer wurde, setzte Hilmar Swinka an der Bauchdecke der Toten einen kreuzförmigen Schnitt und entnahm einige innere Organe. Anschließend zündete er sich eine Zigarette an und betrachtete sein Werk. »Gar nicht so schlecht für den Anfang«, befand er, als er sich in der Küche über dem Ausguss die blutigen Hände wusch. »Also auf zur nächsten Station.«

Morgens gegen ein Uhr traf der Mörder bei der 37-jährigen Ursula Engelbach ein. Er kannte sie erst seit kurzer Zeit. Nachdem er von seiner Frau verlassen worden war, hatte er bei ihr Trost gesucht und gefunden. Auch sie war alleinstehend und öffnete ihm auf das bekannte Klopfzeichen. Diesmal vervollkommnete Hilmar Swinka sein Kunstwerk, indem er es nicht bei einem läppischen kreuzförmigen Schnitt beließ, sondern das Gewebe gekonnt linksseitig über die Leistengegend hinaus bis zum Knie auftrennte.

Der Pathologieassistent war mit sich zufrieden. Nun konnte er sich endlich an sein Meisterwerk heranwagen. Doch das Haus, in dem Elfriede Swinka seit kurzem wieder lebte, war abgeschlossen. Hilmar wollte nicht klingeln, das hätte seine Pläne durchkreuzen können. Also blieb ihm nichts weiter übrig, als sich geduldig auf die Lauer zu legen.

Um 6.30 Uhr öffnete sich die Haustür. Elfriede Swinkas vormaliger Ehemann und neuer Lebensgefährte trat auf die Straße. Er musste zur Arbeit und war noch völlig verschlafen. Den Mann hinter der Litfaßsäule bemerkte er nicht.

Hilmar Swinka stieg die Treppen hinauf. Diesmal machte er sich nicht die Mühe, zu klopfen, sondern hob das rechte Bein und trat die Tür ein. Seine Noch-Ehefrau erschien völlig verstört im Flur. Sie trug den Säugling auf dem Arm. Das rettete ihr das Leben, zunächst jedenfalls.

»Wir müssen reden«, sagte Hilmar und ging ins Schlafzimmer. Elfriede brachte das Baby zurück ins Kinderzimmer. Dort flüsterte sie ihre Tochter Anna ins Ohr: »Du gehst sofort zur Nachbarin. Sag ihr, sie soll die Polizei holen. Papa will uns etwas Böses antun.«

Das Kind gehorchte und stahl sich hinaus. Das geschah genau im rechten Moment, denn ihr Stiefvater wuchtete gerade die Waschmaschine aus dem Badezimmer, um mit ihr die aufgebrochene Korridortür zu verbarrikadieren. Anschließend folgte er seiner Frau ins Schlafzimmer.

Elfriede nahm ihren gesamten Mut zusammen und sagte: »Es ist schön, dass du wieder da bist. Wir haben dich alle vermisst. Die Scheidung habe ich schon wieder zurückgenommen. Komm mit ins Bett und lass uns ein paar schöne Stunden miteinander verbringen.«

Hilmar ging ihr auf den Leim, legte die Aktentasche beiseite und entkleidete sich.

Anna hatte inzwischen die Nachbarin alarmiert. Die gute Frau zögerte nicht lange, sondern war mit dem Kind sofort zur Polizeiinspektion in der Schottstraße gehastet. Dort saß der Anwärter der

VP Erich Strohschein am Meldeschalter. Das war Glück und Pech zugleich. Glück, weil der Polizist sofort handelte, seinen Kompagnon Oberwachtmeister Baatz alarmierte und die beiden auf der Stelle aufbrachen. Pech, weil die Polizisten den Ernst der Lage völlig falsch einschätzten. Sie sahen zwar, dass die Wohnungstür aufgebrochen war, klingelten jedoch vorsichtshalber. Dann rief VP-Oberwachtmeister Baatz mit lauter Stimme: »Aufmachen, Polizei!«

Das hörte Hilmar Swinka und wusste, dass seine Zeit abgelaufen war. Er schloss die Schlafzimmertür von innen ab und rammte seiner um Hilfe rufenden Frau mehrfach ein Messer in den Bauch, bis sie tot zusammenbrach. Anschließend versuchte er, ihr den Kopf komplett abzutrennen. Als dies misslang, ging er in die Knie und schlürfte von dem Blut.

Die beiden Polizisten hämmerten inzwischen wie wild an der Schlafzimmertür. Hilmar Swinka stand auf, drehte den Schlüssel herum und öffnete. Dann sagte er: »Es tut mir sehr leid, aber ich habe es verdorben. Es sollte ein Kunstwerk werden und ist in eine totale Stümperei ausgeartet.«

VP-Anwärter Strohschein schaute völlig entgeistert auf das blutverschmierte Gesicht des Mannes vor sich. Der Mörder trat einen Schritt beiseite und gab den Blick frei auf die Leiche. In der VP-Kantine hatte es zum Frühstück Malzkaffee und mit Sülzwurst belegte Schrippen gegeben. Die Mägen der beiden Volkspolizisten wollten ihren Inhalt nicht länger bei sich behalten.

Hilmar Swinka wurde gründlich untersucht. Zum Tatzeitpunkt war er nicht betrunken gewesen. An Händen, Armen, Hals und Schulter fanden sich zahlreiche Riss- und Kratzwunden. Seine gesamte Kleidung war blutdurchtränkt. Er legte ein volles Geständnis ab.

Vor der Gerichtsverhandlung wurde Hilmar Swinka von zwei Psychiatern untersucht. Beide bescheinigten ihm trotz abnormer Gefühlskälte die volle Schuldfähigkeit. Die Gerichtsverhandlung gegen ihn zog sich über eine gesamte Woche hin. Am Ende wurde der dreifache Mörder am 19. Mai 1970 zum Tode verurteilt. Sein Verteidiger, Rechtsanwalt Bruno Dobrowolski, legte Berufung beim Obersten Gericht der DDR ein. Das Rechtsmittel wurde als offensichtlich unbegründet zurückgewiesen. Nun versuchte es der Delinquent mit einem Gnadengesuch beim Staatsratsvorsitzenden.

Am 1. Oktober 1970 wurde Hilmar Swinka in die Leipziger Strafanstalt in der Alfred-Kästner-Straße verlegt. Gegen elf Uhr vormittags hielt ein unscheinbarer grauer Barkas B 1000 Kofferwagen vor dem Hintereingang. Der Dreifachmörder wurde in eine Einzelzelle in der ehemaligen Hausmeisterwohnung auf der Rückseite vom Gefängniskomplex verbracht.

Um 12 Uhr mittags erschien der Staatsanwalt Dr. Sebastian Scharschmidt und verlas einen kurzen Text: »Der Vorsitzende des Staatsrates hat das Gnadengesuch abgelehnt. Sie werden nach Bautzen verlegt.«

Als Hilmar Swinka aus seiner Zelle trat, tauchte hinter ihm unvermutet Hermann Lorenz (1928–2001) auf. Der Hauptmann des Strafvollzugs und Abteilungsleiter der Strafvollzugsanstalt Leipzig hielt in seiner rechten Hand eine Walther P38 mit Schalldämpfer. Die 9-Millimeter-Pistole stammte aus Beständen, die von der deutschen Wehrmacht übernommen worden waren. Hermann Lorenz zielte auf den Hinterkopf des Delinquenten und drückte ohne Vorwarnung ab. Diese Hinrichtungsart nannte sich »gezielter Nahschuss«. Im Vergleich zum Fallbeil, zum Erhängen oder zum standrechtlichen Erschießen galt sie als die humanste Vollzugsmethode, weil der Tod den Delinquenten völlig unvermutet traf und ihm keine zusätzlichen seelischen Qualen verursachte.

Hauptmann Hermann Lorenz war der letzte DDR-Henker. Zwischen 1968 und 1980 nahm er zwanzig Hinrichtungen vor. Lediglich zweimal war der erste Schuss nicht tödlich. Die zweite Kugel ging dann ins Herz. Pro Einsatz bekam der Hauptmann eine Prämie in Höhe von 150,00 Mark der DDR. 1980 wurde er krank, noch schnell zum Major befördert und dann in allen Ehren pensioniert.

Kurz nach der Wende wurde der Henkersknecht a. D. im Fernsehen interviewt. Er meinte, dass er nur die ersten zwei, drei Male aufgeregt gewesen war. »Später handelte es sich um eine Aufgabe, die ich erhalten hatte, danach habe ich mich gerichtet. Für Gefühle war da eigentlich nie viel Platz. Mit dem Schuss war das für mich vorbei.«

Auf die Frage, wie sich die Todeskandidaten verhalten hatten, antwortete er: »Ich habe keinen erlebt, der geschrien oder Widerstand geleistet hätte. Dafür ging alles viel zu schnell.«

Der Fall Dr. Werner Teske

Es ist ein wunderbares Gefühl, zu den Siegern der Geschichte zu gehören und auf der richtigen Seite der Barrikade zu stehen. Ganz in dem Sinne, wie es bereits Heinrich Heine dichtete: »Es ist eine alte Geschichte, doch bleibt sie immer neu.« Der Student der Finanzökonomie an der Berliner Humboldt-Universität Werner Teske (1942–1981) war ein glühender Kommunist. Er verachtete den aggressiven Imperialismus aus tiefstem Herz und tat alles, um dem Arbeiter-und-Bauern-Staat zu dienen. Deshalb war er zunächst verwundert, als er im zweiten Semester von zwei Kriminalkommissaren in Zivil zur »Klärung eines Sachverhalts« in einen Besprechungsraum einbestellt wurde. Doch sehr bald klärte sich das vermeintliche Missverständnis auf. Die beiden grau und unauffällig gekleideten Herren waren gar keine Polizisten, sondern Mitarbeiter im Ministerium für Staatssicherheit. Sie hatten eine völlig harmlose Bitte an den Studenten. Werner Teske sollte zu ihrem Verbindungsmann in der Seminargruppe werden. Seine einzige Aufgabe bestände darin, ab und zu kurze Berichte schreiben, in denen er das Klassenbewusstsein seiner Kommilitonen einschätzte. Der Student fühlte sich hochgeehrt und sagte sofort zu, ohne sich auch nur eine einzige Minute Bedenkzeit auszubitten. Von nun an gehörte er zu den Kämpfern an vorderster Front. Er war zum Schild und Schwert der Partei geworden. Außerdem hatte diese absolut harmlose Nebentätigkeit noch einen positiven Effekt: Das knappe Stipendium erhöhte sich automatisch auf das Doppelte.

Im dritten Semester lernte Werner Teske eine klassenbewusste Kommilitonin kennen und lieben. Es wurde eine wunderbare Studentenhochzeit mit Schmalzstullen und bulgarischem Rotwein gefeiert.

Auch späterhin klappte alles wie am Schnürchen. Werner Teske erhielt 1967 sein Diplom als Finanzökonom und gehörte zu den Jahrgangsbesten. Dieses Ergebnis und die Fürsprache unsichtbarer Gönner öffnete ihm die Tür für eine wissenschaftliche Laufbahn. 1969 verteidigte er seine Doktorarbeit mit summa cum laude. Der frisch gebackene Dr. Werner Teske träumte von einer eigenen Professur.

Da tauchten plötzlich die beiden grauen Männer wieder bei ihm auf, die er schon lange nicht mehr gesehen hatten. Sie machten ihm ein Angebot, dass er nicht ablehnen konnte: Eine hauptamtliche Tätigkeit beim Ministerium für Staatssicherheit, zunächst im Rang eines Leutnants. Die baldige Beförderung war in Aussicht gestellt und die Dienstzeit sollte auf zehn Jahre befristet sein. Im Anschluss daran würde der Posten des Rektors der Hochschule für Staat und Recht in Potsdam auf ihn warten.

Dr. Werner Teske stürzte sich mit Eifer in seine neue Arbeit. Als Hauptmann übernahm er den Aufbau und die Führung einer Agentengruppe in Westberlin, die im Laufe der Zeit auf 15 Mitglieder anwuchs. Diese Kundschafter an der unsichtbaren Front arbeiteten in Finanzämtern, in Senatsverwaltungen und in Ratshäusern. Sie sammelten eifrig vertrauliche Informationen und reichten sie an ihren Führungsoffizier weiter. Dies geschah entweder über tote Briefkästen oder auf einem ganz einfachen – und für Dr. Werner Teske völlig ungefährlichen – Weg. In diesem Fall fuhr er mit der S-Bahn bis zur Friedrichstraße, passierte dort dank eines Spezialausweises ungehindert die Grenzkontrollen im Tränenpalast, stieg die Treppen hoch und setzte sich im abgesperrten und von Grenzsoldaten streng bewachten Bereich in eine S-Bahn, die auf ihre Rückfahrt nach Westberlin wartete. Eine Weile las er in einer Zeitung, dann legte er sie neben sich auf den Sitz und schob einen Stapel D-Mark-Scheine hinein. Kurz darauf tauchte ein weiterer Fahrgast auf, der dieselbe Zeitung in der Hand hielt, und nahm neben dem Hauptmann Platz. Die Zeitungen wechselten ihre Besitzer. Dr. Teske stand anschließend auf und kehrte zurück in seine Dienststelle. Dort überprüfte er die Berichte zunächst auf ihren Wahrheitsgehalt, dann leitete er sie weiter. Diese Tätigkeit verlief so erfolgreich, dass der Hauptmann mit zwei Verdienstmedaillen der Nationalen Volksarmee ausgezeichnet wurde.

1979, als die vereinbarten zehn Jahre vorbei waren, fragte Dr. Teske seinen Vorgesetzten nach der versprochenen Rektorenstelle an der Hochschule. Doch nun musste der Hauptmann feststellen, dass es beim MfS zuging wie im russischen Märchen: Der Eintritt kostete fünf Kopeken und der Austritt fünfzig Rubel. Von einer baldigen Versetzung war keine Rede mehr.

Bei Dr. Werner Teske machte sich eine gewissen Ernüchterung breit. Er vermisste die wissenschaftliche Arbeit. Er musste auch feststellen, dass seine Berichte und Analysen zwar gerne entgegen genommen wurden, aber dass die entsprechenden Schlussfolgerungen und Reaktionen ausblieben. Die Karre in der DDR begann sich immer tiefer festzufahren, und selbst Erich Mielke (1907–2000), der als Minister für Staatssicherheit und als Mitglied im Politbüro des Zentralkomitees der SED den absoluten Überblick hatte, unternahm reineweg gar nichts dagegen.

Dr. Teske hatte niemanden, mit dem er über seine Probleme reden konnte. Also griff er zum Alkohol. Aber er verabscheute billigen Fusel wie den sogenannten Blauen Würger, sondern griff zu den besseren Sorten, die in den Intershops und Delikatläden angeboten wurden. Um das spürbare Manko in der eigenen Brieftasche auszugleichen, verkürzte er den von ihm auszuzahlenden Agentenlohn regelmäßig um ein oder zwei Scheinchen.

Schließlich und endlich gelangte der Hauptmann zu der Erkenntnis, dass eine Flucht in den Westen alle seine Probleme lösen würde. Von da an nahm er jeden Tag in seiner Aktentasche geheime Dokumente in Kopie oder im Original mit nach Hause und versteckte sie in einem verborgenen Wandtresor in der Waschküche. Im Laufe der Zeit wuchs der Stapel auf weit über 3.000 Papiere an, die allesamt den Stempelaufdruck »Streng vertraulich – nur für den internen Dienstgebrauch« trugen.

Mehrfach war Dr. Werner Teske im Begriff zu flüchten. Doch im letzten Moment nahm er dann doch wieder Abstand von dem Plan. Er hatte keinen Ansprechpartner auf der Gegenseite, der ihm Schutz garantieren konnte. Einige Überläufer, so wurde erzählt, waren wie Zitronen ausgequetscht und dann den Hunden zum Fraß vorgeworfen worden. Schließlich hatte Napoleon schon gesagt: »Ich liebe den Verrat, aber nicht den Verräter.«

Während der Hauptmann also wie ein Rohr im Wind hin und her schwankte, beschwerte sich ein Westberliner Kundschafter darüber, dass sein Agentenlohn entgegen aller Absprachen gekürzt worden sei. Daraufhin fand eine interne Ermittlung statt. Als erstes wurde Dr. Teskes Panzerschrank inspiziert. Dabei stellte sich heraus, dass das Dokumentenverzeichnis nicht ordnungsgemäß geführt worden war. Ein schlimmer Verdacht keimte auf.

Am 4. September 1980 wurde Dr. Teske in ein geheimes Verhörzentrum des MfS in Hönow am Stadtrand von Berlin gebracht und dort rund um die Uhr befragt. In den frühen Morgenstunden des 11. September legte der Hauptmann ein umfassendes Geständnis ab und gab das Versteck der Dokumente preis. Über den von ihm einbehaltenen Agentenlohn hatte er akribisch Buch geführt. Es waren rund 20.000 DM und knapp 21.000 Mark der DDR gewesen.

Am 14.10.1980 wurde Dr. Manfred Teske aus der SED ausgeschlossen. Er verlor seinen Dienstgrad. Die Verdienstmedaillen wurden ihm aberkannt.

Am 10. Juni 1981 begann der Prozess gegen ihn vor dem 1. Militärstrafsenat des Obersten Gerichts der DDR. Wie sich viele Jahre später herausstellte, hatte das MfS eine Konzeption für die Verhandlung ausgearbeitet und es der Staatsanwaltschaft sowie den

Richtern vorgelegt. Der letzte Satz lautete: »Der Angeklagte wird zum Tode verurteilt – abführen.«

Trotzdem schlug der Staatsanwalt Manfred Stolze, Leiter der Abteilung 1a bei der Militär-Staatsanwaltschaft der DDR, dem Angeklagten einen Handel vor. Er stellte ihm Strafmilderung und eine neue Existenz unter anderem Namen in Aussicht, wenn er ein umfassendes Geständnis ablegen würde. Dr. Manfred Teske glaubte den Versprechungen und sagte laut und vernehmlich in seinem letzten Wort: »Meine Handlungsweise war schädlich und verantwortungslos. Ich bereue alles zutiefst.«

Das Urteil wurde am 11. Juni 1981 um 15.30 Uhr unter Ausschluss der Öffentlichkeit verkündet. Es lautete auf die Todesstrafe. Der Angeklagte nahm es regungslos entgegen. Er war der festen Überzeugung, dass es nicht zum Letzten kommen würde. Im Grunde seines Herzens war er Kommunist geblieben. Er glaubte deshalb fest daran, dass die Genossen einen der ihren niemals fallen lassen würden. Er hegte auch keinerlei Argwohn, als er am 26. Juni 1981 in den frühen Morgenstunden von Berlin aus mit einem unscheinbaren grauen Barkas-Kastenwagen nach Leipzig zum Hintereingang der Strafanstalt in der Erich-Kästner-Straße gebracht wurde. Um zehn Uhr öffnete sich die Tür zur Einzelzelle. »Raustreten, Sie werden verlegt!« befahl eine Stimme. Sie gehörte Major Lorenz, der für diesen Tag aus dem Ruhestand zurückgeholt worden war und ein letztes Mal seines Amtes als Henker waltete.

Wie bereits Hilmar Swinka einige Jahre zuvor wurde auch Dr. Werner Teske in einen einfachen Sarg aus Kiefernholz gepackt, zum Leipziger Südfriedhof gefahren und dort im städtischen Krematorium als »Anatomieleiche« verbrannt. Frau und Tochter erhielten eine neue Identität und mussten nach Schwerin umziehen. Erst nach der Wende erfuhren sie, dass Dr. Werner Teske nicht in Sibirien in einem Speziallager einsaß, wie sie glaubten, sondern erschossen worden war.

Der Hauptmann der Staatssicherheit war der letzte DDR-Bürger, der hingerichtet wurde. Am 17. Juli 1987 wurde die Todesstrafe abgeschafft und formal am 18. Dezember 1987 durch ein Gesetz zur Änderung vom StGB der DDR aufgehoben. Der § 60 entfiel komplett. Aus allen anderen Paragrafen wurde das Wort »Todesstrafe« entfernt. Dadurch rückte die lebenslängliche Freiheitsstrafe zur zulässigen Höchststrafe auf. Die DDR war damit der erste sozialistische Staat, der die Todesstrafe aus dem Strafgesetzbuch gestrichen hatte. In Westberlin galt sie, wie bereits erwähnt, noch zwei Jahre länger.

Der Rechtsstaat

Was ist ein Rechtsstaat, und was zählt als rechtsstaatswidrig? Diese Frage lässt sich nicht so einfach beantworten, wie die Geschichte zeigt.

Im Nationalsozialismus waren die Staatsanwälte und Richter der Sondergerichte, des Volksgerichtshofs und der Standgerichte der Wehrmacht dafür verantwortlich, dass schätzungsweise 33.000 Todesurteile verhängt und vollstreckt wurden. Beispielsweise hatte der Tatvorwurf gegen den 19-jährigen Walter Klingenbeck gelautet, Feindsender gehört, Nachrichtenhetze verbreitet und damit gegen die »Verordnung über außerordentliche Rundfunkmaßnahmen« vom 1. September 1939 verstoßen zu haben. In dieser Verordnung hieß es im Paragraphen 2: »Wer Nachrichten ausländischer Sender, die geeignet sind, die Widerstandskraft des deutschen Volkes zu gefährden, vorsätzlich verbreitet, wird mit Zuchthaus, in besonders schweren Fällen mit dem Tode bestraft.«

Trotz dieser 33.000 Todesurteile war bis zum Jahr 1967 in der Bundesrepublik kein einziger Richter oder Staatsanwalt aus der NS-Zeit vor Gericht gestellt worden. Der Fall des ehemaligen Richters am Volksgerichtshof Hans-Joachim Rehse (1902–1969) sollte dann endlich zum Pilotprozess werden. Der Mann allein hatte mehr Todesurteile gesprochen, als während der gesamten DDR-Zeit von allen Richtern zusammen verhängt worden waren.

Die Staatsanwaltschaft wollte auf Nummer sicher gehen und wählte aus den über 230 Todesurteilen sieben aus, in denen es um reine Bagatelldelikte gegangen war. Die Anklage wurde zugelassen, und 1967 musste sich der Blutrichter vor dem Landgericht Berlin verantworten. Er wurde am 3. Juli wegen Beihilfe zum Mord zu fünf Jahren Zuchthaus verurteilt. Der Bundesgerichtshof hob das Urteil wegen angeblicher Verfahrensmängel auf und verwies die Sache zurück an das Landgericht Berlin. Dort wurde Rehse am 6. Dezember 1968 von einer anderen Kammer freigesprochen. Die Begründung lautete: »Ein Richter kann nur dann bestraft werden, wenn er wider bessere Überzeugung die Todesstrafe verhängte. Dies ist dem Angeklagten nicht nachzuweisen.«

Mit anderen Worten: Wer fest daran glaubt, dass für das Hören von Feindsendern die Todesstrafe die einzige angemessene Sanktion sei, darf nicht bestraft werden, wenn er sie ausspricht.

Ein weiterer Versuch gegen einen anderen Richter verlief ebenfalls im Sande. Dies führte in der Konsequenz dazu, dass der »Spiegel« im Heft 20/1999 resignierend vermelden musste: »Kein einziger Richter und kein einziger Staatsanwalt sind wegen ihrer Taten als Teil der NS-Justiz rechtskräftig verurteilt worden.«

Dafür wurde der deutsche Rechtsstaat in der Mitte der neunziger Jahre in einer anderen Richtung aktiv. In der Pressemitteilung des Bundesgerichtshofs Nr. 66/1995 vom 16.11.1995 hieß es: »Der 5. (Berliner) Strafsenat des Bundesgerichtshofs hat ein Urteil des Landgerichts Berlin bestätigt, das einen Richter der DDR wegen Rechtsbeugung und Totschlags aufgrund seiner Mitwirkung an drei Todesurteilen verurteilt hat. ... Damit hat sich der Senat von seiner Praxis, die auch in der Rechtsprechung zu finden war, distanziert, in deren Folge Richter der NS-Justiz, die Todesurteile zu verantworten hatten, von der Bestrafung weitgehend verschont geblieben sind.«

Insgesamt wurden über 12.000 Ermittlungsverfahren gegen ehemalige DDR-Richter und Staatsanwälte eingeleitet. Weitaus die meisten wurden eingestellt. Weniger als ein Prozent führte tatsächlich zum Erfolg. Das betraf aber immerhin noch rund 60 Richter und über 50 Staatsanwälte, die wegen Rechtsbeugung, Freiheitsberaubung, Nötigung, Totschlag und Beihilfe zum Totschlag rechtskräftig verurteilt wurden.

Unter anderem mussten sich 1998 der ehemalige Militärrichter Jürgen Unruh und der Militärstaatsanwalt Manfred Stolze, die am Prozess gegen den MfS-Hauptmann Dr. Werner Teske beteiligt gewesen waren, wegen Totschlags und Rechtsbeugung bzw. Anstiftung zum Totschlag vor dem Berliner Landgericht verantworten. Beide wurden zu vier Jahren Haft ohne Bewährung verurteilt und mussten ihre Strafe auch antreten.

Diese 12.000 Ermittlungsverfahren gegen DDR-Juristen brachten einen ungeheuren Arbeitsaufwand mit sich. Die Staatsanwaltschaften waren damit überlastet. Wahrscheinlich ist es nur in Kenntnis dessen zu erklären, dass trotz der geänderten BGH-Rechtsprechung kein einziger der damals vor zwanzig Jahren noch gut von ihren Pensionen lebenden NS-Richter wegen Totschlags und Rechtsbeugung angeklagt wurde.

7

Westberlin 1949–1990

Die Frontstadt

Grundgesetz

Am 4. Februar 1945 flogen über 200 Bomber der britischen Royal Air Force einen Luftangriff auf Köln. Am gleichen Tag zogen sich die letzten Truppen der deutschen Wehrmacht aus Belgien zurück.

Am 5. Februar bombardierten knapp 600 US-Flugzeuge das Gebiet um Regensburg.

Am 7. Februar überquerte die Rote Armee die Oder.

Am 8. Februar starteten kanadische Truppen am Niederrhein einen Vorstoß auf deutsche Stellungen.

Am 10. Februar ergaben sich in Budapest die dort noch stationierten Reste der Wehrmacht der Roten Armee.

Zur selben Zeit, vom 4. bis 11. Februar 1945, fand auf der Krim am Schwarzen Meer ein geheimes Treffen statt. Der amerikanische Präsident Franklin D. Roosevelt, der britische Premierminister Winston Churchill und der sowjetische Regierungschef Josef Stalin waren zu einer Unterredung zusammengekommen, die als die »Konferenz von Jalta« in die Geschichte eingehen sollte. Die Zeiten hatten sich grundlegend geändert. Die deutschen Truppen besaßen zwar noch genügend Panzer und Flugzeuge, aber kaum noch Treibstoff. Ganz anders als noch bei der »Konferenz von Teheran« Ende November 1943 stand nun mit absoluter Sicherheit fest, dass die Wehrmacht den Krieg verlieren würde.

Die Alliierten redeten selbstverständlich auch über Kampfeinsätze, aber die wichtigsten Absprachen betrafen die Zeit nach dem Untergang des »dritten Reichs«. Die drei mächtigsten Männer der Welt teilten die Welt in Einflussgebiete, Deutschland in Besatzungszonen und die Reichshauptstadt in Sektoren auf.

Niemand weiß, welch geheimes Unterpfand den Treueschwur besiegelte. Aber er war unverbrüchlich. Nach Kriegsende wurde entsprechend der auf der »Konferenz von Jalta« getroffenen Vereinbarungen verfahren. Als zuerst die BRD und dann die DDR entstanden, war allen wichtigen deutschen Staatsmännern völlig klar, dass das Werden und Wachsen der beiden neuen Länder auch weiterhin von der Gunst der Alliierten abhing – trotz aller Unterschiede zwischen Sozialismus und Kapitalismus. Denn obwohl die Differenzen zwischen den ehemaligen Bündnispartnern immer größer wurden, traute sich selbst nach dem Tod von Roosevelt, Churchill und Stalin keiner ihrer Nachfolger, die Ergebnisse der »Konferenz von Jalta« ernsthaft in Frage zu stellen. Dabei blieb es selbst in der kältesten Phase des Kalten Kriegs.

Ohne die Zustimmung der drei Westmächte wäre das »Grundgesetz der Bundesrepublik Deutschland« vom 23. Mai 1949 Makulatur gewesen. Die Militärgouverneure der britischen, französischen und amerikanischen Besatzungszone – das waren General B.H. Robertson, General d'Armee Pierre Koenig und General Lucius D. Clay – lasen den Text äußerst aufmerksam und genehmigten ihn dann. Allerdings nicht uneingeschränkt, es gab mehrere Vorbehalte. Einer davon betraf Berlin. Das Grundgesetz war von einem sogenannten Parlamentarischen Rat erarbeitet worden. Er hatte im Artikel 23 unter der Überschrift »Der Bund und die Länder« die Geltung wie folgt beschrieben: »Dieses Grundgesetz gilt zunächst im Gebiete der Länder Baden, Bayern, Bremen, Groß-Berlin …«

Bei dieser Formulierung handelte es sich um einen klaren Verstoß gegen die Vereinbarungen von Jalta. Das konnten und wollten die Alliierten nicht dulden. Sie setzten deshalb den Artikel 23 teilweise außer Kraft. Berlin durfte danach nicht durch den Bund regiert werden und keine abstimmungsberechtigten Mitglieder in den Bundestag entsenden.

Verfassung

Ein Jahr später versuchte die Westberliner Stadtverordnetenversammlung einen erneuten Vorstoß. Sie beschloss am 4. August 1950 die »Verfassung von Berlin«, die am 1. September 1950 in Kraft trat. Gleich im 1. Artikel stand: »(1) Berlin ist ein deutsches

Land und zugleich eine Stadt. (2) Berlin ist ein Land der Bundesrepublik Deutschland. (3) Grundgesetz und Gesetze der Bundesrepublik sind für Berlin bindend.«

Aber die Stadtverordneten wollten die Alliierten nicht zu sehr vor den Kopf stoßen. Im Artikel 87 hielten sie deshalb ein Hintertürchen offen: »Artikel 1 Abs. 2 und 3 der Verfassung treten in Kraft, sobald die Anwendung des Grundgesetzes für die Bundesrepublik Deutschland in Berlin keinen Beschränkungen unterliegt.«

Die Alliierte Kommandantura genehmigte die Verfassung, aber mit den folgenden Vorbehalten: 1. Berlin ist kein Land der BRD. 2. Das Grundgesetz der BRD besitzt in Berlin keine Gültigkeit.

Damit hatte der Westteil der Stadt einen besonderen Status erhalten, welcher der britischen Kronkolonie Hongkong ähnelte und u. a. mit der Bezeichnung »Selbstständige politische Einheit« umschrieben wurde. Inoffiziell war Berlin ein Bundesland wie alle anderen auch, aber die Gesetze der BRD hatten dort keine automatische Gültigkeit. Sie bedurften in jedem Falle einer Akklamation durch das Abgeordnetenhaus sowie einer Genehmigung durch die Westalliierten, um tatsächlich wirksam werden zu können.

Viermächteabkommen

Spätestens nach dem Bau der Mauer im Jahr 1961 war jedem Realpolitiker klar, dass es in näherer Zukunft kein Groß-Berlin geben würde. Die letzten Hoffnungen wurden am 3. September 1971 zu Grabe getragen. An diesem Tag unterzeichneten Vertreter der USA, Großbritanniens, Frankreichs und der Sowjetunion das »Viermächteabkommen über Berlin«. Es trat am 3. Juni 1972 in Kraft und galt bis zum 3. Oktober 1990. Das Abkommen beinhaltete vor allem die folgenden fünf Punkte:

1. Alle vier Siegermächte sind – trotz der bisherigen nationalen und internationalen Entwicklung – nach wie vor für die ge-

samte Stadt Berlin, also sowohl für Ost-, als auch für Westberlin, verantwortlich.

2. Die UdSSR verpflichtet sich, einen ungehinderten Transitverkehr zwischen der Bundesrepublik Deutschland und Westberlin zu ermöglichen.
3. Westberlin wird nicht von der BRD regiert. Aber es bestehen enge Bindungen zwischen Westberlin und der BRD.
4. Westberlin wird von der BRD außenpolitisch vertreten.
5. Die Einwohner Westberlins dürfen besuchsweise nach Ostberlin und in die DDR reisen.

Trotz kaltem Krieg und Berlinblockade (1948), Koreakrieg (1950), Volksaufstand in der DDR (1953), der Besetzung Ungarns (1956), Mauerbau (1961), Kubakrise (1962), Vietnamkrieg (1965), Einmarsch in die ČSSR (1968), Militärputsch in Chile (1973), dem Streit um die Stationierung von Mittelstreckenraketen (1979) etc. konnten und wollten die Supermächte USA und Sowjetunion nicht vom Berlinstatus abrücken. Die Teilung Deutschlands war – so schien es damals jedenfalls – für ewige Zeiten fest zementiert.

Schließlich und endlich wollte auch die deutsche Politik nicht länger auf etwas warten, was doch nie kommen würde. In einem Rundschreiben des Senators für Inneres vom 24. November 1982 wurde die amtliche Bezeichnung »Berlin (West)« eingeführt. Damit war die Berlinfrage geklärt – jedenfalls bis zum Fall der Mauer.

Im November 1989 wurde der Weltöffentlichkeit plötzlich bewusst, dass die Sowjetunion zu schwach geworden war, um auf die Einhaltung der alten Abkommen pochen zu können. Ein sozialistisches Land nach dem anderen fiel, und die Osterweiterung der Nato begann. Die Protokolle der »Konferenz von Jalta« waren Makulatur geworden.

Filz und Korruption

Der Viermächtestatus und die Insellage hatten für Westberlin einschneidende Auswirkungen. Beispielsweise galt die Stadt als entmilitarisierte Zone, in der keine Einheiten der Bundeswehr stationiert sein durften. Der Wehrdienst war abgeschafft. Das führte dazu, dass Westberlin zum Mekka für Wehrdienstverweigerer wurde. Mitglieder von Schützenvereinen durften selbst im amerikanischen Sektor ihre Waffen nicht wie im Bundesgebiet zu Hause im Panzerschrank aufbewahren, sondern mussten sie nach dem Training bei der Polizei abgeben. Der 2. Zusatzartikel zur Verfassung der USA, der das Recht auf das Tragen von Waffen garantierte, besaß in Berlin nur für amerikanische Militärangehörige Gültigkeit.

In der Zeit nach dem Ende der Berlinblockade im Jahr 1949 bis zum Jahr 1961 gab es in Westberlin keinen Arbeitskräftemangel. Ostdeutsche waren nur gar zu gerne bereit, für einen Hungerlohn zu schuften, weil sie das Geld auf wundersame Weise vermehren konnten. Der Kurs von einer DM zu einer Mark der DDR schwankte in den Wechselstuben und auf dem schwarzen Markt zwischen 1 : 3 bis 1 : 10.

Mit dem Bau der Mauer blieben auf einen Schlag rund 50.000 Grenzgänger weg. Die Westberliner Unternehmer verloren ihre Billigarbeitskräfte. Plötzlich gab einen eklatanten Mangel an Arbeitskräften. Auch viele reguläre Einwohner hatten keine Lust, auf Dauer eingemauert in einer Frontstadt zu leben. Sie packten ihre Sachen und zogen in das Bundesgebiet. Die Bevölkerungszahl ging kontinuierlich von Jahr zu Jahr zurück. Sie sank von 2.197.408 im Jahr 1961 auf 1.848.585 im Jahr 1984. Die Lage auf dem Arbeitsmarkt verschärfte sich weiter.

Einflussreiche Politiker in der BRD hatten sich von Anfang an große Sorge gemacht, dass sich Westberlin irgendwann aus Gründen der Bequemlichkeit freiwillig der DDR anschließen könnte. Um den Einwohnern einen Anreiz zum Durchhalten zu geben, gab es schon frühzeitig verschiedene Formen der Berlinförderung.

Den Anfang hatte bereits im Jahr 1948 das »Notopfer Berlin« gemacht. Das waren Zwei-Pfennig-Briefmarken gewesen, die bis zum Jahr 1956 auf Postsendungen geklebt werden mussten. Insgesamt wurden durch dieses Zusatzporto Erlöse von über 400 Millionen DM erzielt. Laut offiziellen Verlautbarungen fanden sie beim Wiederaufbau Westberlins Verwendung.

Als nächstes trat am 10. März 1950 das »Gesetz zur Förderung der Berliner Wirtschaft« in Kraft. Es sah Steuererleichterungen für Unternehmer, Investitionszulagen und Kreditabsicherungen durch den Bund vor. Jeder Arbeitnehmer erhielt eine steuerfreie Berlinzulage in Höhe von acht Prozent auf den Bruttolohn, die aus Steuermitteln bezahlt wurde, teilweise mehrere hundert DM netto ausmachte und schätzungsweise anderthalb Milliarden DM insgesamt pro Jahr betrug.

In Westberlin sprudelten noch zahlreiche andere Geldquellen, die sich unter anderem Länderfinanzausgleich, Berlinförderung und Zonengrenzlandförderung nannten. Die Gelder aus Bundesmitteln, die dem Westberliner Senat zuflossen, machten ab Mitte der sechziger Jahre in ihrer Summe die Hälfte seines Gesamtetats aus. Das führte zu einer engen Verflechtung der Politik mit der Wirtschaft, die auf ganz legale Weise über die Hälfte ihrer Investitionen gefördert bekam und auch danach noch laufend weitere Fördermittel erhielt.

Doch es gibt natürlich nichts umsonst. Gefälligkeiten wurden gegen Gefälligkeiten getauscht. Über Jahre hinweg entstand ein dichtes Geflecht aus Politik und Wirtschaft – und zwar über alle Parteigrenzen hinweg – das vom Volksmund »Berliner Filz« genannt wurde.

Einige Beispiele

Die Berliner Architektin und Bauunternehmerin Sigrid K. warb beim Senat Mittel für ein Büro- und Einkaufszentrum ein, das sich Steglitzer Kreisel nannte. Für die notwendige Verkehrsanbindung kam der Senat auf. Die Baukosten in Höhe von 42 Millionen DM wurden durch eine Landesbürgschaft abgesichert. Sigrid K. ging 1974 pleite. Die Bürgschaft wurde fällig und musste bedient werden. Insgesamt hatte der Senat bei diesem Bauvorhaben über 75 Millionen DM in den Sand gesetzt. Der verantwortliche Finanzsenator Heinz S. musste zurücktreten, der Präsident der Oberfinanzdirektion Klaus A. wurde suspendiert.

1978 gab es mehrere Gespräche zwischen dem Regierenden Bürgermeister Dietrich S., dem Finanzsenator Klaus R. und dem Bauunternehmer Dietrich G. Es ging um ein großes Bauprojekt in Saudi-Arabien. Der Senat übernahm eine Bürgschaft über 112 Millionen Mark. 1980 musste der Bauunternehmer Dietrich G. Konkurs anmelden. Damit waren die 112 Millionen DM weg. Der Regierende Bürgermeister und der Finanzsenator legten ihre Ämter nieder.

1986 wurde durch einen Zufall offenbar, dass der Investor Kurt F. dem Charlottenburger Baustadtrat Wolfgang A. mit mehreren zinsfreien und nicht zurückzuzahlenden Darlehen in Höhe von 300.000 DM unter die Arme gegriffen hatte. Im Zuge der Ermittlungen stellte sich heraus, dass Kurt F. überdies bekannten Politikern von CDU, SPD und FDP Briefumschläge zugesteckt hatte, in denen sich jeweils 10.000 DM befanden hatten. Der Baustadtrat wanderte für fünf Jahre ins Gefängnis. Die übrigen Politiker kamen ungeschoren davon. Sie konnten nachweisen, dass sie die Geldbeträge nicht für sich persönlich verwendet, sondern als Parteispenden hatten verbuchen lassen.

Die drei Fälle waren nur die Spitze des Eisbergs. Sie setzten sich nach der Wende mit dem Berliner Bankenskandal fort, bei der die landeseigene Bankgesellschaft Berlin ungesicherte Kredite vergeben und hochspekulative Immobilienfonds mit Bürgschaften abgesichert hatte. Auf das Land Berlin kamen dadurch offene Verbindlichkeiten in Höhe von über zwanzig Milliarden Euro zu. Der Gesamtschaden für den Steuerzahler wurde auf 60 Milliarden Euro beziffert.

Aufbau der Polizei

Dr. Johannes Stumm (1897–1978) hatte seine Polizeikarriere in der Weimarer Republik als Kriminalkommissar im Berliner Polizeipräsidium begonnen. Nach seiner Beförderung zum Kriminalpolizeirat wechselte er in eine Abteilung, die für rechtsradikale politische Straftaten zuständig war und sich hauptsächlich mit der SA und der NSDAP befasste. Ein Versuch von ihm, im Jahr 1931 den damals staatenlosen Adolf Hitler nach Österreich ausweisen zu lassen, misslang. Der Kriminalpolizeirat kam auf eine schwarze Liste.

Nach der Machtübernahme der Nazis gehörte Dr. Stumm deshalb zu den ersten Polizisten, die wegen »nationaler Unzuverlässigkeit« aus dem Staatsdienst entlassen wurden. Doch dann geriet er irgendwie bei den braunen Machthabern in Vergessenheit. Er überlebte das Dritte Reich als Geschäftsführer einer Wirtschaftsprüfungsgesellschaft.

Nach dem Zusammenbruch wurde Dr. Stumm als Polizist reaktiviert. Er galt als loyaler, demokratisch gesinnter Mann. 1948 wurde er Polizeipräsident in Westberlin. Doch sein Weltbild hatte sich gewandelt. Er sah nicht mehr die Gefahr von rechts kommen, sondern von links. Dr. Stumm wollte die Frontstadt vor allen Angriffen von außen schützen und den Feind im Inneren vernichten.

Der Polizeiaufbau war nicht Bundes-, sondern Ländersache. Er lag in der alleinigen Kompetenz des Berliner Senats. Die Alliierten ließen den Politikern freie Hand. Dr. Stumm wollte keine Experimente machen und griff deshalb auf die bewährten Strukturen aus der Weimarer Zeit zurück. Die Polizeibezirke entsprachen wieder denen der Verwaltungsbezirke, und es wurden 112 Polizeireviere eingerichtet.

Am Anfang fehlte es an allem: An Ausrüstungsgegenständen, an Uniformen und an Fahrzeugen. Außerdem stand der Westberliner Polizeipräsident vor demselben Problemen wie sein Kollege in Ostberlin: Es gab viel zu wenige unbelastete Polizisten.

In der BRD war es nicht anders. Um dieser negativen Tendenz zu begegnen, wurde der Gesetzgeber aktiv. Am 11. Mai 1951 erschienen im Bundesgesetzblatt Nr. 21 zwei Gesetze. Das erste trug den eindeutigen Titel »Gesetz zur Regelung der Wiedergutmachung nationalsozialistischen Unrechts für Angehörige des öffentlichen Dienstes«, und das zweite die schwer verständliche Überschrift »Gesetz zur Regelung der Rechtsverhältnisse der unter Artikel 131 des Grundgesetzes fallenden Personen«.

Das erste Gesetz bezog sich auf Regimegegner und Juden, die mit Gewalt aus ihren Dienstverhältnissen gedrängt worden waren. Viele von ihren waren emigriert, in den Lagern umgekommen, an der Front gefallen oder hatten sich das Leben genommen. Die meisten Überlebenden im In- wie im Ausland verspürten wenig Interesse daran, nach 18 langen Jahren der Ausgrenzung in ihre alten Berufe zurückzukehren.

Bei den ehemaligen Nationalsozialisten hingegen sah die Sache völlig anders aus. Auf sie bezog sich das zweite Gesetz. Im Artikel 131 des Grundgesetzes stand nämlich: »Die Rechtsverhältnisse von Personen einschließlich der Flüchtlinge und Vertriebenen, die am 8. Mai 1945 im öffentlichen Dienst standen, aus anderen als beamten- oder tarifrechtlichen Gründen ausgeschieden sind und bisher nicht oder nicht ihrer früheren Stellung entsprechend verwendet werden, sind durch Bundesgesetz zu regeln.«

Das war nun geschehen. Durch das »Gesetz zur Regelung der Rechtsverhältnisse der unter Artikel 131 des Grundgesetzes fallenden Personen« wurde es in der BRD Hunderttausenden NS-Beamten – vom Schutzpolizisten über den Kripo-Mann bis hin zum Staatsanwalt und Richter – ermöglicht, wieder in Amt und Würden zu gelangen. In den fünfziger Jahren waren beispielsweise 80 Prozent der Richter am Bundesgerichtshof ehemalige NS-Blutrichter.

Auch der Westberliner Polizeipräsident sah kein Problem darin, mit ehemaligen NSDAP-Kollegen zusammenzuarbeiten. In Westberlin wurden ab Ende 1951 Tausende ehemalige NSDAP-Mitglieder bei der Polizei aufgenommen. Das war möglich geworden, weil im Oktober 1951 das »Berliner Ausführungsgesetz zum Artikel 131 Grundgesetz« in Kraft getreten war.

Kampf gegen den Kommunismus

Parallel ließ Dr. Stumm radikal alle SED-Mitglieder sowie auch jene Leute, die enge familiäre Bindungen nach Ostberlin hatten, aus den Reihen der Polizei entfernen. Bei ihm stand der Kampf gegen den Kommunismus inzwischen an erster Stelle.

Doch es gab noch andere blinde Flecken auf dem blanken Schild der Ehre des Polizeipräsidenten. 1951 deckte ein interner Ermittler, Kriminaldirektor Eberhard Linke, zahlreiche Korruptionsaffären bei der Kriminalpolizei auf. Gegen mehrere Polizisten wurden Strafverfahren eingeleitet. Normalerweise hätte der Polizeipräsident seinen Hut wegen schwerwiegender Mängel in der Dienstaufsicht nehmen müssen. Stattdessen ließ er den Kriminaldirektor Linke in den Ruhestand versetzen.

Am 17. Juni 1953, während des Volksaufstands in der DDR, wurde in der Nähe der Warschauer Straße der Dienstwagen des stellvertretenden DDR-Ministerpräsidenten Otto Nuschke (1883–1957) von einer wütenden Menschenmenge mit Stöcken und Steinen angegriffen, an der Weiterfahrt gehindert und über die Oberbaumbrücke in den Westsektor abgedrängt. Dort nahmen Polizisten Otto Nuschke fest und brachten ihn auf ein Polizeirevier. Der Polizeipräsident erteilte den Befehl: »Festhalten und auf weitere Anweisungen warten.«

Als nach einem 36stündigem Verhör klar war, dass der Volksaufstand sein Ende gefunden hatte, wurde der stellvertretende DDR-Ministerpräsident wieder freigelassen.

1954 musste sich der Unternehmer Karl Oberjat, ein Margarinefabrikant und enger Freund von Dr. Stumm, wegen diverser Wirtschaftsstraftaten vor Gericht verantworten. Der Polizeipräsident geriet in den Verdacht, seinen Intimus gedeckt zu haben, indem er Ermittlungsergebnisse zurückgehalten und falsche Zeugenaussagen getätigt hatte. Außerdem wurde bekannt, dass Dr. Stumm von Karl Oberjat mit einem Geldbetrag in Höhe von 17.000 DM »leihweise« unterstützt worden war. Am 29. März 1956 wurde der Margarinefabrikant zu zweieinhalb Jahren Gefängnis, einer Geldstrafe in Höhe von 110.000 DM und 300.000 DM Schadensersatz verurteilt. Der vorsitzende Richter, Landgerichtsdirektor Erich Münn, sagte in seiner Begründung: »In diesem Prozess sind von zahlreichen Zeugen in einem nie erlebten Maße wahrheitswidrige Aussagen gemacht worden. Die Lügen und Beweismittelfälschungen des Angeklagten waren einmalig.« Doch dann setzte der Landgerichtsdirektor hinzu: »Wenn im Zusammenhang mit dem Fall Oberjat immer wieder Persönlichkeiten des öffentlichen Lebens genannt wurden, so war ein solcher Zusammenhang für das Gericht nicht erkennbar. Die Strafkammer hätte unsachlich gehandelt, wenn sie solche Personen vor ihr Forum zitiert hätte.« Das gegen den Polizeipräsidenten eingeleitete Ermittlungsverfahren musste eingestellt werden. Sämtliche Rücktrittsforderungen wurden abgewiesen. Mehr noch: In einigen Fällen wollte Dr. Stumm Personalentscheidungen gegen den Willen des Senats durchsetzen. Er drohte mit seinem Rücktritt, falls er seinen Willen nicht bekommen würde. Der Senat knickte jedes Mal ein.

1956 nahm Dr. Johannes Stumm an einem Kongress von Interpol in Wien teil. Weil der Westberliner Polizeipräsident bei seinen österreichischen Kollegen nicht den besten Ruf genoss, brachten sie ihn in einem Stundenhotel im 2. Wiener Gemeindebezirk unter. Dr. Stumm beschwerte sich am nächsten Tag bei der Kongressleitung, dass er wegen der quietschenden Betten neben, unter und über ihm keinen Schlaf finden konnte. Darauf wurde ihm ein Quartier in einer Polizeikaserne zugewiesen.

Dr. Stumm blieb bis 1962 im Amt. Danach trat er in den Ruhestand. 1977, ein Jahr vor seinem Tod, wurde ihm die Ernst-Reuter-Plakette verliehen, für eine Persönlichkeit, »die sich um Berlin besondere Verdienste erworben« hatte.

Die freiheitlich-demokratische Insel

1962 wurde Erich Duensing (1905–1982) Westberliner Polizeipräsident. Er war bereits in der Weimarer Republik Polizist gewesen, aber – anders als Dr. Stumm – nach der Machtübernahme der Nazis nicht entlassen worden. Er machte zuerst Karriere bei der Polizei, später bei der Wehrmacht und hatte es bei Kriegsende bis zum Generalstabsoffizier gebracht.

1951 wurde er in Westberlin Kommandeur der Schutzpolizei.

Nach seiner Ernennung zum Polizeipräsidenten setzte Erich Duensing den harten Kurs seines Vorgängers fort. Die Polizei wurde als Einsatzreserve der Alliierten zu einer halb militärischen, stark antikommunistisch geprägten Truppe aufgebaut. Ihre Hauptaufgabe bestand darin, Westberlin als eine freiheitlich-demokratische Insel mitten im sozialistischen Ozean gegen allen Angriffe von innen und außen zu verteidigen. Die Zahl der Schutzpolizisten stieg bis Mitte der sechziger Jahre auf 10.000 Beamte an. Dazu kamen 3.000 Bereitschaftspolizisten, 1.400 Kriminalbeamte und 5.000 Mitglieder in der freiwilligen Polizeireserve.

Zwischen 1962 bis 1964 bezog die Polizei Schusswaffen im Wert von 52 Millionen DM. Die Uniformen bekamen einen militärischen Zuschnitt, und in Großmanövern wurde geübt, wie ein Überfall ostdeutscher Angreifer zurückgeschlagen werden konnte.

Doch Westberlin war in jenen Jahren nicht nur Frontstadt und Schaufenster zum Osten, sondern noch alles mögliche andere: die Hauptstadt von Filz und Korruption, eine Hippiekommune, das Mekka der Wehrdienstverweigerer, ein Hausbesetzeridyll, ein stetig wachsendes Klein-Istanbul und ein kreatives Kunstzentrum.

Seit dem Sommer 1949 existierte in den Gaststätten, Bars und Kneipen keine Sperrstunde mehr. Das gab es in keiner anderen deutschen Stadt. Westberlin war zu einem riesigen Vergnügungspark geworden, der rund um die Uhr geöffnet hatte. Der Rauschgifthandel und die Prostitution blühten, Schutzgelderpresser machten ihre Runden durch die Lokale und Hehlerbanden verzeichneten steigende Umsätze.

Zum Milieu gehörten bürgernahe Polizeistreifen, die alten Damen über die Straße halfen, stockbetrunkene Autofahrer höflich verwarnten und auch ansonsten einen freundlichen Umgangston pflegten.

Doch dieses Verhalten galt nicht mehr, sobald Studenten oder anderes langhaariges Volk auf den Straßen demonstrierte. Dann gab der Polizeipräsident den Einsatzbefehl »Knüppel frei!«

Der Fall Benno Ohnesorg

Für den 2. Juni 1967 hatte der iranische Schah Mohammed Reza Pahlevi (1919–1980) seinen Besuch in Westberlin angekündigt. Der Schah trug den Titel »Sonne der Arier«. Das mochte noch angehen, auch wenn es an längst vergessene Zeiten erinnerte. Aber das persische Staatsoberhaupt galt als ein berüchtigter Diktator, der mit seinen politischen Gegnern kurzen Prozess zu machen pflegte. Bei einem Großteil der Westberliner war er deshalb nicht willkommen. Seit dem 24. Mai 1967 protestierten der Sozialistische Deutsche Studentenbund und andere Gruppen gegen den Besuch des Despoten.

Am 1. Juni 1967 gab der Polizeipräsident eine Pressekonferenz. Dabei bemühte Erich Duensing das Bild einer Leberwurst, die an ihrer linken Hälfte zu stinken begonnen hat: »Nehmen wir die Demonstranten als Leberwurst, dann müssen wir in die Mitte hineinstechen, damit sie an den Enden auseinander platzt.« Die Bereitschaftspolizisten wurden auf diese »Leberwursttaktik« eingeschworen. Am 2. Juni kam es zu Prügelorgien, als iranische Geheimpolizisten mit langen Holzlatten auf die Demonstranten hinter den Absperrungen einschlug. Die Polizei stand daneben und griff nicht ein.

Die Krawalle erreichten ihren Höhepunkt, als der Schah abends die Deutsche Oper in Charlottenburg besuchte. Die Polizei verbrei-

Auseinandersetzungen zwischen Polizei und Demonstranten während des Schah-Besuchs, Berlin 1967

tete über Lautsprecherwagen die falsche Durchsage, dass ein Polizist von einem Demonstranten erstochen worden sei. Daraufhin gab es kein Halten mehr. Die Polizisten gingen mit Wasserwerfern, Tränengas und Schlagstöcken auf die eingekesselten Demonstranten los und knüppelten wahllos auf die Menschen ein. Polizisten in Zivil waren als »Fänger« unterwegs, die Ausschau nach vermeintlichen Rädelsführern hielten und sie bei der anschließenden »Fuchsjagd« dann »mit Hilfe ihrer Ausrüstung zu Fall brachten« – also brutal zu Boden schlugen.

Der Student Benno Ohnesorg (1940–1967) war zwar politisch interessiert, aber als Mitglied einer christlichen Studentenvereinigung das ganze Gegenteil von einem Aufrührer. Gegen 20.30 Uhr hatte er sich bereits vom Zentrum des eigentlichen Geschehens entfernt, als er sah, wie diverse Polizisten einen Mann in den Innenhof Krumme Straße 66/67 stießen. Benno Ohnesorg ging hinterher, um zu beobachten, was dort geschah. Etliche Polizisten schlugen voller Wut mit ihren Knüppeln auf mehrere wehrlose Menschen ein, die teilweise bereits zu Boden gegangen waren.

Benno Ohnesorg, der nicht das Geringste getan hatte und von dem keinerlei Gewaltbereitschaft ausging, wurde von zwei Beamten gestellt und festgehalten. Ein dritter Polizist verpasste ihm Boxhiebe. Dann trat ein vierter Mann in Zivil hinter den Studenten, zog eine Pistole und schoss ihm aus kurzer Entfernung in den Hinterkopf. Benno Ohnesorg verstarb auf dem Transport ins Krankenhaus.

Nach der Gewaltorgie am 2. Juni 1967 (die sich mit dem brutalen Einsatz der Volkspolizei am 7. November 1989 in Ostberlin vergleichen ließ) brodelte es tagelang in der Stadt. Ein Untersuchungsausschuss tagte. Dreizehn Polizisten wurden vor Gericht gestellt. Drei davon erhielten symbolische Strafen.

Der Polizeipräsident Erich Duensing ließ sich am 7. Juni 1967 beurlauben und ging im September 1967 vorzeitig in Pension. Im gleichen Monat traten auch der Regierende Bürgermeister und der Innensenator zurück.

Der Todesschütze konnte ermittelt werden. Er hieß Karl-Heinz Kurras (1927–2014) und war ein Kriminalobermeister. Für den tödlichen Schuss hatte er seine Dienstwaffe, eine Selbstladepistole Walther PPK, benutzt. Der Kriminalobermeister wurde wegen fahrlässiger Tötung angeklagt. Polizeikameraden sammelten 60.000 DM als Nothilfe, damit er sich einen guten Verteidiger leisten konnte. Im Prozess behauptete Kurras, er sei mit einem Messer angegriffen worden und habe in Notwehr gehandelt. Am 21. November 1967 wurde er vom Landgericht Berlin freigesprochen. In der Urteilsbegründung hieß es: »Es hat sich nicht ausschließen lassen, dass es sich bei dem Abdrücken der Pistole um ein ungesteuertes, nicht vom Willen des Angeklagten beherrschtes Fehlverhalten gehandelt hat.«

Die Sache kam vor den Bundesgerichtshof und wurde zurückverwiesen. Die zweite Verhandlung begann am 20. Oktober 1970 und endete am 22. Dezember 1970 mit einem erneuten Freispruch.

Doch nicht nur das. Karl-Heinz Kurras durfte weiter Polizist bleiben und wurde bis zum Kriminaloberkommissar befördert. 1987 schied er in allen Ehren aus dem aktiven Dienst aus.

Im Jahr 2009 wurde es noch einmal ungemütlich für ihn. Da stellte sich durch einen Zufall heraus, dass der Todesschütze als »Informeller Mitarbeiter« (IM) für das Ministerium für Staatssicherheit der DDR gearbeitet hatte.

Mehrere Personen erstatteten Strafanzeige gegen Karl-Heinz Kurras. Der Senat zog in Erwägung, die Beamtenpension streichen zu lassen. Die Generalbundesanwaltschaft ermittelte gegen ihn wegen Landesverrats. Alle diese Aktionen verliefen im Sande. Übrig blieb nur – nach einer Hausdurchsuchung bei dem ehemaligen Kriminaloberkommissar – eine Anklage wegen illegalem Waffenbesitz, weil in seiner Anrichte ein nicht angemeldeter Revolver gefunden worden war. Dafür erhielt er eine sechsmonatige Freiheitsstrafe, die zur Bewährung ausgesetzt wurde. Außerdem zog das Berliner Landesamt für Gesundheit und Soziales eine Häftlingsbescheinigung ein. Kurras war nach dem Krieg mehrere Jahre in Sachsenhausen inhaftiert gewesen und hatte dafür eine Eingliederungshilfe in Höhe von umgerechnet 4.489,14 Euro erhalten, die er nun wieder zurückzahlen musste. Der Mörder von Benno Ohnesorg starb im Dezember 2014 als freier Mann.

In seinen Stasiakten fand sich kein Hinweis darauf, dass er von seinem Führungsoffizier zu dem Todesschuss angestiftet worden war. Das MfS brach im Sommer 1967 jeden Kontakt zu Kurras ab.

Strukturreform

Nach der Pensionierung von Erich Duensing war es schwer, einen geeigneten Nachfolger zu finden. Wie Blei lastete das Erbe der Festungsmentalität auf der Stadt. Schließlich konnte nach einer Interimslösung der Bundesgeschäftsführer der Polizeigewerkschaft Klaus Hübner im Jahr 1969 für das Amt des Polizeipräsidenten gewonnen werden. Es begann ein anderer Wind durch die Amtsstuben und Reviere zu wehen.

Der neue Polizeipräsident war der Auffassung, dass Gewalt stets neue Gewalt nach sich ziehe. Klaus Hübner setzte deshalb auf Konfliktvermeidung statt auf Eskalation. Er sagte: »Eine Straßenschlacht, die die Polizei gewinnt, hat die Demokratie verloren.« Damit machte er sich nicht nur Freunde. Er war kaum 100 Tage im Amt, da begann in der Presse eine Schmutzkampagne gegen ihn. Es wurde behauptet, er habe in früherer Zeit Sexpartys gefeiert. Der Polizeipräsident überstand den Skandal und begann gegen allen Widerstand die Berliner Polizei grundlegend zu reformieren. Das betraf ebenso die Organisationsstruktur wie die Ausstattung und die Polizeiausbildung. Die Dreiteilung von Westberlin entsprechend der Sektoren wurde aufgehoben. Stattdessen entstanden fünf Direktionen. Die 112 Reviere machten 31 Polizeiabschnitten Platz.

Das Polizeipräsidium wurde in die Bereiche Ordnungsaufgaben, zentrale Dienste und Landespolizeidirektion untergliedert. Letzterer unterstanden die drei zentralen Direktionen Verbrechensbekämpfung, öffentliche Sicherheit und polizeitechnische Untersuchungen. Mit den Kontaktbereichsbeamten (KoBB), denen 756 Abschnitte zugeteilt wurden, kamen sichtbar mehr Polizisten auf die Straße – ähnlich wie bei dem Modell der ABVs in Ostberlin.

Viele der alten Polizeikräfte standen der Strukturreform ablehnend gegenüber. Es gab mehrere Versuche der Palastrevolution, die jedoch allesamt scheiterten.

1975 wurden völlig neue Uniformen eingeführt, eigens entworfen vom Berliner Modemacher Heinz Oestergaard (1916–2003): Grüne Jacken oder Lederblousons, grüne Mützen, grüne Schlipse und hellbraune Hosen. Die Knobelbecher, Stiefelhosen und Tschakos hatten ausgedient.

Klaus Hübner blieb bis zum Jahr 1987 Polizeipräsident und damit länger im Amt als jeder seiner 36 Vorgänger seit dem Jahr 1809.

Der Fall Bubi Scholz

Der 15-jährige Gustav Wilhelm Hermann »Bubi« Scholz (1930–2000) hatte die Bombenangriffe und Artilleriegefechte bei der Befreiung Berlins glücklich überstanden. Aber das Leben ringsum war völlig aus den Gleisen geraten. Um einigermaßen über die Hungerjahren zu kommen, suchte sich der Sohn eines Schmieds einen Beruf, der ihm eine halbwegs ausgewogene Ernährung sicherte. Gustav Scholz wurde Koch. Weil er so ein schmächtiges Bürschlein war, nannten ihn alle nur »Bubi«. Den Spitznamen sollte er sein Leben lang behalten.

Es gibt zwei Arten von Köchen: Dicke und dünne. Bubi Scholz gehörte auch nach mehreren Monaten Lehrzeit immer noch zur zweiten Kategorie. In seiner Freizeit widmete er sich einem Hobby, dass für Gastronomen in der damaligen Zeit eher untypisch war: Er ging zum Boxtraining. Dort kämpfte er im Weltergewicht (bis 66,678 Kilogramm).

Normalerweise treten Boxer als Linksausleger an. Dabei steht das linke Bein vorne und ist dem Rivalen zugewandt. Mit der linken Hand wird der Gegner auf Distanz gehalten wird. Die rechte Hand ist dann die Schlaghand.

Rechtsausleger sind viel seltener, weil die meisten Menschen Rechtshänder sind und deshalb die rechte Hand als Schlaghand benutzen. Lange Zeit galt der Rechtsausleger-Kampfstil als unsportlich. Bubi Scholz scherte sich nicht darum. Sein linker Haken wurde gefürchtet. 1948 hängte er die Kochschürze an den Nagel und wechselte ins Profilager. Das war eine kluge Entscheidung, denn 1951 wurde Bubi Scholz Deutscher Meister im Weltergewicht.

1948 war der Marshall-Plan in Kraft getreten. Vier Jahre lang lieferten die USA Naturstoffe, Lebensmittel und Konsumgüter an 16 europäische Länder, darunter vor allem nach Großbritannien, Frankreich und Westdeutschland. Dadurch verbesserte sich die Versorgungslage spürbar. (In Ostdeutschland war es anders. Die

DDR lieferte Naturstoffe, Lebensmittel und Konsumgüter in die UdSSR. Dadurch verharrte die Versorgungslage auf schlechtem Niveau und führte letztendlich mit zum Volksaufstand 1953.)

Bubi Scholz lebte jedoch nicht in Ost-, sondern in Westberlin. Dort bekam er Anfang der fünfziger Jahre genug zu essen. Er nahm an Körpergewicht und Muskelmasse zu. Deshalb musste er in die Mittelgewichtklasse (bis 72,574 Kilogramm) wechseln. Dann traf in ein schwerer Schicksalsschlag: Bei ihm wurde Tuberkulose festgestellt. Das bedeutete das Ende seiner Karriere als Boxer. Aber Bubi Scholz gab nicht auf. Er kämpfte gegen die Krankheit und besiegte sie. Im Jahr 1957 kehrte in den Ring zurück und holte sich den Meistertitel im Mittelgewicht. Ein Jahr später gewann er die Europameisterschaft.

Die Verpflegung war zwischenzeitlich noch besser geworden. Bubi Scholz sattelte 1961 ins Halbschwergewicht um (bis 79,378 Kilogramm). Am 23. Juni 1962 fand vor 40.000 Zuschauern im Berliner Olympiastadion der wichtigste Kampf im Leben von Bubi Scholz statt: Er trat gegen den Weltmeister Harold Johnson aus den USA an. Im Publikum befand sich alles, was damals in Berlin Rang und Namen hatte, unter anderem Willy Brandt und Max Schmeling. Bubi Scholz gab sein Bestes, doch der Kampf ging für ihn nach 15 Runden ganz knapp nach Punkten verloren.

Zwei Jahre später konnte Bubi Scholz die Scharte wieder auswetzen. Am 4. April 1964 wurde er in der Dortmunder Westfalenhalle gegen Giulio Rinaldi aus Italien Europameister im Halbschwergewicht. Zu dieser Zeit war Bubi Scholz bereits 34 Jahre alt.

Kurz darauf beendete er seine Karriere als Boxer. Fortan produzierte er sich als Unterhaltungskünstler, trat in Spielfilmen und Fernsehspielen in Nebenrollen auf, verfasste seine Autobiografie, stieg als Partner in eine Werbeagentur ein, eröffnete zwei Parfümerien und veröffentlichte gemeinsam mit der Band »Die drei Travellers« drei Single-Schallplatten mit einprägsamen Titeln wie »Der starke Joe aus Mexiko«, »Susi, du bist einfach prima« und »Die Rita vom Sportverein«.

In seiner aktiven Zeit als Boxer hatte Bubi Scholz 96 Profi-Kämpfe ausgetragen, von denen er 46 durch K.O. gewann und nur zwei nach Punkten verlor. Nach Max Schmeling (und vor Henry Maske) war er der populärste deutsche Boxer. Obwohl er aus einfachen Verhältnissen stammte, berlinerte er nicht, sondern sprach ein dialektfreies Hochdeutsch. In seiner Jugend hatte er vom äußeren Erscheinungsbild her an Horst Buchholz oder an James Dean erinnert. Im Alter war er etwas fülliger geworden. Mit seinem vollen grauen Haar hatte er sich zu einem sympathisch wirkenden Silbernacken entwickelt.

Doch der äußere Anschein trog. Bubi Scholz quälten zwar keine materiellen Sorgen. Er lebte in einer dreistöckigen modernen Grunewaldvilla mit Sauna im Keller und Swimmingpool im Garten. Als Partylöwe war er bei den Reichen und Schönen der Stadt ein gern gesehener Gast. Die Wände in seinem Haus schmückten Fotos, die ihn Arm in Arm mit Weltstars wie Romy Schneider zeigten.

Aber Bubi Scholz haderte mit seinem Schicksal. Es ging ihm so wie vielen anderen Prominenten, deren Ruhm zu verblassen begann. Die Fotoshootings mit den Größen aus Politik und Wirtschaft wurden seltener. Immer häufiger saß Bubi Scholz im Privatkino seiner Villa und sah sich Filme seiner alten Kämpfe an. Er wurde depressiv und begann hart zu trinken. Seine Frau Helga tat es ihm gleich. Bubi Scholz griff zum Whisky, sie bevorzugte Mixgetränke wie Sektschorle und »Kalte Ente«.

Wenn die beiden ihr Limit erreicht hatten, begannen sie laut zu streiten. Manchmal ging es die ganze Nacht lang. Obwohl die nächsten Grundstücke weit entfernt lagen, konnten die Nachbarn die keifenden Stimmen hören. Das Haus begann zu verwahrlosen. Dem Ehepaar entglitt das Leben immer mehr. Beide konnten es nicht ertragen, dass das Leben im Rampenlicht zu Ende ging. 1980 erschien die Autobiografie von Bubi Scholz »Der Weg aus dem Nichts«. Bei einer Party rief die angetrunkene Helga Scholz laut aus: »Das nächste Buch schreibe ich. Es heißt »Mein Leben an der Seite eines Nichts«.«

Das Ehepaar quälte sich noch vier weitere Jahre gegenseitig. Am Sonntag, den 22. Juli 1984, gab es abends wieder einmal Streit. Um endlich ihre Ruhe zu haben, schloss sich Helga Scholz in der Gästetoilette ein. Bubi Scholz empfand das als Demütigung. Er wollte sie herausholen und hämmerte mit der Faust gegen die Tür.

Aber seine Frau öffnete nicht, sondern rief nur »Verschwinde, lass mich in Ruhe«.

Da brannten bei ihm alle Sicherungen durch. Bubi Scholz ging in den Keller, holte sein Anschütz-Kleinkalibergewehr mit Zielfernrohr nach oben, lud durch, legte an und feuerte durch die geschlossene Tür. Anschließend schwankte er ins Bett und schlief benebelt ein. Gegen vier Uhr wurde er wieder wach. Er tastete nach seiner Frau, aber der Platz neben ihm war leer.

Bubi Scholz stand auf und begann nach Helga zu suchen. Die Toilettentür war noch immer abgesperrt. Er versuchte die Tür aufzubrechen und hämmerte mit dem Gewehrkolben dagegen. Von dem Lärm erwachten zwei Mieterinnen, die in der obersten Etage der Villa wohnten. Sie kamen herunter, um nach dem Rechten zu schauen. Dem betrunkenen Gestammel ihres Vermieters konnten sie nicht viel entnehmen. Aber die eine Frau holte eine Leiter und schaute von außen durch das angekippte Toilettenfenster. Ein schriller Schrei ertönte. Helga Scholz lag völlig verdreht in einer Blutlache am Boden, halb hinter dem Toilettenbecken eingeklemmt.

Bubi Scholz wurde am 14. Januar 1985 vor Gericht gestellt. Der Tatvorwurf lautete auf Totschlag. Für eine Mordanklage hatten die Beweise nicht ausgereicht. Der Prozess fand vor der großen Strafkammer am Landgericht Berlin statt.

Der ehemalige Boxer hatte für den Tathergang mehrere Erklärungen parat. Erst sprach er davon, dass sich der Schuss beim Waffenreinigen gelöst habe. Dann sagte er, er sei mit dem Gewehr in der Hand auf dem Läufer vor der Toilettentür ausgerutscht.

Ein Gerichtsgutachter bescheinigte Bubi Scholz erhebliche Bewusstseinsstörungen infolge von Alkoholmissbrauch und Depressionen sowie eine verminderte Schuldfähigkeit in Kombination mit einem »aggressiven Durchbruch« an dem betreffenden Abend. Zusammenfassend meinte der Sachverständige, dass kein bedingter Tötungsvorsatz vorgelegen habe.

Die Staatsanwaltschaft änderte daraufhin die Anklage vom Totschlag auf fahrlässige Tötung ab. Die drei Berufsrichter verurteilten Bubi Scholz am 1. Februar 1985 zu drei Jahren Gefängnis. Durch die Presse geisterten die Überschriften: »Klassenjustiz«, »Promibonus« und »Berliner Filz«.

Bubi Scholz, der in der Vollzugsanstalt zwei Selbstmordversuche begangen hatte, wurde 1987 aus der Haft entlassen. Er war ein geschlagener Mann. Daran konnte auch eine zweite Ehe nichts mehr ändern. Er begann zu kränkeln und litt unter Spätfolgen der Tuberkulose, die nie ganz ausgeheilt war.

In seinem letzten Fernsehinterview sagte Bubi Scholz: »Kein Sport ist so riskant wie das Boxen. Wenn man da die Grenze seiner physischen Leistungskapazität nicht erkennt, dann ist natürlich jeder Schlag zu viel ein gesundheitliches Risiko und ein gesundheitlicher Schaden.« Auf die Nachfrage des Moderators, ob er denn keine Angst habe, einen Schlag zu viel abbekommen zu haben, antwortete der alte Boxer: »Ich würde sagen nein. Dazu ist es schon zu lange her.«

Aber er hatte sich geirrt. Boxen ist wie der Stierkampf ein Relikt aus der Gladiatorenzeit im alten Rom. Die Leute gehen zum Boxen, weil sie Blut und K.O.-Schläge sehen wollen. Das Verletzungsrisiko ist sehr hoch. Viele Ärzte fordern ein generelles Boxverbot wegen der möglichen Spätfolgen. Ein gut platzierter Boxhieb prallt nämlich wie ein Sack voller Kohlen mit einer Geschwindigkeit von zehn Metern pro Sekunde gegen den Kopf des Gegners. Ein K.O. ist nichts anderes als ein Schädel-Hirn-Trauma.

Aber auch die ständigen, nicht ganz so schweren Erschütterungen des Gehirns, denen selbst die besten Boxer ständig ausgesetzt sind, haben auf Dauer negative Folgen. Mit jedem einkassierten Treffer können tausende Gehirnzellen absterben. Für die Spätfolgen gibt sogar einen medizinischen Begriff. Er nennt sich »Boxerdemenz«.

Ende der neunziger Jahre hatte die Krankheit Bubi Scholz eingeholt. Die Depressionen kehrten in nie gekannter Stärke zurück, dann verlor er sein Kurzzeitgedächtnis. Die Diagnose lautete auf Alzheimer. Mehrere Schlaganfälle folgten. Bubi Scholz wurde zu einem Pflegefall und endete in einem Seniorenheim in Neuenhagen am Stadtrand von Berlin. Dort starb er in seinem Einzelzimmer am 21. August 2000 im Alter von 70 Jahren. Das Pflegepersonal hatte ihn beim Frühstück unbeaufsichtigt gelassen. Bubi Scholz verschluckte sich an seinem Frühstücksbrötchen und erstickte daran.

8

1990–2015

Es wächst zusammen, was zusammen gehört

Anpassungsschwierigkeiten

Am 3. Oktober 1990 fand die Wiedervereinigung statt. Der ursprüngliche Plan, eine neue gesamtdeutsche Verfassung zu entwickeln, wurde verworfen. Stattdessen fanden redaktionelle Änderungen im Grundgesetz statt. In seiner Präambel steht seitdem, dass es für das gesamte deutsche Volk gilt, also auch für die neuen Bundesländer.

Die Menschen in Ostdeutschland mussten etliche Erfahrungen auf Gebieten machen, die sie bis dato nur vom Hörensagen kannten. Beispielsweise hatte es in der DDR bis zum 3. Oktober 1990 keine Arbeitslosigkeit gegeben. Wer arbeiten gehen wollte, konnte dies auch tun. Mehr noch: Wem es zu Hause besser gefiel, musste einen triftigen Grund dafür angeben können, ansonsten geriet er mit dem Gesetz in Konflikt. Im Strafgesetzbuch der DDR gab es nämlich im Paragraphen 249 den Straftatbestand der »Gefährdung der öffentlichen Ordnung durch asoziales Verhalten«. In dem Gesetzestext hieß es: »Wer das gesellschaftliche Zusammenleben der Bürger oder die öffentliche Ordnung dadurch gefährdet, dass er sich aus Arbeitsscheu einer geregelten Arbeit hartnäckig entzieht, obwohl er arbeitsfähig ist … wird bestraft«. Es wurden unter anderem Arbeitserziehung oder Freiheitsstrafen bis zu zwei Jahren angedroht.

Nach der Wiedervereinigung galt das StGB der DDR nicht mehr. Es hätte auch gar nicht mehr angewendet werden können, denn im Jahr 1991 betrug die offizielle Arbeitslosenzahl in Ostdeutschland 1.005.745 und in Gesamt-Berlin 179.953. Das war allerdings eine stark bereinigte Statistik. Umschüler, Arbeitslose in Weiterbildungsmaßnahmen oder staatlichen Beschäftigungsprogrammen, Teilzeitmitarbeiter, Hausfrauen, Kranke, Frührentner und all diejenigen Personen, die sich aus irgendwelchen Gründen nicht als Arbeitssuchende gemeldet hatten, gingen in das Zahlenwerk nicht ein.

Auch in Berlin wuchs zusammen, was zusammen gehörte, aber nicht zusammen passte. Auf die Ostberliner kamen ungeheure Herausforderungen zu. Wer seine Arbeit noch behalten hatte, musste extrem hohe Ansprüche erfüllen. Architekten und Ingenieure bekamen es mit völlig neuen DIN-Vorschriften und technischen Parametern zu tun; Lehrer hatten sich auf ein ganz anderes Schulsystem mit fundamental veränderten Lehrplänen einzustellen; Staatsanwälte, Richter, Rechtsanwälte, Notare und Justizangestellte standen einer grundlegend anderen Rechtsordnung und Gesetzlichkeit gegenüber. Die ehemaligen Volkspolizisten steckten nun (wenn sie Glück hatten) ebenso wie die Soldaten der Nationalen Volksarmee, die Zollmitarbeiter, die Gefängniswärter etc. in den Uniformen des ehemaligen Klassenfeindes.

Harter Tobak

Dr. phil. Reinhard Haselow, Dozent an der Fachhochschule für öffentliche Verwaltung NRW und Fachgruppenleiter Gesellschafts- und Humanwissenschaft im Fachbereich Polizei, erklärte rückblickend im Jahr 2000 in seinem Buch »Der Wandel der Volkspolizei zu einer rechtsstaatlich-demokratischen Polizei«, die Volkspolizei sei »eine militärisch organisierte Gemeinschaft, deren Mitglieder eher Polizeisoldaten waren« gewesen, die »als tragende Säule des Repressions- und Überwachungsapparates eingesetzt« wurde und als »bedeutsames und willfähriges Instrument der SED-Diktatur« im »Unrechtsstaat DDR« fungiert hatte.

Das war harter Tobak. Von einem allmählichen Annäherungsprozess auf Augenhöhe konnte keine die Rede sein. Bereits im August 1990 hatte das der Innensenator Erich Pätzold klargestellt: »Wer beitritt, tritt einem anderen Staat zu dessen Maßstäben bei. Egal, ob einem das im Einzelnen gefällt oder nicht.« Die Marschrichtung war klar, aber es gab ein Problem. So wie es unmöglich war, in den neuen Bundesländern auf einen Schlag sämtliche Lehrer, Staatsanwälte und Richter zu entlassen, konnten ebenso nicht alle ehemaligen Volkspolizisten von heute auf morgen in die Wüste geschickt werden.

Am 25. September 1990 hatten der Ostberliner Magistrat und der Westberliner Senat beschlossen, dass die Polizeihoheit bereits formell am 1. Oktober und regulär dann am 3. Oktober 1990 auf das Land Berlin übergehen sollte. Die Ostberliner Deutsche Volkspolizei hatte zu diesem Zeitpunkt 11.797 Angehörige. In einem ersten Schritt wurden sämtliche Polizisten, die das 50. Lebensjahr oder 25 Dienstjahre überschritten hatten, entlassen. Ihnen folgten alle Leiter, Stellvertreter und Politoffiziere bei der Kriminalpolizei nach. Anschließend mussten 85 Prozent der Offiziere wegen mangelnder Eignung gehen.

In einem nächsten Schritt verteilte eine Personalauswahlkommission (PAK) zwölfseitige Fragebögen. Das Ausfüllen war völlig freiwillig. Doch wer sich weigerte, hatte offensichtlich etwa zu verbergen und wurde deshalb nicht weiter beschäftigt. Bei den 72 zu beantwortenden Fragen ging es im Kernbereich um eine hauptamtliche oder eine ehrenamtliche Tätigkeit als informeller Mitarbeiter (IM) der Staatssicherheit. Eine einfache SED-Mitgliedschaft ohne höhere Leitungsfunktion wurde als noch zulässig erachtet und blieb daher folgenlos. Am Ende des Fragebogens musste jeder Polizist erklären, dass er alle Fragen wahrheitsgemäß beantwortet hatte. Gedächtnislücken wurden nicht akzeptiert. Ein Verstoß gegen die Wahrheitspflicht führte automatisch zu einer Kündigung.

Zum Zeitpunkt der Überprüfung durch die PAK waren in Berlin noch 360 Angehörige des höheren Dienstes übrig geblieben. 144 mussten ihren Hut nehmen. Der Rest durfte vorerst bleiben, wurde jedoch in der Regel um vier Dienstgrade herabgestuft. Ein ehemaliger Oberstleutnant der VP bzw. Kriminaloberrat mit der Besoldungsgruppe A 14 fand sich als Oberleutnant bzw. Kriminaloberkommissar und der Besoldungsstufe A 10 wieder.

Insgesamt fielen bei der Fragebogen-Aktion 1.056 ehemalige Volkspolizisten im Bereich der Mannschaftsdienstgrade durch. Weitere 585 kündigten freiwillig, und 771 mussten ausscheiden, weil ihre Dienststellen aufgelöst wurden. Die Übriggebliebenen durften vorerst bleiben. Sie wurden allerdings unter dem Vorbehalt eines abschließenden Bescheids durch die Gauck-Behörde weiter beschäftigt.

Dieses Prozedere führte zu großen Unsicherheiten, denn es war nicht eindeutig geregelt, welche Kriterien als Beweis einer IM-Tätigkeit galten: Eine unterschriebene Verpflichtungserklärung? Tatsächlich abgegebene Spitzelberichte? Eine Karteikarte mit persönlichen Angaben? Oder nur der Name auf einer Liste?

Die Zitterpartie zog sich lange hin. Am 18. Dezember 1991 erhielten die ersten ehemaligen Volkspolizisten ihre Ernennung zu Beamten auf Probe. Ihr Gehalt betrug allerdings nur 60 Prozent der offiziellen Besoldungsgruppe.

Zusammengefasst gab es Anfang der neunziger Jahre wohl kaum einen ehemaligen Volkspolizisten, der keine Zukunftsangst hatte. Die Aussortierten mussten sich in der freien Wirtschaft bewähren. Auf sie warteten Tätigkeiten als Wachschützer, Versicherungsvertreter, Verkäufer und Privatdetektiv.

Besserwessi und Ewiggestrige

Am 20.12.1990 hatte sich im Berliner Reichstag das erste frei gewählte gesamtdeutsche Parlament seit 1932 konstituiert. Alterspräsident Willy Brandt brachte in einer von allen Fraktionen beklatschten Rede die Hoffnung zu Ausdruck, dass sich das deutsch-deutsche Verhältnis von »oben und unten, von Lehrern und Belehrten« bald »in eines von Gleichen zu Gleichen verwandeln« werde.

Um die Polizeiarbeit im Ostteil der Stadt in Gang zu halten, wurden sowohl pensionierte Polizisten reaktiviert, als auch noch sich im Dienst befindliche Beamte für Leitungsfunktionen abkommandiert. Unter ihnen waren viele Idealisten, die von ganzem Herzen ihre Ostkollegen unterstützen wollten – so wie Hamburger Rechtsanwälte aus völlig uneigennützigen Motiven heraus den Verein »Adiuvat – Anwaltschaft hilft Anwaltschaft« gegründet hatten, um die ostdeutschen Rechtsanwälte bei der Aus- und Weiterbildung zu unterstützen.

Doch es gibt auch das »Peter-Prinzip«. Es wurde durch den amerikanischen Professor Laurence J. Peter (1919–1990) aufgestellt und besagt, dass in einer Hierarchie jeder Angestellte soweit aufsteigen wird, bis er eine Stufe der absoluten Unfähigkeit erreicht hat. Das führt nach Meinung von Professor Peter irgendwann dazu, dass jede Position in einem Unternehmen oder einer Verwaltung von einem Mitarbeiter besetzt wird, der unfähig ist, seine Aufgabe zu erfüllen.

Einige der abkommandierten Beamten hatten in ihren heimischen Polizeidirektionen bereits den höchsten Grad der Unfähigkeit erreicht gehabt. Nun wurden sie um zwei, drei Stufen höher katapultiert.

Das führte dazu, dass viele Westbeamte völlig überfordert waren, sich hinter Vorschriften verschanzten und unsinnige Entscheidungen trafen. Sie waren deshalb als »Besserwessis« verschrien. Im Gegenzug stempelten sie ihre Ostkollegen als »Ewiggestrige« ab.

Doch auch die ehemaligen Volkspolizisten, die es zu neuen Beamten auf Probe gebracht hatten, waren überfordert. Sie kannten weder die neuen Gesetze noch die für sie geltenden Dienstanweisungen. Sie lebten in der ständigen Angst, etwas falsch zu machen, und sie taten deshalb häufig gar nichts.

Nach Feierabend mussten die Neuen die Schulbank drücken. 3.531 ehemalige Volkspolizisten wurden in die Westabschnitte versetzt, um im direkten Polizeialltag etwas zu lernen. Turnusmäßig fanden mehrwöchige Weiterbildungsveranstaltungen statt. Die entstandenen Lücken wurden teilweise von den 2.370 Westberliner Polizisten geschlossen, die nun ihren Dienst in Ostberlin tun mussten.

Durch einen Beschluss des Senats vom 16. Juli 1991 wurde die alte Volkspolizeistruktur in Ostberlin aufgelöst und der Organisationsaufbau aus dem Westteil übertragen. Es entstanden zwei neue Polizeidirektionen. Die Volkspolizeiinspektionen erhielten die Bezeichnung »Abschnitte im Aufbau«.

Mangelhafte Ausstattung

Die Neuorganisation der Polizei brachte große Probleme mit sich. Die Finanzausstattung blieb weit hinter den gestiegenen Anforderungen zurück. Die Personenfahnder der Fahndungsinspektion beispielsweise fuhren ausgemusterte schwarze Staatsschutzlimousinen, die sich kaum für verdeckte Ermittlungen eigneten. Darüber hinaus parkten die Wagen nicht vor dem Haus, sondern in einer 900 Meter weit entfernten Tiefgarage. Bei dringenden Einsätzen rannten die Fahnder im Schweinsgalopp samt Einsatztasche, Waffen und Funkgeräten zu ihren Fahrzeugen. Autopannen gehörten zum Dienstalltag. In der Stadt stellten sie kein großes Problem dar. Die gefesselten Straftäter wurden dann eben mit der S- oder U-Bahn zur nächsten Polizeidienststelle gebracht. Ab und zu sah man aber auch Männer in Handschellen die Landstraßen entlanggehen – so weit, bis eine Telefonzelle in Sicht kam.

Auf den Dienststellen wurden die Berichte noch mit alten mechanischen Schreibmaschinen getippt. Computer gab es so gut wie keine. Alle Fern- und Ortsgespräche mussten in der Telefonzentrale mit Dienstgradangabe und Namen des Vorgesetzten, der den Anruf genehmigt hatte, angemeldet werden.

Noch im Jahr 1992 gab es in Berlin pro Kommissariat für sechs Streifen nur jeweils vier Dienstfahrzeuge. Das waren entweder alte Schrottkisten mit weit über 200.000 Kilometern auf dem Tacho oder klapprige Wartburgs oder Ladas. Die ostdeutschen Autos verfügten zwar über Funkgeräte, aber mit ihnen ließ sich kein direkter Kontakt zur Funkbetriebszentrale (Fubz) im Westteil der Stadt herstellen, weil die unterschiedlichen Systeme nicht kompatibel waren. Sämtliche Meldungen mussten daher nach dem Prinzip der stillen Post abgesetzt werden: Nachricht an die Fubz Ost, Weiterleitung an die Fubz West, von dort aus Information an die Dienststelle.

Die Ausstattung entsprach also in etwa derjenigen, die die Kriminalpolizei am Ende des 19. Jahrhunderts gehabt hatte, als sie noch am Molkenmarkt residierte.

Einsatzwagen aus Ost und West kurz vor der Vereinigung beider Polizeien, Berlin 1990

Holger Bernsee vom Bund deutscher Kriminalbeamter (BdK) stellte 1991 desillusioniert fest: »Nur noch jeder elfte Wohnungseinbruch wird aufgeklärt. Die Kriminellen arbeiten mit immer weniger Risiko. Grund dafür ist die katastrophale Ausstattung. Das Telefonieren zwischen Ost und West funktioniert nicht.« Letzteres lag daran, dass es keine direkte Leitung gab, sondern nur über eine Vorwahl angerufen werden konnte, die ständig besetzt war.

Im Ostteil der Stadt sah es noch schlimmer aus. Beispielsweise war das Einbruchskommissariat in der Pablo-Picasso-Straße für die Stadtbezirke Pankow, Weißensee, Marzahn, Hellersdorf, Hohenschönhausen und Prenzlauer Berg zuständig. Im Jahr 1991 mussten die 35 Mitarbeiter mit drei Umweltkarten und zwei Dienstwagen – einem Barkas und einem Wartburg ohne Funk – auskommen. Die Geschädigten, die vom Kommissariat am weitesten entfernt wohnten, bekamen daher meist nur einen Brief mit einem Formular geschickt. Darin sollten sie mitteilen, was abhanden gekommen war und ob sie einen Hinweis auf den Täter geben konnten.

Die östlichen Außenbezirke wurden nach dem Einbruch der Dunkelheit zum rechtsfreien Raum. Jugendbanden zogen randalierend durch die Straßen. In den wenigen Polizeiabschnitten, die es noch gab, saßen Beamte auf Probe hinter verbarrikadierten Türen.

Das Berliner Modell

Die Ostberliner hatten den Fall der Mauer frenetisch gefeiert. Wochenlang ergossen sich begeisterte Menschenströme über den Ku'damm. Die Westberliner waren etwas zurückhaltender gewesen, und das aus guten Grund. Die meisten hatten sich in ihrem beschaulichen und friedlichen Leben hinter der Mauer gut eingerichtet gehabt, und nun wurde alles auf den Kopf gestellt. Mauergrundstücke, für die sich bislang kein Mensch interessiert hatte, wurden zu begehrten Anlageobjekten. Die vielfältigen Förderprogramme, von denen jeder Westberliner auf die eine oder andere Weise profitiert hatte, begannen wegzufallen. Heruntergekommene Stadtviertel wurden zu begehrten Wohngebieten, und traditionelle Einkaufsmeilen wie die Potsdamer Straße begannen zu veröden und dem Straßenstrich zu weichen. Glücksritter überfielen die Stadt. Ehrliche Kaufmannsworte galten nichts mehr. Die Kriminalität explodierte. Beispielsweise nahmen Anfang der neunziger Jahre Raubüberfälle um 75 Prozent und Taschendiebstähle um 136 Prozent zu.

Die Politik war überfordert. Immer wieder gab es Reformversuche. Beispielsweise wurde im Jahr 1994 erneut ein Landeskriminalamt geschaffen. Der Polizeiapparat gliederte sich von da an in fünf Bereiche: 1. das Landeskriminalamt, 2. das Landesschutzpolizeiamt, 3. das Landespolizeiverwaltungsamt, 4. die Landespolizeischule, 5. die Zentrale Ermittlungsstelle.

Im Jahr 2006 gab es die nächste Reform, die unter dem Namen »Berliner Modell« bekannt wurde. Das Landesschutzpolizeiamt wurde aufgelöst, die Landespolizeischule ausgegliedert. Die sechs Polizeidirektionen, denen insgesamt 43 Polizeiabschnitte unterstanden, waren mit Ausnahme der Direktion 3 für mehrere Stadtbezirke zuständig. Der Direktion 3 ist seitdem einzig und allein der Stadtbezirk Mitte mit dem Schwerpunkt Alexanderplatz zugeordnet.

Intern waren mit dem Berliner Modell viele Veränderungen bei den Zuständigkeiten, in der Vorgangsbearbeitung und bei der Umverteilung der Ressourcen verknüpft. Es gab drei große Ziele: Erstens sollte die Bürgerfreundlichkeit steigen, zweitens eine effektivere Polizeiarbeit geleistet werden, und drittens sollte die Polizeipräsenz im öffentlichen Raum steigen.

Alle drei Ziele wurden nicht erreicht. Daran änderten auch kosmetische Operationen wie das Umlackieren von Funkstreifenwagen und die Ausgabe von neuen Uniformen nichts. Die Polizeidichte, also die Anzahl der Polizisten pro Kopf der Bevölkerung, sank von 1:133 im Jahr 1982 auf 1:200 im Jahr 2006 ab.

Nach dem großen Bankenskandal Anfang 2001, in dessen Folge der Regierende Bürgermeister Eberhard Diepgen am 16. Juni 2001 durch ein Misstrauensvotum gestürzt wurde, war Berlin pleite. Die DDR galt 1989 mit einer Auslandsverschuldung von 19,9 Milliarden Valutamark – das entsprach 10,17 Milliarden Euro – als zahlungsunfähig. Die Gesamtverschuldung Berlins betrug im Jahr 2001 mit rund 60 Milliarden Euro weit mehr als das Fünffache der DDR-Staatsverschuldung.

Um Geld einzusparen, wurde die Polizeireiterstaffel aufgelöst, das Polizeiorchester abgeschafft und der sogenannte Freiwillige Polizeidienst gestrichen. Trotzdem reichen heutzutage die Geldmittel hinten und vorne nicht. Berliner Polizisten verdienen deutlich weniger als ihre Kollegen in den anderen Bundesländern. Sie sind gezwungen, einen Teil ihrer Ausrüstung wie kugelsichere Westen und Funkgeräte selbst zu kaufen, weil die Dienststellen-Polizeiwesten zu schwer sind und die Akkus der Polizeifunkgeräte nicht lange genug halten. Polizisten bringen ihre ausgemusterten

Geräte zur Sprecheridentifizierung in der Kriminaltechnischen Abteilung Johannisthal, Berlin 1991

Heimcomputer mit in die Dienststellen, weil dort die Technik hoffnungslos veraltet ist.

Mit der internen Dienstanweisung LPVA II C 31 vom 12. Januar 2000 teilte beispielsweise das Landespolizeiverwaltungsamt den Berliner Polizisten die folgenden Sparmaßnahmen mit:

»… aus dem Titel Geschäftsbedarf kann eine ordnungsgemäße Tätigkeit der Verwaltung mit den uns zur Verfügung stehenden Mitteln aufrecht erhalten werden. Fachvordrucke, Kopierpapier und Registraturmittel haben Vorrang. Allerdings muss zunächst auf andere bestimmte Büroartikel verzichtet werden, die in der Vergangenheit reichlich beschafft wurden. Dazu gehören:

- Kugelschreiber (bitte Ersatzminen verwenden)
- Faserschreiber (bitte Nachfüllungen verwenden)
- Schutzhüllen
- Scheren

- Locher
- Heftmaschinen
- Schreibtischunterlagen
- Selbstklebefolien
- Schreibbretter
- Gewebebänder
- Datumsbänderstempel
- Prospekthüllen
- Briefkörbe

Andere Büroartikel, auch Stempel, werden zukünftig nur in begründeten Ausnahmefällen (unabweisbar) beschafft.«

Im Jahr 2006, dem Jahr der Einführung des Berliner Modells, wurden in Berlin 496.797 Straftaten erfasst und davon 50,2 Prozent aufgeklärt. Im Jahr 2014 stieg die Zahl der erfassten Straftaten auf 543.156 und die Aufklärungsrate sank auf 44,9 Prozent. Ein wichtiger Grund für die niedrige Aufklärungsrate ist, dass nicht genügend Einsatzkräfte zur Verfügung stehen, um die notwendige Tatortarbeit durchführen zu können. Viele Fälle werden nur noch rein statistisch erfasst. Einige Monate später erhalten die Opfer dann standardisierte Schreiben, aus denen hervorgeht, dass das Verfahren gegen Unbekannt eingestellt wurde, weil der Täter nicht ermittelt werden konnte.

Gute Nachrichten

Aber es gibt auch gute Nachrichten: Im Jahr 2006 wurden in Berlin noch 167 Fälle von Mord und Totschlag erfasst. Im Jahr 2014 waren es bei weitem nicht so viele. Die Zahl sank auf 131 erfasste Verbrechen.

Mit Beginn der neunziger Jahre war die Polizei bei Großdemonstrationen und Krawallen zum alten Gewaltmodell zurückgekehrt. In Kreuzberg wurde zum 1. Mai regelmäßig der Bürgerkrieg geübt. Bei der Räumung von 13 besetzten Häusern in der Mainzer Straße im Ostteil der Stadt am 13. und 14. November 1990 waren mehr Polizeikräfte im Einsatz gewesen, als seinerzeit beim Schahbesuch.

In den letzten Jahren hat sich jedoch die Taktik der Deeskalation durchgesetzt. Beamte suchen im Vorfeld das Gespräch mit den Bürgern. Im Ergebnis ist die Gewaltbereitschaft der Chaoten spürbar zurückgegangen.

Skandale

Aber es gab auch in jüngster Zeit Skandale. Beispielsweise als am Sonnabend, den 6.10.2012, der stark alkoholisierte 50-jährige André C. mit zwei Messern und einem Beil bewaffnet durch den Wedding schwankte. Als er anfing, Passanten aggressiv zu bedrohen, alarmierten besorgte Bürger die Polizei. Mehrere Beamte stellten den Mann. Doch nun ging der Betrunkene auf die Polizisten los. In Notwehr schoss ihm einer ins Bein.

André C. fiel zu Boden, ließ jedoch weder die Messer noch das Beil fallen. Ein Polizist trat ihm von hinten in den Nacken und versetzte ihm mit dem Schlagstock einen Hieb. Dann wurde Pfefferspray eingesetzt. Ein Polizeihund kam zum Einsatz. Schließlich fielen weitere Schüsse, insgesamt neun an der Zahl. André C. wurde schwer verletzt ins Krankenhaus gebracht. Er hatte drei Treffer abbekommen und starb zwei Wochen später im Virchow-Klinikum. Daraufhin entbrannte eine Debatte, ob die eingesetzte Gewalt angemessen war.

*

Der nächste Fall war noch makaberer. Am Freitag, den 28. Juni 2013 zog der unter Drogen stehende Manuel F. gegen 9.30 Uhr am Neptunbrunnen am Alexanderplatz seine Jeans, sein rotkariertes Hemd, seine Unterwäsche und die Turnschuhe aus. Anschließend stieg er in das Wasser. Diese Aktion zog sofort die Aufmerksamkeit zahlreicher Touristen auf sich. Der Entblößer fuchtelte mit einem zwanzig Zentimeter langen Brotmesser herum, rief, dass er der Messias sei und brachte sich mehrere Schnittwunden am Hals bei.

Herbeigerufene Polizisten redeten beruhigend auf den ganz offensichtlich geistig Verwirrten ein. Sie versuchten ihn zu überreden, aus dem Wasser zu kommen und das Messer wegzulegen. Schließlich stieg einer Beamten in den Brunnen und näherte sich vorsichtig dem 31-jährigen.

Manuel F., der sich zwischenzeitlich hingesetzt hatte, stand wieder auf und ging langsam auf den Polizisten zu. Der Beamte bekam es mit der Angst zu tun, wich zurück und rief dabei: »Messer weg, Messer weg!« Dann zog er seine Dienstwaffe und gab einen Schuss ab. Manuel F., der schizophren war, wie sich später herausstellte, wurde im Oberkörper getroffen und starb kurz darauf.

In den USA gibt es einen Begriff für diese Todesart. Er lautet »Suicide by Cop« – Selbstmord durch Polizisten. In diesem Fall wäre allerdings wahrscheinlich gar nichts passiert, wenn die Polizisten am Brunnenrand abgewartet hätten. Im Wasser konnte Manuel F. nur sich selbst verletzen. Die Logik, einen potentiellen Selbstmörder zu erschießen, um ihn am Selbstmord zu hindern, will sich nicht so recht erschließen.

In beiden genannten Fällen ermittelte die Staatsanwaltschaft wegen Totschlags, stellte aber die Verfahren gegen die Beamten ein, obwohl es sogar Videoaufnahmen mit genauen Abläufen gab.

Insgesamt griffen Berliner Polizisten in den Jahren 2008 bis 2013 genau 551-mal zur Pistole und schossen, allerdings meistens nur in die Luft. Trotzdem kamen dabei sechs Menschen ums Leben. Weitere zwölf Personen erlitten leichte bis schwere Schussverletzungen.

*

Eine der größten Aufregungen war jedoch die Ausschreibung für den Posten des Polizeipräsidenten: Im Juni 2011 sollte der Polizeipräsident Dieter Glietsch in den Ruhestand gehen. Am 7. Dezember 2010 wurde über eine öffentliche Stellenausschreibung ein Nachfolger gesucht. Der Senat entschied sich für Udo Hansen, den ehemaligen Chef des Bundesgrenzschutzes. Sein Gegenkandidat Klaus Keese, Chef der Polizeidirektion 1, zog dagegen vor das Verwaltungsgericht. Er reichte Klage ein und stellte zusätzlich einen Eilantrag. Der Antrag auf einstweilige Verfügung wurde abgewiesen. Klaus Keese ging in die zweite Instanz und scheiterte auch dort mit seinem Begehren auf vorläufigen Rechtsschutz.

Am 28. Juni 2011 wurde Udo Hansen zum Polizeipräsidenten ernannt. Am 12. Juli 2011 befasste sich das Verwaltungsgericht im Hauptsacheverfahren mit der Klage von Klaus Keese und erklärte die Ernennung von Udo Hansen für unwirksam, da nach Meinung des Gerichts kein ordentliches Ausschreibungsverfahren stattgefunden hatte.

Der Senat annullierte daraufhin die Berufung und benannte eine Auswahlkommission. Am 12. Oktober 2011 wurde Udo Hansen zum zweiten Mal als Polizeipräsident bestätigt.

Am 7. Dezember 2011 erklärte das Verwaltungsgericht auch das zweite Auswahlverfahren für nicht gesetzeskonform.

Am 24. April 2012 wurde die Stelle des Polizeipräsidenten erneut ausgeschrieben. Es gab 19 Bewerbungen. Im August 2012 teilte der Innensenator Frank Henkel mit, dass zwei Bewerber ihre Anträge zwischenzeitlich zurückgezogen hatten. Zwölf Bewerbungen wurden aussortiert, weil die Antragsteller nicht die notwendigen Anforderungen erfüllt hatten. Von den fünf verbliebenen Bewerbern machten schließlich weder Udo Hansen noch Klaus Keese das Rennen. Der Sieger hieß Klaus Kandt, der bisherige Chef der Bundespolizeidirektion Berlin. Er wurde am 20. November 2012 offiziell in seinem Amt bestätigt.

In der Zeit der Querelen vom Juni 2011 bis zum November 2012 hatte die stellvertretende Polizeipräsidentin Margarete Koppers das Amt des Polizeipräsidenten kommissarisch ausüben müssen. Es mehrten sich Stimmen mit der Forderung, den Posten einzusparen, da er erwiesenermaßen gar nicht gebraucht wurde.

Der Fall Massimiliano Petrelli

Schizophrenie ist eine weit verbreitete Krankheit. Etwa ein Prozent der Deutschen sind davon betroffen. Sie leiden unter Wahrnehmungsstörungen, Halluzinationen, Depressionen und Verfolgungswahn. Sie hören Stimmen, sehen Dinge, die andere nicht sehen, und nehmen fremde Gedanken war.

Der Krankheitsverlauf ist häufig schleichend. Die Betroffenen fallen ihrer Umgebung zwar mitunter als wunderlich auf, werden aber ansonsten als normal angesehen. Die Kranken selbst spüren auch, dass mit ihnen etwas nicht stimmt. Den Grund dafür können sie aber nicht benennen. Später, wenn sich die Krankheit manifestiert hat, fehlt ihnen häufig die Möglichkeit zur Selbsterkenntnis.

Die Ursachen der Schizophrenie sind vielfältig. In der Regel wird die Krankheit vererbt. Aber es gibt auch manche Menschen, die lediglich eine genetische Veranlagung in sich tragen. Sie befinden sich sozusagen im Ruhemodus. Doch eine nachteilige Beeinflussung der Botenstoffe im Gehirn kann einen schizophrenen Schub auslösen. Dann wird der Schalter umgelegt, eine sinnbildliche rote Lampe leuchtet auf. Häufig ist der Konsum von Cannabis der Auslöser. In der Kombination mit harten Drogen wird es dann richtig gefährlich.

Massimiliano Petrelli wurde 1969 in Perugia, der Hauptstadt der Region Umbrien in Italien, geboren. Touristen schlendern gerne durch die malerischen Gassen der Altstadt und bewundern mittelalterliche Paläste, römische Aquädukte und etruskische Bögen. Doch für viele Bewohner hat die Stadt ihren Reiz verloren. Die Arbeitslosigkeit ist hoch, und die Wohnbedingungen in dunklen, feuchten Behausungen mit mangelhafter sanitärer Ausstattung sind miserabel.

Massimo brachte schlecht und recht die Schule hinter sich. Eine Lehrstelle bekam er nicht. Er hangelte sich von einem schlecht bezahlten Aushilfsjob zum nächsten. Schließlich erzählte ihm ein Freund, dass in Deutschland Milch und Honig fließen würden. Jeder, der nur wollte, könnte dort reich werden.

Massimo glaubte ihm aufs Wort. Ein paar Mal hatte er als Fremdenführer gearbeitet. Die deutschen Touristen in ihren kurzen Hosen und bunten Hemden protzten mit goldenen Ringen, teuren Uhren und Fotoapparaten, die ein Vermögen gekostet haben mochten.

Im Jahr 2002 sagte Massimo zu Hause Lebewohl, setzte sich in einen Zug und kam einen Tag später in Berlin an. Ein Bekannter nahm ihn bei sich auf. Die Wohnung in einem unsanierten dritten Hinterhof sah nicht viel anders aus als daheim in Italien und es roch auch so ähnlich nach feuchtem Kalk. Massimo wurde Botenjunge in einer Pizzeria.

Nach ein paar Wochen lernte er die gleichaltrige Rita kennen. Er verließ den dritten Hinterhof und zog bei ihr ein. Ihre Wohnung lag im Vorderhaus und verfügte sogar über ein eigenes Badezimmer und einen Balkon.

Nach ein paar Wochen kündigte Massimo in der Pizzeria, besorgte sich ein altes Auto und machte ein eigenes Geschäft auf. Das Motto lautete »Und ist der Handel noch so klein, bringt er doch mehr als Arbeit ein«. Massimo fungierte als Zwischenverkäufer. Nachts fuhr er durch die Straßen, hielt hier und da an, sprach mit diesem und mit jedem. Unter der Hand wechselten kleine Päckchen mit Haschisch den Besitzer. Rita wurde seine beste Kundin, aber das ging aufs Haus.

Nach getaner Arbeit ging Massimo gerne in eine Kneipe um die Ecke und zischte dort am Tresen einige Schnäpse und mehrere Gläser Bier. Häufig wachte er morgens auf und konnte sich nicht mehr daran erinnern, was abends passiert war. Dann gab es Ärger. Er bekam Lokalverbot. Die Polizei war geholt worden, weil er im Schankraum laut grölte und einfach nicht seine Klappe halten wollte.

Massimo stellte fest, dass ihm der Alkohol auf Dauer nicht bekam. Deshalb stieg er auf Haschisch um. Rita war schon eine Stufe weiter und warf bunte Pillen ein. Im Juni 2005 erlitt sie einen Zusammenbruch und musste in eine Klinik gebracht werden.

Für Massimo stellte das zunächst kein großes Problem dar. Überraschenderweise konnte er sich nämlich immer noch mit seiner Freundin unterhalten, obwohl sie mehrere Kilometer von ihm entfernt im Krankenhausbett lag. Nur die übrigen Hausbewohner glaubten ihren Augen kaum zu trauen, denn Massimo führte diese Gespräche am liebsten nackt draußen auf dem Bürgersteig, und zwar laut italienisch fluchend.

Am Montag, den 27. Juni 2005, war Massimo mit seinem Auto in Wilmersdorf unterwegs. Gegen 15 Uhr passierte er die Breite Straße. Plötzlich verlor er die Kontrolle über sein Fahrzeug, rammte frontal ein anderes Auto, schleuderte zur Seite und prallte schließlich gegen zwei parkende Pkw. Die Breite Straße ist eine Einbahnstraße. Der Unfallgegner blockierte die Fahrbahn. Eine Flucht mit dem Wagen war deshalb unmöglich.

Massimo sprang aus dem Auto und rannte weg. Er lief nicht weit, sondern nur bis zur Gartenkolonie »Mannheim«. Dort kam ihm eine Rentnerin entgegen, die gerade zum Einkaufen gehen wollte. Der Italiener riss ihr den Beutel aus der Hand, in dem sich das Portemonnaie befand, und flitzte weiter bis zur Parzelle 10. Seine Schwiegermutter hatte das kleine Gärtchen gepachtet. Massimo hastete zum Schuppen, holte sich eine Benzinkettensäge heraus und zog zwei- dreimal am Starterseil, bis die Säge losknatterte.

Anschließend trat er mit der Säge in der rechten Hand vor das Grundstück. Dort kamen ihm fünf Personen entgegen: Die 35-jährige Kerstin R. mit ihren beiden kleinen Töchtern sowie ihre 30-jährige Schwester Anja S. und deren Sohn.

Ohne Vorwarnung ging Massimo mit der Kettensäge auf die völlig überraschte Kerstin R. los, um ihr den Kopf abzutrennen. Die junge Frau versuchte verzweifelt, sich zu wehren. Sie wurde am Hals, am Nacken, am Unterkiefer, am Arm und an der linken Schulter verletzt. Das Horrorszenario endete, weil sich die Kette mit ihren scharfen Zähnen im Blusenstoff verhakte und aus der Führungsschiene sprang.

Massimo warf die nutzlos gewordene Kettensäge weg, überließ die vor panischem Entsetzen und Schmerzen schreiende Kerstin R. ihrem Schicksal, und rannte zurück zum Schuppen. Dort griff er sich eine Axt und schlug mit ihr mehrmals auf seinen linken Unterarm ein, bis er die Hand abgetrennt hatte.

Doch das Drama war immer noch nicht zu Ende. Aus dem Armstumpf schoss das Blut wie eine Fontäne. Aber Massimo verspürte keinen Schmerz. Mit der Axt in der rechten Hand ging er den Grundstücksnachbarn besuchen.

Der 74-jährige Rentner Helmut R. war durch den Lärm aus dem Nachmittagsschlaf gerissen worden. Er war desorientiert und wusste nicht, was los war. Aber als plötzlich der blutbesudelte Italiener wie ein Dämon aus der Unterwelt in seinem Garten auftauchte, griff er mutig nach einer Harke und schlug dem Angreifer die Axt aus der Hand.

Massimo ließ sofort von seinem zweiten Opfer ab und rannte aus der Gartenkolonie hinaus bis zur Zoppoter Straße. Alle Passanten, die seiner ansichtig wurden, erstarrten entweder zu Salzsäulen oder gaben schreiend Fersengeld.

Massimo betrat ein italienisches Restaurant und nahm sich aus dem Kühlschrank am Eingang eine Wasserflasche. Niemand wagte es, ihn daran zu hindern. Als nächstes betrat der Amokläufer eine Bäckerei.

Die Besatzung eines zufällig vorbeikommenden Feuerwehrautos konnte sich zunächst keinen Reim auf den Tumult auf der Straße machen. Als sie aber den blutüberströmten Italiener in der Bäckerei erblickten, der wie eine Reinkarnation vom Sissy Spacek aus John Carpenters Horrorfilm »Carrie« wirkte, stoppten sie sofort und handelten entschlossen. Die Männer überwältigten Massimo und hielten ihn fest, bis die Polizei eintraf. Er wurde fixiert und dann sofort in die Notaufnahme gebracht. Die Ärzte konnten zwar sein Leben retten, aber nicht die Hand. Die Axt war stumpf gewesen und hatte große Teile des Gewebes zerquetscht.

Im Januar 2006 wurde Massimiliano Petrelli vor Gericht gestellt. In seinem letzten Wort sagte er: »Ich verstehe nicht, wieso ich das getan habe. Ich kann es nur damit erklären, dass ich in einer anderen Realität lebte.«

Ein Gerichtsgutachter hatte bei ihm eine sich steigernde paranoide Schizophrenie festgestellt, die vermutlich durch den Drogenkonsum ausgelöst worden war.

Aus diesem Grund wurde er auch nicht zu einer Freiheitsstrafe verurteilt. Die Richterin begründete diese Entscheidung wie folgt: »Er war wegen seiner hochgradig psychischen Erkrankung schuldunfähig.« Massimiliano Petrelli wurde am 25. Januar 2006 in den Maßregelvollzug, also in die geschlossene forensische Psychiatrie, eingewiesen. Ob Heilungschancen bestehen, ist ungewiss.

Gewiss ist hingegen: Kerstin R., sein Opfer, wird ihr gesamtes weiteres Leben unter den schweren physischen und psychischen Verletzungen, die ihr zugefügt wurden, zu leiden haben.

Der Fall Volker Krause

Der Fall des stark depressiven Germanwings-Kopiloten Andreas L., der am 24. März 2015 einen Airbus A320 in den südlichen französischen Alpen mit voller Absicht gegen eine Felswand steuerte, hatte ein großes Medienecho zur Folge. Andreas L. war nämlich nicht nur ein gewöhnlicher Selbstmörder gewesen, sondern er hatte 149 weitere Menschen an Bord mit umgebracht. Der Schock über den Germanwings-Absturz war groß. Über das Motiv wurde lange gerätselt, weil es keinen Abschiedsbrief gab. Es wurde sogar vermutet, der Todespilot habe eine Episode aus dem argentinischen Film »Wild Tales« nachgespielt, der einige Wochen zuvor in den Kinos gelaufen war. Doch Pilotensuizide kommen viel häufiger vor, als man glauben möchte. Es gibt sogar einen Fachbegriff für diese Sonderform des sogenannten erweiterten Selbstmords: »Aircraft-Assistet Pilot Suicide« (Pilotensuizid).

Einige bekannt gewordene Fälle waren beispielsweise:

- Am 26. September 1976 steuerte ein sowjetischer Pilot sein Flugzeug in einen Neubaublock in Nowosibirsk, um seine geschiedene Frau zu töten. Dabei kamen zwölf Menschen ums Leben.

- Am 9. Februar 1982 führte der Pilot einer japanischen McDonnell Douglas DC-8-61 auf dem Tokioter Flugplatz absichtlich einer Bruchlandung herbei. Es gab 24 Tote. Der Kapitän überlebte. In einem Gerichtsverfahren wurde er für unzurechnungsfähig erklärt.
- Am 21. August 1994 stürzte ein marokkanisches Flugzeug der Royal Air Maroc über dem Atlasgebirge ab. Der Verlauf war ähnlich wie bei der Germanwings-Maschine. Es gab 44 Tote.
- Am 19. Dezember 1997 leitete der Pilot einer Boing 737 auf dem Flug von Jakarta nach Singapur über Sumatra den Sinkflug ein. 104 Menschen starben.
- Am 11. Oktober 1999 brachte ein aus gesundheitlichen Gründen suspendierter Pilot der Air Botswana eine ATR 42 in seine Gewalt und ließ sie auf dem Flugplatz zerschellen. Zwei weitere Maschinen am Boden wurden dabei mit zerstört. Außer dem Piloten gab es keine weiteren Toten.
- Am 31. Oktober 1999 versenkte der Kopilot einer ägyptischen Boing 767 das Flugzeug im Atlantischen Ozean. 217 Menschen verloren ihr Leben.
- Am 29. November 2013 leitete der Pilot einer Embraer 190 aus Mozambique ohne erkennbaren Grund über dem Dschungel den Sinkflug ein. Der Absturz kostete 33 Menschen das Leben.
- Am 8. März 2014 verschwand eine Boing 777-200 der Malaysia-Airlines auf dem Flug nach Peking vom Radar. Das Flugzeug wurde bis heute nicht wieder aufgefunden. 227 Passagiere und zwölf Besatzungsmitglieder sind seitdem verschollen.

In den USA sollen zwischen 1979 und 2012 insgesamt 34 Piloten mit Flugzeugen Selbstmord begangen haben. Allerdings handelte es sich in den meisten Fällen um kleine Propellermaschinen und um keine erweiterten Selbstmorde.

Die vier Flugzeugentführungen in den USA am 11. September 2001 mit den Angriffen auf das World Trade Center und das Pentagon zählen nicht zu den »Aircraft-Assistet Pilot Suicide«. Sie werden Selbstmordattentate genannt. Für die Opfer ist die unterschiedliche Klassifizierung hingegen völlig gleichgültig.

Auch in Berlin hat es einen solchen Pilotenselbstmord gegeben:

In der Ehe von Volker und Sabine Krause aus Erkner kriselte es seit längerer Zeit. Der 39-jährige hatte sich vom Müllfahrer zum Leiter eines Recyclinghofs bei der Berliner Stadtreinigung hochgearbeitet. Sein größter Traum bestand darin, sich mit einem eigenen Flugzeug in die Lüfte erheben zu können. Er nahm fleißig Flugstunden, erwarb die notwendigen Lizenzen und hatte bereits eine wunderhübsche Maschine ins Auge gefasst: Ein gebrauchtes einmotoriges Ultraleichtflugzeug vom Typ »Roter Kiebitz«. Das war ein oben offener Doppeldecker mit zwei Sitzen hintereinander, der wie ein Oldtimer aus der Zeit der tollkühnen Männer in ihren fliegenden Kisten wirkte. 20.000 Euro sollte das gute Stück kosten. Das war wenig für solch ein hübsches Flugzeug, aber viel Geld für die Familie Krause. Die 36-jährige Sabine interessierte sich nicht für die Fliegerei, und am Haus gab es einen dringenden Reparaturstau zu beheben. Außerdem musste eine Rücklage gebildet werden. Demnächst würden die Anschlussgebühren für die Kanalisation fällig werden. Und eine neue, moderne Heizung sollte auch so schnell wie möglich her.

Volker war nicht der Mann, der sich durch solche Nebensächlichkeiten von seinem Vorhaben abbringen ließ. Ständig gab es Streit. Schließlich drohte sie ihm: »Das Flugzeug gibt es nur über meine Leiche!«

Volker ließ sich nicht beirren und kaufte den »Roten Kiebitz« trotzdem. Stolz erhob er sich mit diesem Wunderwerk der Technik in die Lüfte. Zu Hause brach die Hölle los.

Sabine Krause erschien nur noch mit verheulten Augen auf Arbeit. Als sie eines Tages unentschuldigt wegblieb, machten sich ihre Kollegen beim Berliner Grünflächenamt ernsthafte Sorgen. Sie riefen bei ihr daheim an. Volker sprach von einer leichten Sommergrippe. Als aus der Erkältung eine schwere Migräne wurde, verständigten Sabines Mitarbeiter die Polizei.

Die nahm sich der Sache tatsächlich an und fuhr zum Einfamilienhaus der Familie Krause. Die Ehefrau traf sie nicht an, nur den Ehemann. Er verwickelte sich in Widersprüche. Nun erschien die Kriminalpolizei, denn es bestand der Verdacht auf ein Tötungsverbrechen. Das gesamte Grundstück wurde durchsucht. Gefunden wurde nichts. Schließlich ließen die Beamten sogar die Jauchegrube auspumpen. Volker Krause sah mit regungsloser Miene zu.

Es gibt Fälle, wo Menschen wegen Mordes verurteil werden, obwohl die Leiche nie gefunden werden konnte. Im Fall des Hobbyfliegers reichten die Verdachtsgründe noch nicht für eine Verhaftung aus.

Am 22. Juli 2012 stieg er um 20 Uhr auf dem Strausberger Flugplatz in seinen roten Doppeldecker, startete und flog in Richtung Berlin. Er überquerte bei Hellersdorf die Stadtgrenze und nahm Kurs auf den Bezirk Mitte. An der nördlichen Seite vom Reichstag zog er eine Linkskurve, ließ das Flugzeug abkippen und schlug mit der Maschine senkrecht am Boden auf. Volker Krause wurde aus dem Wrack katapultiert und blieb mehrere Meter weit entfernt auf dem Rasen liegen. Wenige Minuten später verstarb er an der Absturzstelle. Das Flugzeug ging in Flammen auf und brannte lichterloh – 300 Meter weit vom Reichstag und 200 Meter weit vom Kanzleramt entfernt.

Für die Ermittler gab es keinen Zweifel, dass es sich um einen Selbstmord gehandelt hatte. Der Grund dafür schien auf der Hand zu liegen. Das Haus der Familie Krause wurde noch einmal gründlich unter die Lupe genommen. Im Keller schaufelten die Polizisten einen riesigen Berg Kohlen beiseite. Ein blauer, fest verschnürter Müllsack kam zum Vorschein. Darin befand sich die Leiche von Sabine Krause. Sie war mit einem stumpfen Gegenstand erschlagen worden. Die Tatwaffe wurde nicht gefunden. Alle Indizien deuteten darauf hin, dass Volker Krause der Mörder gewesen war.

Kleines Lexikon der Berliner Gaunersprache

Alle Berufsgruppen – von den Altenpflegern über die Ärzte und Rechtsanwälte bis hin zu den Zweiradmechanikern – benutzen ihre eigene Fachsprache, die für Außenstehende weitgehend unverständlich ist und deshalb »Fachchinesisch« genannt wird. Ebenso haben Jugendliche, Skatbrüder, Taubenzüchter etc. ihren eigenen Jargon. Er hat zwei wichtige Funktionen: Er symbolisiert die Zugehörigkeit zu einer Gruppe oder Gemeinschaft und schließt Außenstehende weitgehend aus.

Auch die Verbrecher besitzen eine eigene Sprache. Sie wird Rotwelsch (aus *rot* [soviel wie Bettler] und *wälsch* [fremdartige Spreche] zusammengesetzt), Jenische Sprache, Kochemer Loschen (aus dem Hebräischen *chacham* [klug] und *laschon* [Sprache] zusammengesetzt), Kaloschensprache oder Gaunersprache genannt. Es gibt sie bereits seit dem frühen Mittelalter. Sie wird auch von Landstreichern, Bettlern, Prostituierten und den untersten sozialen Schichten benutzt. Im Laufe der Jahrhunderte ist die Gaunersprache teilweise in die Alltagssprache eingegangen.

Von Wesen her ist die Gaunersprache eine Geheimsprache. Mit ihrer Hilfe konnten in der Öffentlichkeit Informationen ausgetauscht werden, die nicht für alle Ohren bestimmt waren. Darüber hinaus ist sie regional stark unterschiedlich und hat sich im Laufe der Jahrhunderte immer wieder verändert.

Ihren Höhepunkt hatte die Gaunersprache in Deutschland in den zwanziger und dreißiger Jahren des vorigen Jahrhunderts erreicht, als es ein ausgeprägtes Berufsverbrechertum gab. Deshalb gehörte das Erlernen der Gaunersprache damals mit zur Polizeiausbildung. Gaunersprachen gibt es in allen Ländern.

A

abflöhen: Geld beim Falschspielen abnehmen
abgeklatscht: für polizeiliche Zwecke fotografiert
abgezinkt: beobachtet werden
abhängen: ausgehängte Gegenstände vor Geschäften stehlen
Abkocher: Heiratsschwindler
Abstecher: Eisen zum Öffnen von Vorhängeschlössern
Abwackeln: einer Prostituierten die Einnahmen wegnehmen
Abzocken: gewinnen
Acht: Handschellen
Achtgroschenjunge: Polizeispitzel
Adelsfrau: vorbestrafte Prostituierte
Adelskalender: Steckbriefverzeichnis
Äffchen: Opfer der Bauernfänger
Affenfett: Schmalz
Aktenkacker: Rechtsanwalt
alle werden: festgenommen werden
altes Geld: versteckte Beute aus früheren strafbaren Handlungen
Amazone: weiblicher Schlepper vor Spielklubs
anfassen: stehlen
ankobern: Dumme fangen
Appel: Arbeitshaus
Arbeitsvermittler/in: Kuppler/in
Asche: Geld
Athletenfrühstück: Schmalz- oder Käsestulle
aufschränken: einbrechen
ausbaldowern: einen Einbruch vorbereiten
auseinandermachen: die Beute teilen
ausknobeln: eine Straftat besprechen
ausmisten: alles Geld abnehmen
ausrutschen: bei einer sexuellen Handlung in der Öffentlichkeit erwischt werden

B

Bahnherr: Chef einer Einbrecherbande
Bauer: dummer Mensch, Opfer der Bauernfänger
bedibbern, beleimen, belummern, bemogeln, beneppen, bemeiern, bemauscheln, beramschen, berupfen, beschuppen, beschupsen, besächen, beseibeln, betuppen: betrügen
begraben sein: für lange Zeit im Gefängnis sitzen
Beißer: Kneifzange
Besen: gezinktes Kartenspiel
besprechen: einen Verdächtigen lange verhören
Bezupferin: Beischlafdiebin
bimmeln: verraten
Blauer: Schutzmann
blauer August: Gefängniswagen
Blechkopf: Schutzmann
Blitzableiter: Schutzmann mit Pickelhaube
Blüten: Falschgeld
Blütenstecher: Verteiler von Falschgeld
Bruchkadett: Strolch
Brummer: Schusswaffe
Brunger: Bohrer
Brustleier: Einbruchswerkzeug zum Öffnen von Geldschränken und zum Durchbohren von Fußböden
buffen: ein Schaufenster einschlagen
Buffer: Schaufenstereinbrecher
Bürgerbrief: Entlassungsschein aus dem Gefängnis

C

Chawren: Bandenmitglied
Chawruss: Diebesbande
Chelucke: Beute
Chilfer: Betrüger beim Geldwechseln
Commers machen: ein Glücksspiel anfangen

D

Dalleswinde: Arbeitshaus
Dampf geben: weglaufen
das Aktenstück ausreißen: eine Büroangestellte sexuell nötigen

den Mops häuten: ein Lehrmädchen vergewaltigen
den Stift schmirgeln: einen Lehrling schlagen
dicht halten: nichts verraten
dicke Marie: prall gefüllte Brieftasche
die Vorzimmerlinde entblättern: die Sekretärin sexuell bedrängen
Ding drehen: eine Straftat begehen
Doppeldecker: Bigamist
Dorn: flaches Eisen zu Öffnen von Sicherheitsschlössern
Drahtverhau: Dörrgemüse in der Gefängniskost
Drämmler: Komplize, der bei Schwindelversteigerungen die Gebote hochtreibt oder beim Hütchenspiel setzt und gewinnt
Drängler: Kompagnon eines Taschendiebes, der ihn deckt oder das Opfer ablenkt
draufhippen: sich belügen lassen
Drillhaus: Zuchthaus
Drong: Beute
drücken: einen Taschendiebstahl ausführen oder einen Teil der Beute auf eigene Faust beiseite schaffen
Drücker: Taschendieb
dufter Junge: schlauer Dieb
dumm machen: jemanden betrügen
dünne machen: davonlaufen

E

eindecken: die Komplizen vor dem Überrumpeln schützen
Eintippel: Teilen der Beute
einwickeln: betrügen
Elle: Brechstange
Emmes: Geständnis
erobern: durch Stehlen oder Erpressen zu Geld kommen

F

Fahrerflucht: Schwangere sitzen lassen
Falle machen: Vorbereitung von Bauernfängertricks
Fänger: Kriminalpolizist
Fassade putzen, polieren: ins Gesicht schlagen
Faule: Kriminalpolizei
Fauler Junge: Verräter

Fensterladen, blauer: blau geschlagenes Auge
Ferkelstecher: Rechtsanwalt
Fickenspieler: Taschendieb
finden: stehlen
Fixfax: Täuschung
flachsen: hintergehen
Flackerfahrt: Brandstiftung
Flammer: Diebeslaterne
Flatterfahrer: Wäschedieb
Flebbemacher, -sieder: Hersteller falscher Ausweise
Fledermaus: Beischlafdiebin
Fohsenhahn: unerfahrener Gauner
Frachtbrief: Entlassungsschein aus dem Gefängnis mit Zielangabe und Reisevorschrift
Fuhre: große Diebestasche im Rock oder Beförderungsmittel für Kassiber
Fußlappen: Weißkohl in der Gefängniskost

G

ganfen: stehlen
Gannef: Dieb
Gardinen: Gitter vor dem Zellenfenster
gebumst: verhaftet
Geldkatze: Beischlafdiebin
Geschäft: strafbare Handlung
Gimmelblättchen: Kartenglücksspiel
Grec: nobler Falschspieler
Greifer: Kriminalbeamter
grüne Minna: Gefängniswagen

H

Häkelzeug: Dietriche
Hase machen: weglaufen
Häufeln: Kartenglücksspiel
Hebe: Polizei
Heimlicher: Kriminalpolizist
hochgehen lassen: jemanden verraten
hochnehmen: erpressen
hohe Schule: Gefängnis

hops gehen: verhaftet werden
horizontaler Finanzausgleich: Prostitution

I

Isegrimm: alter Gefängniswärter
intus haben: Beute besitzen

J

Judas: Falschspielergehilfe, der Zeichen gibt

K

Kabore legen: Diebesgut verstecken
Kabruse: Diebesbande
Kaffeemühle: Wagenwinde
Kaffeeschwester: weiblicher Häftling
Käfig: Zelle
Kälberzähne: Graupensuppe
Kalle: Verbrecherbraut
kalte Arbeit: Geldschrank aufbrechen
kalt machen: ermorden
Kalupen: jugendliche Verbrecherbande
Kanone: Revolver, Pistole, Profiverbrecher
kapores machen: umbringen
Kaschemme: Verbrecherkneipe
Kasten: Gefängnis
kaufen: stehlen
kaule gehen: verhaftet werden
Kelf: Werkzeug
Kernspaltung: Vergewaltigung
kesser Tantelmacher: guter Schlosser, falscher Schlüssel
Kippe machen: teilen
Kissimer: Säcke
Kiste machen: einen Geldschrank knacken
Kittchen: Gefängnis
Klageweib: Staatsanwältin
klemmen: stehlen
Klingelfahrer: Einbrecher, die von Tür zu Tür gehen und vorher klingeln
Knabber: Einbruchswerkzeug

Knacker: Geldschrankeinbrecher
Knaster: Richter
Kneif: Messer
Kolonne: Betrügerbande
Kommode schieben: Verpflegung ins Gefängnis bringen
koscher: unverdächtig
kotzen: ein Geständnis ablegen
Krampfhahn: Beischlafdieb
Kratzhenne: Beischlafdiebin
Krebser: Taschendieb
Krummkopf: Brecheisen mit gebogener Klaue
Kuhle: Stück Brot

L
Lampen kriegen: von einem geplanten Verbrechen erfahren
Leichenfledderer: Dieb, der Betrunkene bestiehlt oder ausraubt
leimen: lügen
Leine ziehen: davonlaufen
Loch: Gefängnis
Lude: Zuhälter oder kurze Brechstange
lustige Sieben: Würfelspiel

M
machen: stehlen
Macher: Bandenchef
Manschetten: Handschellen
Masematten: Raub
Mischpoke: Diebesbande mit Anhang
Mösenmolch: Direktor eines Frauengefängnisses
mopsen: stehlen
Moralathlet: Richter
muddeln: Karten mischen
Mühlkracher: Axt

N
neppen: betrügen
nieschen: die Taschen von Häftlingen untersuchen

O

Ochsenkopp: Arbeitshaus
Oßnick drücken: eine Uhr aus der Tasche ziehen

P

Pachulke: Sträfling, Kalfaktor, Wärter
Padde ziehen: eine Geldbörse entwenden
Paragraphenzirkus: Gerichtssaal
Parkverbot: verbotener Geschlechtsverkehr
paschen: schmuggeln
Pascher: Schmuggler
Pfeffer: Schießpulver
pfeifen: verraten
Pfund: zwanzig Euro
planten: verstecken
pleite gehen: der Polizei in die Hände fallen
Polente: Polizei
Polyp: Polizist
Präservativgesetz: dehnbarer Paragraph
Putzfrau: Polizistin
Putz machen: lügen

R

Rabe: junger Dieb
Ramsch: minderwertige Beute
Ratzjagd: Razzia
Rauch schnappen: nichts erbeuten
Rebbes: Gewinn
Rebmausche: Brecheisen
reiten: gestohlene Sachen zwischen den Oberschenkeln verstecken
Rosenkranz: Handschellen
Rotz: Beute
Rotz am Ärmel: unter Anklage stehen
Rübenschneider: Scharfrichter
Rummeline: Arbeitshaus Rummelsburg
rupfen: betrügen

S

Salat machen: falsches Mischen beim Kartenspielen
Satz: verschiedene Dietriche
Schabber: Stemmeisen
Schabrackenhyäne: Gefängniswärterin
Schamspalte: Vorstrafenregister
Schärfer: Hehler
Scherenschleifer: Taschendieb
schieben: betrügen
Schließzeug: Satz Dietriche
Schmiere: Polizei
Schmierentopf: Untersuchungsgefängnis
Schmug: betrügerischer Gewinn
Schöffentheater: Kriminalgericht
Schottenfeller: Ladendieb
Schränker: Einbrecher
Schrappe: dummer junger Verbrecher
schwanger gehen: von der Polizei gesucht werden
schwarze Bande: Scheinfirma, die nach dem Empfang bestellter Ware verschwindet
Schwule ticken: Homosexuelle erpressen
Senge: Prügel
Sommerfrische: Strafanstalt
Sore: Diebesgut
spannen: aufpassen
Sperrzeug: Satz Dietriche
Spinatstecher: Feldjäger
Spitzkopp: Gendarm
Stauke: Schläge
stieken: aufpassen
stippen: Geld mit einer Leimrute aus einer Sammelbüchse ziehen
Stoß: Diebesgut
Stubben: Opfer der Bauernfängerei

T

Tachteln: Ohrfeige
Talon: Wirkungskreis der Verbrecher
Tantelzeug: Satz Dietriche

Tarif: Gerichtsurteil
Taschenkrebs: Taschendieb
Teckel: Gendarm
Tittenpolente: Sittenpolizei
Tobak: Gefängnisstrafe
trampeln: beim Teilen der Beute betrügen
Trapezkünstler: Heiratsschwindler

U
Umschlag: Rücktritt von einem verbrecherischen Plan
Unterkabber: Loch

V
verdonnert: verurteilt
Verkehrsdelikt: sexuelle Straftat
Verkehrsrecht: Sexualrecht
Verkehrsregelung: Sexualgesetzgebung
verkohlen: anlügen
verpissen: wegschleichen
versargen: verstecken
verschütt gehen: verhaftet werden
verzocken: verspielen
Vigilanten: Polizeispitzel
Viole machen: etwas vortäuschen
Visitenkarte zurücklassen: Kothaufen eines Einbrechers am Tatort
von Erinnerungen leben: Prostituierte, die ehemalige Kunden erpresst

W
warme Arbeit: Tresor mit einem Schweißbrenner öffnen
wegpusten: erschießen
Wohnung machen: in eine Wohnung einbrechen
würgen: ein Schloss abdrehen

Z
Z: Zuchthaus
Zocker: Spieler
Zottelbruder: Dieb
Zug machen: Diebesfahrt oder Sauftour

Literaturverzeichnis

Ackermann, Rolf/Hahn, Gerald/ Söll, Helmut: Der Kriminalität keine Chance, Berlin 1985

Ahrens, Gerhard, Giftgesetz und Giftverkehr, Leipzig 1987

Alexis, Willibald/ Hitzig, Julius Eduard: Kriminalfälle des neuen Pitaval, Berlin 1981

Amelunxen, Clemens: Alterskriminalität, Hamburg 1960

Amelunxen, Clemens: Das Opfer der Straftat, Ein Beitrag zur Viktimologie, Hamburg 1970

Amelunxen, Clemens: Die Kriminalität der Frau, Hamburg 1958

Arnau, Frank: Jenseits der Gesetze, München 1966

Arnau, Frank: Tätern auf der Spur, Berlin 1974

Autorenkollektiv: Kriminalistik und forensische Wissenschaften, Berlin 1967

Benda, Richard: Geschichte der Fahndung, Leipzig 2006

Benecke, Mark: Kriminalbiologie, Bergisch Gladbach 1999

Bertillon, Alphonse: Anweisung zur Vornahme von Körpermessungen und Beschreibungen und zur Aufnahme von Photographien, Berlin 1899

Bertillon, Alphonse: Das anthropometrische Signalement, Bern und Leipzig 1895

Beutelspacher, Albrecht, Geheimsprachen. Geschichte und Techniken, München 1997

Blaha, Richard/ Krause, Dieter: Leichenschau und Fundortbesichtigungen bei nichtnatürlichen Todesfällen, Dresden 1976

Bludovsky, Philipp: Legitimation versus Geheimhaltung. Die ambivalente Rolle der Todesstrafe in der DDR. In: AEON – Forum für junge Geschichtswissenschaft, Magdeburg 2010, Heft 2

Bonnevie, Kristine: Manifestierung und Rolle der Epidermispolster in der Entwicklung der Papillarmuster, In: Die Grundlagen der Erbbiologie des Menschen, Berlin 1940

Bornemann, Ernest: Der obszöne Wortschatz der Deutschen, Köln 2003

Borrmann, Norbert: Das große Lexikon des Verbrechens. Täter, Motive und Hintergründe, Berlin 2002

Brodag, Wolf-Dietrich: Kriminalistik. Grundlagen der Verbrechensbekämpfung, Stuttgart, München, Hannover, Berlin, Weimar, Dresden 1995

Broszat, Martin: Zur Perversion der Strafjustiz im Dritten Reich, in: Vierteljahreshefte für Zeitgeschichte, München 1958, Heft 4

Bundeskriminalamt Wiesbaden (Hrsg.): Kriminalpolizei und Technik, Wiesbaden 1967

Bundesministerium des Innern (Hrsg.): Verfassungsschutzbericht 1999, Berlin 2000

Bundesministerium des Innern (Hrsg.): Polizeiliche Kriminalstatistik 2013, Berlin o. J.

Burghard, Waldemar / Hamacher, Hans-Werner (Hrsg.): Durchsuchung/Beschlagnahme/Festnahme, Hilden/Rhld. 1997

Busch, H. / Funk, A. / Kauß, U. / Narr, W.-D. / Werkentin, F.: Die Polizei in der Bundesrepublik, Frankfurt/Main, New York 1988

Büttner, Manfred / Lehmann, Christine: Von Arsen bis Zielfahndung, Hamburg 2009

Damrow, Hildegard: Frauen vor Gericht, Frankfurt am Main und Berlin 1969

Demandt, Alexander (Hrsg.): Das Attentat in der Geschichte, Erftstadt 2003

Der Polizeipräsident in Berlin (Hrsg.): Polizeiliche Kriminalstatistik Berlin 2014, Berlin 2014

Derschau, Birgit von: Kripo live, Köln 1998

Dettenborn, Harry: Täter, Opfer, Zeuge. Streifzüge durch die Gerichtspsychologie, Berlin 1988

Dietrich, Fred: Polizei, FBI – Kripo – Sûreté – Scotland Yard, München 1956

Drawer, Nicole: Todesart: Nicht natürlich. Mit modernster Technik dem Täter auf der Spur, Rastatt o. J.

Dürkop, Marlis / Hardtmann, Gertrud (Hrsg.): Frauen im Gefängnis, Frankfurt am Main 1978

Eis, Egon: Illusion der Gerechtigkeit. Die großen Schauprozesse der Geschichte, Wien 1965

Evans, Colin: Die Leiche im Kreuzverhör, Erstaunliche Lösungen spannender Kriminalfälle, Basel, Boston, Berlin 1998

Feuerbach, Paul Anselm: Merkwürdige Verbrechen, Franfurt am Main 1981
Fink, Peter: Immer wieder töten. Serienmörder und das Erstellen von Täterprofilen, Hilden/Rhld. 2001
Fricke, Dieter (Hrsg.): Dokumente zur deutschen Geschichte 1905–1909, Berlin 1976
Förderkreis Polizeihistorische Sammlung Berlin e.V. (Hrsg.): Kriminalpolizei von 1945 bis zur Gegenwart, Berlin 2005
Förderkreis Polizeihistorische Sammlung Berlin e.V. (Hrsg.): Berliner Polizei. Wiedervereinigung. Vereinigte Polizei in Berlin, Berlin 2003
Förderkreis Polizeihistorische Sammlung Berlin e.V. (Hrsg.): Berliner Polizei. Rückblick auf dreißig Jahre deutsch-deutsche Geschichte, Berlin 2008
Förderkreis Polizeihistorische Sammlung Berlin e.V. (Hrsg.): Berliner Polizei. Besondere Lage: Mauerfall, Berlin 2014
Fricke, Dieter (Hrsg.): Dokumente zur deutschen Geschichte 1910–1914, Berlin 1976
Fricke, Dieter (Hrsg.): Dokumente zur deutschen Geschichte 1914–1917, Berlin 1976
Frietsch, Robert: Verlaufsformen krimineller Karrieren, Heidelberg 1982
Gaebert, Hans Walter: Schach dem Verbrechen, Göttingen 1974
Gertig, B. / Schädlich, R.: Lehrbuch für Kriminalisten. Die allgemeinen Verfahren und Arbeitsmethoden der Kriminalistik. Berlin 1955
Geserick, Günther / Vendura, Klaus / Wirth, Ingo: Zeitzeuge Tod. Spektakuläre Fälle der Berliner Gerichtsmedizin, Leipzig 2001
Göppinger, Hans: Kriminologie, München 1973
Gross, Hans: Criminalpsychologie, Gratz 1905
Gross, Hans: Handbuch für Untersuchungsrichter, München 1908
Groß, Hermann / Frevel, Bernhard / Dams, Carsten (Hrsg.): Handbuch der Polizei Deutschlands, Wiesbaden 2008
Große Polizei-Ausstellung in Wort und Bild. Internationaler Polizistenkongress, o. O. o. J.
Gundolf, Hubert: Verbrecher von A bis Z, Hamburg 1966
Habe, Hans: Meine Herren Geschworenen. Eine Sittengeschichte des Verbrechens, München 1983
Haberland, Jens, Serienmörder im Europa des 20. Jahrhunderts, Berlin o. J.
Hannover, Heinrich: Die Republik vor Gericht 1975–1995, Berlin 1999

Harder, Alexander: Kriminalzentrale Werderscher Markt, Bayreuth 1963
Harrland, Harri / Hartmann, Richard / Lehmann, Günter / Lekschas, John: Kriminologie. Theoretische Grundlagen und Analysen, Berlin 1983
Haselow, Reinhard: Der Wandel der Volkspolizei zu einer rechtsstaatlich-demokratischen Polizei, Lübeck 2000
Heindl, Robert: System und Praxis der Daktyloskopie, Berlin und Leipzig 1921
Heinrich, Wolfgang: Meister der Kriminalistik, Berlin 1962
Hentig, Hans von: Beiträge zur Verbrechenskunde, Meisenheim am Glan 1973
Hentig, Hans von: Der Gangster, Berlin, Göttingen, Heidelberg 1959
Hentig, Hans von: Der Mordbrand und neun andere Verbrechensstudien, Hamburg 1967
Hentig, Hans von: Die Kriminalität des homophilen Mannes, Stuttgart 1960
Hentig, Hans von: Die unbekannte Straftat, Berlin, Göttingen, Heidelberg 1964
Hentig, Hans von: Mord-Genetik und sieben andere Verbrecherstudien, Hamburg 1971
Hentig, Hans von: Studien zur Kriminalgeschichte, Bern 1962
Hitler, Adolf: Mein Kampf, München 1926
Hochenbichler, Eduard / Schober, Jan: Kriminalistik, o. O. 1972
Höhler, Rolf: Der anonyme Briefschreiber, Hamburg 1960
Huber, Philipp; Vom Lügendetektor zur Kriminalgraphologie
Jacta, Maximilian: Berühmte Strafprozesse, München 1963
Jacta, Maximilian: Berühmte Strafprozesse, München 1964
Jacta, Maximilian: Berühmte Strafprozesse, München 1965
Jacta, Maximilian: Berühmte Strafprozesse, München 1967
Kapeller, Ludwig: Das Buch der Kriminalistik, Berlin 1962
Kaye, Brian H.: Kriminaltechnik. Mit der Wissenschaft auf Verbrecherjagd, Hamburg 2004
Kellerhoff, Sven Felix, Attentäter. Wahnsinnige, Verführte, Kriminelle, Berlin 2005
Kisch, Egon Erwin: Kriminalistisches Reisebuch, Berlin 1994
Klaußmann, A. Oskar: Berliner Gauner, Kriminalistische Skizzen, Berlin 1888
Kroll, Remo: Die Kriminalpolizei im Ostteil Berlin (1945–1990), Berlin 2012

Kube, Edwin: Beweisverfahren und Kriminalistik in Deutschland, Hamburg 1964
Landecho, Carlos Maria de: Körperbau, Charakter und Kriminalität, Bonn 1964
Lange, Richard: Das Rätsel Kriminalität. Was wissen wir vom Verbrechen?, Frankfurt am Main, Berlin, 1979
Lichem, Arnols (Hrsg.): Die Kriminalpolizei, Graz 1935
Lombroso, Cesare / Ferrero, G.: Das Weib als Verbrecherin und Prostituierte, Hamburg 1894
Lombroso, Cesare: Der Verbrecher (Homo Delinquens), Hamburg 1894
Lombroso, Cesare: Die Ursachen und Bekämpfung des Verbrechens, Berlin 1902
Lombroso, Cesare: Handbuch der Graphologie, Leipzig 1896
Lombroso, Cesare: Kerker-Palimpseste. Wandinschriften und Selbstbekenntnisse gefangener Verbrecher, Hamburg 1899
Lüke, Alfons: Das große Handbuch der Graphologie, Kreuzlingen 1998
Mannheim, Herrmann: Vergleichende Kriminologie, Stuttgart o. J.
McNab, Chris: Handfeuerwaffen, Klagenfurt 2001
Meyer, Hubert / Wolf, Klaus: Kriminalistisches Lehrbuch der Polizei, Hilden/Rhld. 1999
Meyer, Jochen: Berlin '81, Das Jahr im Rückspiegel, Berlin o. J.
Meyer, Jochen / Voß, Wolfgang (Hrsg.): Berlin '82, Das Jahr im Rückspiegel, Berlin o.J.
Nagel, Claus Dieter (Hrsg.): Berlin '87, Das Jahr im Rückspiegel, Berlin o. J.
Ochmann, Albert: Diebstahlsdelikte von Frauen und ihre Ursachen, Hamburg 1965
Pfeiffer, Hans: Die Sprache der Toten, Berlin 1971
Pfeiffer, Hans: Die Spuren der Toten, Berlin 1979
Philipp, Lothar: Beobachtungs- und Ermittlungspraxis im Polizei- und Detektivdienst, Berlin und Leipzig 1923
Pohl, Klaus Dieter: Handbuch der naturwissenschaftlichen Kriminalistik, Heidelberg 1981
Pophal, Rudolf: Die Handschrift als Gehirnschrift, Rudolstadt 1949
Pophal, Rudolf: Die Schrift und das Schreiben. Der Schreiber, Stuttgart 1965
Prokop, Otto / Radam, Georg: Atlas der gerichtlichen Medizin, Berlin 1963

Pütter, Norbert: Der OK-Komplex. Organisierte Kriminalität und ihre Folgen für die Polizei in Deutschland, Münster 1998
Quanter, Rudolf: Die Sittlichkeitsverbrechen im Laufe der Jahrhunderte und ihre strafrechtliche Beurteilung, Wiesbaden 2003
Rees, Alexander von: Unheimliche Indizien, München 1961
Rose, Mathew D., Berlin Hauptstadt von Filz und Korruption, München 1997
Rückert, Sabine: Tote haben keine Lobby. Die Dunkelziffer der vertuschten Morde, Hamburg 2000
Ruge, Wolfgang / Schumann, Wolfgang (Hrsg.): Dokumente zur deutschen Geschichte 1917–1919, Berlin 1975
Ruge, Wolfgang / Schumann, Wolfgang (Hrsg.): Dokumente zur deutschen Geschichte 1919–1923, Berlin 1975
Ruge, Wolfgang / Schumann, Wolfgang (Hrsg.): Dokumente zur deutschen Geschichte 1924–1929, Berlin 1975
Ruge, Wolfgang / Schumann, Wolfgang (Hrsg.): Dokumente zur deutschen Geschichte 1929–1933, Berlin 1975
Ruge, Wolfgang / Schumann, Wolfgang (Hrsg.): Dokumente zur deutschen Geschichte 1939–1942, Berlin 1977
Ruhla, Frank: Wir sind doch kein Gesangsverein … sagten die Berliner Ganoven, und so war es auch, Rosenheim 1971
Rupprecht, Reinhard (Hrsg.): Polizei Lexikon, Heidelberg 1995
Saeling, Otto: Der Bernburger Hellseher-Prozeß und das Problem der Kriminaltelepathie, Berlin 1925
Sala, Adriano: Pistolen und Revolver, Klagenfurt 2006
Sanke, Heinz (Hrsg.): Kriminalistik und forensische Wissenschaften, Berlin 1967
Schäfer, Herbert: Der kriminelle Aberglaube in der Gegenwart, Gladbeck (Westfalen) 1963
Schäfter, Max Pierre: Der Triebtäter, München 1970
Schermann, Rafael: Die Schrift lügt nicht, Berlin 1929
Schippel, Max: Sozialdemokratisches Reichtags-Handbuch, Berlin 1902
Schmidbauer, Wolfgang: Der Mensch als Bombe, Reinbek bei Hamburg 2003
Schneider, Volkmar: Brisante Fälle auf dem Seziertisch. Zeitzeuge Rechtsmedizin, Leipzig 2005
Schneikert, Hans: Die strafrechtlichen Aufgaben der Polizei, Berlin und Leipzig 1923

Scholz, Gustav: Der Weg aus dem Nichts, Frankfurt am Main 1998
Schubert, Klaus / Klein, Martina: Das Politlexikon, Bonn 2011
Schüler, Wolfgang: Bessere Beweise, Leipzig 1999
Schüler, Wolfgang: Das Gesicht des Täters, Berlin 2011
Schüler, Wolfgang: In den Fängen der Justiz, Leipzig 1998
Schüler, Wolfgang: Kann denn Liebe strafbar sein?, Halle 1999
Schüler, Wolfgang: Mörder auf der Flucht, Berlin 2015
Schüler, Wolfgang (Hrsg.): Serienmörder in Deutschland, Leipzig 2006
Schüler, Wolfgang: Verbrecher im Netz, Leipzig 1997
Schüler, Wolfgang / Zoppa, Wilfried: Zugriff! Im Visier der Fahnder, Leipzig 2002
Schulte, Wolfgang (Hrsg.): Die Polizei im NS-Staat, Frankfurt am Main 2009
Schweder, Paul: Die großen Kriminalprozesse des Jahrhunderts, Hamburg 1961
Schwenzfeier, Bernd Udo: Der Feind in meinem Haus. Authentische Kriminalfälle, Leipzig 2003
Seeger, Olaf / Zimmermann, Burkhard: Berlinische Reminiszenzen, Steglitzer Geschichte(n), Berlin 1985
Selowski, Harold / Dobler, Jens: Die Berliner Kriminalpolizei zwischen 1811 und 1885
Skaupy, Walter: Angeklagt. Große Prozesse der Weltgeschichte, Stuttgart 1976
Staatliche Zentralverwaltung für Statistik (Hrsg.): Statistisches Jahrbuch 1980 der Deutschen Demokratischen Republik, Berlin 1980
Stade, Reinhold: Der politische Verbrecher und seine Gefängnishaft, Leipzig 1905
Stieber, Wilhelm: Praktisches Lehrbuch der Kriminalpolizei, Potsdam 1912
Stürickow, Regina: Mörderische Metropole Berlin. Kriminalfälle 1914–1933, Leipzig 2004
Stürickow, Regina: Mörderische Metropole Berlin. Kriminalfälle im Dritten Reich, Leipzig 2005
Thorwald, Jürgen: Das Jahrhundert der Detektive, Zürich 1965
Thorwald, Jürgen: Die Stunde der Detektive, Zürich 1966
Timm, Uwe: Der Freund und der Fremde, Köln 2005
Ullrich, Wolfgang: Verbrechensbekämpfung, Neuwied 1961
Vogt, Klaus: Ohne Chance, Berlin 1961

Wagner, Rainer (Hrsg.): Berlin ’80, Das Jahr im Rückspiegel, Berlin o. J.
Walder, Hans: Kriminalistisches Denken, Heidelberg 1996
Wehner, Wolfgang: Schach dem Verbrechen, Berlin, Darmstadt, Wien 1965
Weiß, Max: Die Polizeischule, Dresden 1919
Weissensteiner, Friedrich: Berühmte Selbstmörder, Wien 2000
Wirth, Ingo: Tote geben zu Protokoll, Berlin 1990
Wirth, Ingo: Exekution. Das Buch vom Hinrichten, Berlin 1993
Wirt, Ingo / Kroll, Remo: Morduntersuchung in der DDR, Berlin 2014
Wolf, Karl: Die Graphologie, Langensalza in Thür. 1947
Wrede, Richard: Die Körperstrafen. Von der Urzeit bis zum 20. Jahrhundert, Wiesbaden 2004
Wulffen, Erich: Das Weib als Sexualverbrecherin, Berlin 1923
Wulfen, Erich: Der Sexualverbrecher, Berlin 1912
Wulffen, Erich: Die Psychologie des Hochstaplers, Leipzig 1923
Zentner, Christian: … den Dolch im Gewande, Berlin, Darmstadt, Wien 1968

Bildnachweis

S. 23: Bundesarchiv, Bild 183-B0403-0049-001 / Fotograf: o. Ang.
S. 59: Bundesarchiv, Bild 183-R94405 / Fotograf: o. Ang.
S. 74 sowie Umschlag hinten: Bundesarchiv, Bild 102-07260 / Fotograf: Georg Pahl
S. 85 sowie Umschlag vorn: Bundesarchiv, Bild 102-16177 / Fotograf: Georg Pahl
S. 87: Bundesarchiv, Bild 121-0169/ Fotograf: o. Ang.
S. 110: Bundesarchiv, Bild 183-E0406-0022-027 / Fotograf: o. Ang.
S. 131: Bundesarchiv, Bild 183-S94715 / Fotograf: Rudolph
S. 139: Bundesarchiv, DO 1 Bild-0014 / Fotograf: Brombach
S. 144: Bundesarchiv, Bild 183-20027-0002 / Fotograf: Heinz Junge
S. 149: Bundesarchiv, Bild 183-1990-0924-010 / Fotograf: Robert Roeske
S. 181: Bundesarchiv, Bild 183-F0915-0031-001 / Fotograf: Hubert Link
S. 198: Bundesarchiv, Bild 183-1990-0929-301 / Fotograf: Peer Grimm
S. 201: Bundesarchiv, Bild Bild 183-1991-1217-310 / Fotograf: o. Ang.

Über den Autor

Wolfgang Schüler hat in Leipzig Jura studiert und arbeitet als Rechtsanwalt, Schriftsteller und Journalist. Von ihm sind zahlreiche Sachbücher zu kriminalistischen Themen und Sammlungen von Gerichtsberichten erschienen. Er verfasste u. a. die erste deutschsprachige Edgar-Wallace-Biografie und das Handbuch zur Kriminalliteratur »Im Banne des Grauens«. Wolfgang Schüler ist darüber hinaus ausgewiesener Spezialist für das Schreiben historischer Kriminalromane.

www.wolfgang-schueler.de